wortstark 5

Themen und Werkstätten für den Deutschunterricht

Erweiterte Ausgabe

Schroedel

wortstark 5

Themen und Werkstätten für den Deutschunterricht

Erweiterte Ausgabe

Erarbeitet von Reinhard Brauer, Wolfgang Brauer, August Busse, Gabriele Czech, Irmgard Ehls, Ingrid Hintz, Theo Kaufmann, Heiderose Lange, Elisabeth Leusder, Gerd Ludwig, Christina Meinik, Eleonore Preuß, Andrea Rudel, Hubert Schröer und Fritz Wiesmann

Online-Werkservice

Ergänzungsmaterialien zu den wortstark-Schülerbänden erscheinen regelmäßig im Internet unter: www.schroedel.de/werkservice

ISBN 3-507-48025-5

Druck A [5] / Jahr 2005

Alle Drucke der Serie A sind im Unterricht parallel verwendbar.

Illustrationen: Manfred Bofinger, Sabine Lochmann und Katja Schmiedeskamp
Umschlaggestaltung und Lay-out: Janssen Kahlert Design & Kommunikation, Hannover
Satz: Jesse Konzept & Text GmbH, Hannover
Druck: PVA, Landau
Bindung: westermann druck GmbH, Braunschweig

A wie Anfang

Ich-Texte	10	Einander kennen lernen
Klassen-Regeln	12	Am Anfang gibt es viel zu besprechen
	13	Wir richten eine Leseecke ein
Lesetraining	14	Fragen zu Texten beantworten
	15	Genau lesen
	16	Fehler finden, Lesen mit Hindernissen
	17	Derselbe Satz, aber anders betont!
	18	Pausenzeichen setzen
	19	Lesen mit verteilten Rollen
	21	Lesen mit Gefühl
Lesekartei	22	Freies Lesen ist toll
Lesetagebuch	24	Selbständiges Arbeiten ist wichtig

ICH und DU, DU und ICH

	26	So bin ich, so bist du
Gegentexte	27	*Regina Schwarz: Meine Schwester und ich*
Gemeinsam schreiben	28	*Hans Manz: Begegnungsformen*
Mündlich erzählen	28	*Claudia (11 Jahre): So bin ich und so bist du*
Paralleltexte	28	*Roswitha Fröhlich: Sieben Seelen*
Textverständnis	29	Wie ich mich fühle
	29	*Brigitte Schär: So bin ich*
Beschreiben	31	Gefühle ausdrücken
	31	*Frieder Stöckle: Wenn ich mal meine Wut kriege*
Erzählen	33	Ich-Geschichten schreiben
Parallelgeschichten	33	*Claudia Biskup (12 Jahre): Freude und Angst*
Rondell	34	*Ungenannter Verfasser: Mir ist langweilig*
	35	Wie andere sich fühlen
Brief	35	*Klaus-Peter Wolf: Eifersucht*
Tagebuch	38	*Paul Maar: Neben mir ist noch Platz*

Mein besonderer Platz

Vorlesen	42	Sich in eine Geschichte hineinschreiben
	42	*Ursula Wölfel: Joschis Wunschgarten*
Rätsel	45	Von besonderen Plätzen mündlich erzählen
	47	Besondere Plätze mit allen Sinnen erfassen
Beschreiben	47	*Sabriye Tenberken: Tashis Lieblingsstein*
	49	Über besondere Plätze schreiben
	53	Von einem besonderen Platz lesen
	53	*Werner Raith: Der Ort, an dem er glücklich war*
Weitererzählen	55	Auf eine Fantasiereise gehen
	55	*Else Müller: Auf der Silberlichtstraße des Mondes*

INHALTSVERZEICHNIS

Von Tieren und Menschen

Argumentieren	58	Eine Tiergeschichte lesen und weiterdenken
Brief	58	*Martina Wildner: Der unsichtbare Hund*
	61	Ich wünsche mir ein Tier
Mündlich beschreiben	61	*Markus Pöppke: Mein Geburtstagswunsch*
Genau beschreiben	62	Tiere beschreiben
	65	Eine Tiergeschichte nach Bildern schreiben
	66	Artgemäße Haltung – Sich über Tiere informieren
Inhalte wiedergeben	66	*Aus dem Tierschutzgesetz*
Inhalte ordnen	66	*Warum sind Katzen ideale Haustiere?*
Diskutieren	67	*So mag es meine Katze*
Texte präsentieren	68	Texte überarbeiten und veröffentlichen
	70	Wenn Tiere reden könnten ...
Perspektive wechseln	70	*Hirtenhündin Andra hat eine Menge Freunde gewonnen*
	71	*Liebe Klasse 5b*

Bei uns zu Haus – bei euch zu Haus

Zu Fotos erzählen	74	So leben wir
Stichwörter notieren	75	Feste und Feiern
Kultureller Austausch	78	Spiele aus aller Welt
	80	Zusammen leben ist nicht immer leicht
Szenen entwerfen	80	*Erika Krause-Gebauer: Morgens zwischen sieben und acht*
Standpunkte verstehen	83	Darüber gibt es immer wieder Streit
Rollenspiel	84	Rollenspiel: Streit im Familienrat
Bildergeschichte	85	Streit beenden – aber wie?
	86	Zu Gast im einem anderen Land
Gedankenbuch	86	*Marie-Thérèse Schins: Ein Elefant kommt selten allein*

Meine Fernsehwelt

Fernsehtagebuch, Umfrage	92	Über Fernsehen sprechen
Diskussionsspiel	94	Diskutieren und eine Entscheidung treffen
	96	Über Fernsehgewohnheiten nachdenken
Texte genau lesen und	96	*Christine Nöstlinger: Der blaue Knopf*
kreativ weiterdenken	98	*Jan-Uwe Rogge: Paule, der „Glotzer"*
	100	Fernsehgewohnheiten darstellen
Situationsspiele	100	*Hans Manz: Fernsehabend*
Dialoge umschreiben	102	Eine Meinung begründen
Medienpraxis	104	Fotogeschichten entwickeln
Über Medien nachdenken	106	Harry Potter: Film, Buch, Hörbuch

MAGAZIN: **Mit Büchern ins Reich der Fantasie**

Zum Lesen anregen	108	*Michael Ende: Die unendliche Geschichte*
	112	*Astrid Lindgren: Ronja Räubertochter*

WERKSTATT GEDICHTE

Gedichte vorausgestalten	119	Ein Gedicht ergänzen
	119	*Arthur Steiner: Wenn ich ein Haus hätte*
	120	Ein Gedicht ergänzen
	120	*Wolfgang Bächler: Der Nebel*
	121	Wörter für ein Gedicht auswählen
	121	*Eduard Mörike: Septembermorgen*
Gedichte nachgestalten	122	Ein Gedicht „übersetzen"
	122	*Eugen Gomringer: avenidas*
	123	Eine Gedichtstrophe schreiben
	123	*Erika Krause-Gebauer: Ich träume mir ein Land*
Strophen, Verse, Reime erkennen	124	Ein Gedicht in Versen aufschreiben
	124	*Wilhelm Busch: Bewaffneter Friede*
Mit Sprache spielen	125	Klanggedichte schreiben
	125	*Ernst Jandl: ottos mops*
Gedichte genau untersuchen	126	Spurensuche – Zu einem Gedicht zeichnen
	126	*Bertolt Brecht: Das kleine Haus …*
	127	Spurensuche – Fragen an ein Gedicht stellen
	127	*Bertolt Brecht: Die Vögel …*
Originaltexte	128	Die Gedichte

WERKSTATT Geschichten

Märchenmotive	130	Ein Märchen lesen und umschreiben
	130	*Brüder Grimm: Die Bienenkönigin*
Erzählpantomime	133	Ein Märchen inszenieren
Erzählperspektive	134	Aus der Sicht einer Märchenfigur erzählen
	134	*Norwegisches Märchen: Zottelhaube*
Märchen erzählen	138	Märchen aus aller Welt
Märchenmerkmale	139	Ein Märchen – was ist das?
	140	Märchenmerkmale zum Schreiben verwenden
Märchen ergänzen	141	Den Mittelteil eines Märchens erfinden
	141	*Griechisches Märchen: Der Mann aus Zucker*
Paralleltexte schreiben	142	Ein Märchen modernisieren
	142	*Brüder Grimm: Prinzessin Mäusehaut*
	143	Sagen – unglaubliche Geschichten aus früheren Zeiten
	144	Sagen ergänzen und umformen
	144	*Wie der Nebel nach Vreden kam*
Dialog schreiben	145	*Die Andernacher Bäckerjungen*
Nacherzählen	146	Eine alte Sage in unserer Sprache nacherzählen
	146	*Der Mäuseturm zu Bingen*
Inhaltsangabe	149	Eine Sage nach einer Inhaltsangabe schreiben
	149	*Der Rattenfänger zu Hameln*
Sagenmerkmale	150	Eine Sage erfinden
	150	*Informationstext: Sagen*
	151	Heldensagen lesen
	151	*Nacherzählt von Johannes Graf: Daidalos und Ikaros*
	153	*Aus der Nibelungensage: Wie Siegfried erschlagen ward*

INHALTSVERZEICHNIS

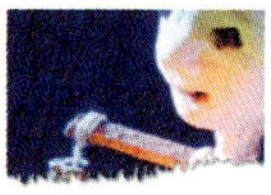

WERKSTATT THEATER

Körper wahrnehmen	158	Sich einspielen und besser zusammenspielen
Kontakt aufnehmen	160	Spiele zum Kennenlernen
Standbilder	161	Gefühle ausdrücken
Klangräume gestalten	163	Ausdrucksspiele mit Musik
Nach Vorgaben spielen	164	Situationsspiele
In Rollen spielen	165	Rollenspiel
Sprichwort, Redensart	166	Gestentheater
Text szenisch umsetzen	167	Maskenspiel nach einer Tierfabel

WERKSTATT Schreiben

Erzählen, beschreiben	171	Zu einem Bild schreiben
Gemeinsam schreiben	172	Gemeinsam Geschichten mit besonderen Sätzen schreiben
Zu Bildern erzählen	174	Geschichten nach Bildern schreiben
	175	*Die gefährliche Flaschenpost*
	177	*Im Naturkunde-Museum*
	178	Erlebtes und Ausgedachtes erzählen
Erlebnisse erzählen	178	*Bei den Fischteichen*
Fantasieerzählung	181	*Was ist aus dem Frosch geworden?*
	182	*Erwin Moser: Der Kaktus und der dürre Busch*
Gegenstände beschreiben	183	Einen Gegenstand beschreiben
	183	*Anglerweste*
	185	*Rucksack verloren*
Vorgänge beschreiben	186	Spielanleitungen schreiben
	186	*Schwedisches Scheibenschießen*
	187	*Ein Spiel für drinnen und draußen*
	188	*Oma erzählt*
	189	Bastelanleitungen schreiben
	189	*Tiermasken basteln*
Argumentieren	191	Standpunkte begründen
	193	Texte überarbeiten
	195	Texte in einer Schreibkonferenz vorstellen und bearbeiten

WERKSTATT Rechtschreiben

Wörter untersuchen	197	Ein Rechtschreibgespräch über schwierige Wörter führen
	198	Silben in Wörtern untersuchen
	200	Wörter mit langem und kurzem Vokal
Regeln erkennen	202	Wörter mit silbentrennendem h
Strategien anwenden	203	Wörter mit ie
	204	Wörter mit oder ohne Dehnungs-h
	205	Wörter mit ä oder äu
	206	m, n, l … – einfach oder doppelt?
	209	Drei Schreibweisen des s-Lautes
	211	Wörter mit b, d, g am Wortende
Großschreibung	213	Groß oder klein?
Schrifttraining	217	Schrift trainieren
Abschreibtraining	218	Abschreiben und kontrollieren
Übungsformen	221	Wörter sammeln – mit Wörtern üben

WERKSTATT Sprache

Mündlich/schriftlich	223	Gesprochen oder geschrieben: Das ist zweierlei!
	224	Gesprochene und geschriebene Sprache
Wortbedeutung	226	Wörter, die Verschiedenes bedeuten
Wortbildung	228	Wortfamilien - Wortbildung
Wortarten	230	Nomen
	231	Die Fälle
	233	Adjektive
	234	Adjektive in Texten verwenden
	235	Personalpronomen (Stellvertreter)
	236	Verben (Zeitwörter)
Präsens, Perfekt,	237	Die Zeitformen
Präteritum	238	Die Zeitformen gebrauchen
Satz und Satzarten	240	Die Satzarten
Satzglieder	241	Satzglieder
	243	Adverbiale Bestimmungen
	245	Subjekt und Prädikat
	247	Das Subjekt
	248	Die Objekte (Ergänzungen): Akkusativ
	249	Die Objekte (Ergänzungen): Dativ und Akkusativ
	250	Die Satzglieder auf einen Blick
Zeichensetzung	251	Zeichensetzung: Wann setzt man einen Punkt?
	252	Zeichensetzung: Das Komma bei Aufzählungen

METHODEN LERNEN

Nachschlagen	253	Verschiedene Nachschlagewerke kennen lernen
	254	Wer zweifelt, ist schlau – und benutzt das Wörterbuch!
	255	Nach dem Alphabet ordnen
	257	Nachschlagewerke erkunden
	258	Kopf- oder Leitwörter helfen beim Nachschlagen
	259	Die Grundform eines Wortes bestimmen
Wörter erklären	260	Worterklärungen, Zeichen und Abkürzungen
Sachtexte untersuchen	261	Aus Texten Informationen entnehmen
	261	*Lexikonartikel: Seepferdchen*
	262	*Seepferdchen – Die schwimmenden Rösser aus Neptuns Reich*

264 Fachbegriffe zum Nachschlagen

268 Anhang
268 Textsortenverzeichnis
269 Autoren- und Quellenverzeichnis
272 Bildquellenverzeichnis

- Auf der nächsten Seite beginnt ein Kapitel **„A wie Anfang“**.
  Es enthält viele Tipps für den Start in der neuen Klasse. Zum Beispiel für das freie Arbeiten, das ihr vielleicht schon aus der Grundschule kennt. Außerdem könnt ihr hier überprüfen, wie gut ihr schon im Lesen seid und wo ihr noch besser werden könnt.

- Dann folgen fünf Kapitel, in denen es um interessante **Themen** geht: Freunde, Lieblingsplätze, Tiere, Familie, Fernsehen. Hier findet ihr viele Texte, Bilder und Anregungen zum Lesen, Sprechen, Schreiben und Spielen. Manchmal arbeitet ihr in den Werkstatt-Kapiteln weiter, wenn ihr etwas genauer erarbeiten wollt.

- Das **Magazin** entführt euch ins Land der Fantasie. Ihr erlebt, wie spannend Lesen sein kann, und bekommt viele Lesetipps zu Büchern von Astrid Lindgren.

- In den **Werkstätten** wird euch sprachliches „Handwerkszeug“ vermittelt, das ihr immer wieder verwenden könnt. Zum Beispiel lernt ihr etwas über
  - Strophen, Verse und Reime (**Werkstatt Gedichte**),
  - Märchen und Sagen (**Werkstatt Geschichten**),
  - Situations- und Rollenspiele (**Werkstatt Theater**),
  - Erzählen und Beschreiben (**Werkstatt Schreiben**),
  - richtiges Schreiben (**Werkstatt Rechtschreiben**),
  - Wortarten und Satzbau (**Werkstatt Sprache**),
  - Nachschlagen und Sachtexte (**Methoden lernen**).

- Achtet einmal auf die **gelochten Wortzettel** in den Themen-Kapiteln (S. 33, 51, 52). Sie sagen euch: Sammelt neue, wichtige oder schwierige Wörter, wenn ihr an einem Thema arbeitet. Wie ihr mit diesen Wörtern üben könnt, erfahrt ihr in der **Werkstatt Rechtschreiben** (S. 221). So tragt ihr viel Übungsmaterial zusammen, um fit im Rechtschreiben zu werden.

- Auch mit dem **Anhang** des Buches könnt ihr arbeiten:
  - Ihr wollt wissen, auf welchen Seiten etwas zum Nomen oder zu anderen Begriffen steht? – Das **Register** hilft weiter.
  - Gedichte, Erzähl- oder Sachtexte sind überall im Buch verstreut – wenn ihr sie finden wollt, dann schlagt im **Textsortenverzeichnis** nach.
  - Ihr möchtet mehr von einer Autorin oder einem Autor lesen – vielleicht werdet ihr im **Autoren- und Quellenverzeichnis** fündig.

A wie Anfang

Eine neue Schule ...

... neue Fächer, neue Bücher ...

... neue Lehrerinnen und Lehrer ...

... neue Mitschülerinnen und Mitschüler ...

... ein neuer Schulweg ...

Vieles ist neu am Beginn des 5. Schuljahrs. Da haben manche ein kribbeliges Gefühl oder vielleicht sogar ein bisschen Angst, auf jeden Fall aber viele Fragen: Wie werde ich mit all dem Neuen zurechtkommen? Werden meine Erwartungen und Wünsche erfüllt? Finde ich neue Freunde? Hier gibt es Tipps, Ideen und Möglichkeiten, die euch den Anfang erleichtern können, euch beim Lesetraining helfen und euch Anregungen zum freien Lesen und Arbeiten geben.

Um etwas voneinander zu erfahren und euch kennen zu lernen, könnt ihr kleine **„Steckbriefe"** anfertigen und sie euch anschließend vorlesen und im Klassenraum aufhängen.

Name: Aischa
Geburtstag: 25. Mai
Adresse: Hohlbeinweg 17
Hobbys: Lesen, Reiten
Was ich mag: Bücher, Spaghetti
Was ich nicht mag: Spinat, Menschen, die unehrlich sind
Meine Lieblingstiere: Pferde
Meine Lieblingsfarbe: Orange
Mein Lieblingswort oder -spruch: Man sieht nur mit dem Herzen gut.
Mein Lieblingswitz: ???

Hallo, ich heiße Rafael, das bedeutet: Gott heilt.

Geboren bin ich am 16. 5. … . Ich wohne in Coesfeld, Katthagen 5. Dort lebe ich mit meinen Eltern und meinem Bruder. Meine Lieblingstiere sind Hunde, weil man mit ihnen gut spielen kann. Schwimmen, Radfahren, Rechnen und Fernsehen sind meine Hobbys.
Einige neue Freundinnen und Freunde habe ich auch schon gefunden. Es sind Tobias, Daniela, Thorsten, Daniel und Sandra.
Am liebsten esse ich Pizza, Spaghetti und Pommes. Gut finde ich an mir, dass ich witzig bin. Mir gefällt nicht, dass ich etwas zu dick bin.

Was ihr noch tun könnt:

- Einen **Fragebogen** mit solchen und ähnlichen Fragen entwerfen:
  – Was würdest du tun, wenn du zaubern könntest?
  – Was macht dir am meisten Spaß?
  – Was ärgert dich am meisten?
  – Was willst du später mal werden?
  – Wovor hast du Angst?
  – Was siehst du am liebsten im Fernsehen?
  – Was würdest du tun, wenn du Millionär wärst?
  – Was würdest du gern in den nächsten Ferien machen?
  – …
- Ein Plakat **Namens-Abc** eurer Klasse erstellen und gestalten …
- Einen **Geburtstagskalender** zusammenstellen …

Spiele zum Kennenlernen findet ihr in der Werkstatt Theater, S. 160.

- **Namentexte:** Schreibe die Buchstaben deines Namens untereinander und suche zu jedem Buchstaben eine Eigenschaft, die zu dir passt, oder einen Satz, der etwas von dir erzählt.

S chlank	**M**eine neue Schule gefällt mir.
I nteressiert	**A** ber ich habe noch viele Fragen.
Neugierig	**R** ichtig gut finde ich meinen Goldhamster.
Albern (nur manchmal)	**K** eine Angst habe ich vor Spinnen.

Sucht euch eine Mitschülerin oder einen Mitschüler aus und fragt sie oder ihn, was ihr schreiben könnt. Wer mag, kann auch über sich selbst schreiben.

- Einen **Elfer** schreiben: In der ersten Zeile steht 1 Wort (z. B. ein Name), in der zweiten stehen 2 Wörter, in der dritten 3 und in der vierten 4. In der letzten Zeile steht wieder nur 1 Wort (z. B. ein Adjektiv):

Elena	Fabian
blonde Haare	spielt Fußball
meistens freundlich lächelnd	hat viele Sommersprossen
sie sitzt neben mir	will nicht Klassensprecher werden
super	schade

- Eure Wünsche, Ängste, Fragen und Meinungen könnt ihr in kleinen **Ich-Texten** ausdrücken:

Ich wünsche mir, dass …
Ich habe Angst, dass …
Ich finde toll, dass …
Ich ärgere mich darüber, dass …
Ich meine, dass …
Ich träume davon, dass …
Ich möchte wissen, …

- Ihr könnt auch **Geschichten zu Überschriften** schreiben.
Anregungen findet ihr auf Seite 33/34 (Ich-Geschichten). Eure Texte könnt ihr euch vorlesen, im Klassenraum aufhängen oder in Geschichten-Ordnern sammeln, die immer weiter ergänzt werden.

1 Das ist eine Menge auf einmal: Klassenraumgestaltung, Sitzordnung, Klassensprecherwahl ...
Macht eine Liste von Themen, die ihr in eurer Klasse besprechen wollt.

2 Weil es am Anfang viel zu besprechen gibt, merkt ihr sicher bald:
Es ist gut, bei Gesprächen bestimmte Regeln einzuhalten.
- Nehmt euch Zeit, um über solche Regeln nachzudenken.
- Sammelt Gesprächsregeln an der Tafel.
- Wenn ihr euch auf Regeln geeinigt habt, könnt ihr sie auf ein großes Plakat schreiben, das im Klassenraum aufgehängt wird.
- Ihr könnt die Regeln auch als Bildzeichen (Piktogramme) darstellen, wie ihr sie z. B. von Bahnhöfen oder Sportanlagen kennt. So erkennt ihr auf einen Blick, welche Regeln ihr einhalten wollt:

Jeder darf ausreden.

Wenn jemand redet, hören die anderen zu.

Wir melden uns, wenn wir etwas sagen wollen.

Ideen für den Klassenraum

Sammelt Ideen zur Gestaltung eures Klassenraums; ihr könnt eure Vorschläge auch auf Stichwortzettel schreiben und an eine Pinnwand heften.

Überlegt:
- Was hat euch in eurer Grundschule gut gefallen?
- Was wollt ihr davon übernehmen?
- Welche Ideen lassen sich verwirklichen?
- Was müsst ihr besorgen?

Die Leseecke

Ihr könnt Bücher in eurer Schulbücherei oder in der Stadtbibliothek ausleihen und mit in die Klasse bringen.

Anjas Klasse hat sich in ihrem Klassenraum eine Leseecke eingerichtet. Damit dort viel Lesestoff ist, hat jeder etwas mitgebracht: Romane, Abenteuerbücher, Krimis, Lesehefte, Sachbücher, Kinder- und Jugendzeitschriften. Für das freie Arbeiten oder für andere Zeiten findet man jetzt immer etwas Interessantes zum Lesen.

- Sprecht darüber, ob ihr euch auch eine Leseecke einrichten möchtet.

- Vielleicht geht ihr mal gemeinsam in eine Bibliothek und informiert euch, welche Bücher es dort gibt und wie ihr sie finden und ausleihen könnt.

Lesen können gehört zum Wichtigsten in der Schule!
Manche können es schon sehr gut, manche haben noch Schwierigkeiten.
Und man lernt immer noch etwas dazu, auch wenn man älter wird.
Hier sollt ihr einmal überprüfen, was ihr schon könnt.
Und ihr sollt üben, was noch schwierig ist.

Wer nicht lesen kann, versteht nichts

In früheren Zeiten konnten nur wenige Menschen lesen. Und noch weniger Menschen konnten schreiben. Es gingen ja auch nur ganz wenige Kinder in eine Schule. Auch heute gibt es Millionen von Kindern, die nicht lesen und schreiben können, weil sie nie eine Schule besucht haben. Wer aber nicht lesen und schreiben kann, der ist immer auf andere Menschen angewiesen und wird nie selbstständig. Zum Glück können heute bei uns in Deutschland alle Kinder das Lesen und Schreiben lernen. Aber man muss sich dabei anstrengen!
Und üben muss man es auch!

1 Hier sind vier Sätze zu diesem Text. Welcher ist richtig?
a) Heute können alle Kinder auf der Welt lesen und schreiben.
b) Früher konnten nur wenige Kinder lesen und schreiben.
c) Lesen lernt man auch ohne Üben.
d) Wer nicht lesen kann, soll auch nicht in die Schule gehen.

2 Und jetzt kommt der gleiche Text noch einmal – aber nicht ganz genauso! An fünf Stellen stehen andere Wörter. Suche sie heraus!

In früheren Zeiten konnten nur wenige Menschen lesen. Und noch weniger Menschen konnten rechnen. Es gingen ja auch nur ganz wenige Kinder in eine Schule. Auch heute gibt es Tausende von Kindern, die nicht lesen und schreiben können, weil sie nie eine Schule besucht haben. Wer aber nicht lesen und singen kann, der ist immer auf andere Menschen angewiesen und wird nie selbstständig. Zum Glück können heute bei uns in Deutschland alle Kinder das Lesen und Malen lernen. Aber man muss sich dabei anstrengen!
Und trainieren muss man es auch!

3 Auf Seite 24 erzählt Anja über „freies Arbeiten" im Deutschunterricht. Lies dir zuerst einmal durch, was sie erzählt.

4 Beantworte jetzt folgende Fragen. Hat Anja gesagt:
a) Die Kinder konnten sich aussuchen, was sie machen wollen?
b) Die Kinder durften etwas lesen?
c) Die Kinder konnten auch gar nichts tun?
d) Die Kinder konnten sich gegenseitig etwas diktieren?
e) Die Kinder durften auf den Schulhof gehen und herumtoben?
Was stimmt? Was stimmt nicht? – Wenn du unsicher bist, lies den Text noch einmal!

1 Auf Seite 10 findest du „Steckbriefe" von Kindern einer 5. Klasse.

a) Lies dir durch, was Aischa und Rafael geschrieben haben.
Beantworte dazu folgende Fragen:
Welche Hobbys hat Aischa? Und welche Hobbys hat Rafael?

b) Beide Kinder erzählen, was sie nicht mögen.
Was findet Aischa nicht gut? Und worunter leidet Rafael?

Wer kommt wohl als Erster an?

Die ganze Familie macht einen Ausflug zum Badesee: Vater, Mutter, Kira und Paul. Und sogar der Hund Lexus ist dabei. Vater stapft immer fröhlich voraus, Mutter geht als Letzte hinter allen her, damit niemand verloren geht. Der Hund jagt zwischen allen hin und her. Er möchte sie am liebsten alle zusammentreiben. Doch das gelingt ihm nicht. Kira versucht vorn bei ihrem Vater zu bleiben. Paul tippelt etwas müde durch die Gegend. Eigentlich hat er gar keine Lust zum Baden. Nach einer Weile ist sogar seine Mutter an ihm vorbeigegangen. „Ich komme schon nach!", ruft Paul. Der Vater ist ein bisschen sauer, dass Paul so trödelt. Er wartet auf ihn. Die Mutter wartet auch auf Paul. Und der Hund? Der rennt immer noch aufgeregt hin und her. Da nimmt ihn Vater an die Leine und sagt: „Wir bleiben alle zusammen!" Als sie endlich am Badesee ankommen, – ja, wer sitzt denn schon da und wartet?

2 Wer war als Erster am Badesee? Wenn du es beim ersten Lesen nicht gemerkt hast, musst du die Geschichte noch einmal etwas genauer lesen.

Die vielen Termine!

Maria hat einen ziemlich vollen Terminkalender. Am Montag geht sie nachmittags immer zum Reiten. Donnerstags um fünf Uhr ist Basketballtraining. Am Dienstag spielt sie in der Musikschule Gitarre. Samstags geht sie am Vormittag mit ihrer Mutter auf den Markt. Mittwochs, am frühen Abend, geht sie zur Malschule. Ja, und am Freitag, Punkt 16 Uhr, muss sie unbedingt die Tiersendung im Fernsehen anschauen. Das steht alles in ihrem Kalender. Die Schularbeiten macht Maria regelmäßig zwischen drei und vier Uhr am Nachmittag. Ja, und am Mittwoch muss sie auch noch um 15 Uhr zur Nachhilfe; denn in Englisch ist sie nicht so gut. Da kommt es dann immer öfter vor, dass sie zu ihrer Freundin Laura sagen muss: „Ich habe keine Zeit." Aber Laura möchte gern mit Maria reden oder mit ihr Rad fahren. „Wann hast du denn nächste Woche einmal Zeit? Wenigstens für eine Stunde!" Maria stöhnt: „Die vielen Termine!" – „Ja, ja!", sagt Laura. „Das ist ja schlimmer als bei meinem Vater! Aber am Freitag so gegen fünf Uhr nachmittags, da müsste es doch klappen. Dann fahren wir eine Stunde mit dem Rad." Maria guckt in ihren Kalender. – Ob sie da wohl Zeit für Laura hat?

3 Diese Geschichte musst du zweimal lesen, wenn du eine Antwort auf die Schlussfrage herausbekommen möchtest. Also noch einmal genau gesucht! Es ist gar nicht so einfach.

Was braucht eine Katze?

Meine Katze ist ein richtiges Raubtier. Draußen fängt sie Mäuse, Frösche und Regenwürmer. Trotzdem frisst sie auch gern Dosenfutter. Es ist in den verschiedensten Geschmacksrichtungen erhältlich, aber sie mag nur zwei Sorten – ein richtiger Feinschmecker. Sie braucht auch Gras, um die beim Putzen verschluckten Krallen besser verdauen oder herauswürgen zu können. Das Katzengras wächst bei uns im Blumentopf. Meistens ist meine Katze sehr wachsam. Ihre Ohren drehen sich immer dahin, woher kein Geräusch zu hören ist. Sie interessiert sich für alles, was sich bewegt. Wenn es warm ist oder regnet, bleibt die Katze lieber im Haus. Dann sucht sie sich ein warmes Plätzchen und verschläft sogar ganze Nächte. Da lasse ich sie am besten in Ruhe.

1 In diesem Text sind fünf Fehler versteckt. Versuche sie zu finden. Du musst dabei nicht viel über Katzen wissen. Du musst aber den Text sehr genau lesen! – Wenn du unsicher bist, dann kannst du den richtigen Text an einer anderen Stelle in diesem Buch finden.

Humor *Wilhelm Busch*

Es sitzt ein *ogel auf dem Leim,
er *lattert sehr und *ann nicht heim.
Ein schwarzer *ater schleicht herzu,
die *rallen scharf, die Augen gluh.
Am Baum hinauf und immer höher
*ommt er dem armen *ogel näher.

Der *ogel denkt: *eil das so ist,
und *eil mich doch der *ater *risst,
so *ill ich *eine Zeit *erlieren,
*ill noch ein *enig quinquilieren[1]
und lustig pfeifen wie zuvor.
Der *ogel, scheint mir, hat Humor.

1 quinquilieren: trällern, trillern

2 Lies dieses Gedicht zuerst einmal so, wie es da steht.
Du musst also alle Wörter ohne die fehlenden Buchstaben lesen.

3 Lies es dann so, wie es richtig lautet.
Jetzt musst du die fehlenden Buchstaben v, w, f und k ergänzen.

Was hast du denn vorhin gemacht?	Ich habe mir die Haare gewaschen.
Meine Haare sind ganz verklebt.	Ich habe mir die Haare gewaschen.
Was hat denn vorhin so geklirrt?	Mir ist das Glas runtergefallen.
Wer hat denn das Glas kaputtgemacht?	Mir ist das Glas runtergefallen.
Timo hat sicher das Damespiel wieder verloren.	Diesmal hat er aber das Damespiel gewonnen.
Timo kann einfach nicht Mühle spielen!	Diesmal hat er aber das Damespiel gewonnen.
Welche Farbe hat denn deine Schultasche?	Ich habe eine blau karierte Schultasche.
Mein Rucksack ist blau kariert. Und deiner?	Ich habe eine blau karierte Schultasche.
Ich bin durch das Gartentor gegangen.	Und ich bin über den Zaun geklettert.
Ich bin unter dem Zaun durchgeklettert.	Und ich bin über den Zaun geklettert.
Das Dorf liegt unten im Tal	und die kleine Kirche steht auf einem Hügel.
Die große Kirche liegt unten im Tal	und die kleine Kirche steht auf einem Hügel.
Wo liegt denn eigentlich eure Schule?	Unsere Schule liegt mitten in der Stadt.
Unsere Schule ist weit außerhalb der Stadt.	Unsere Schule liegt mitten in der Stadt.
Wer hat denn das Fußballspiel gewonnen?	Fortuna hat natürlich gewonnen.
Fortuna hat bestimmt wieder verloren!	Fortuna hat natürlich gewonnen.
Hast du eigentlich ein Haustier?	Ich habe eine schwarze Katze.
Ich habe zu Hause eine gestreifte Katze.	Ich habe eine schwarze Katze.
Was machst du denn jetzt?	Ich mache jetzt Schluss mit dem Üben.
Ich übe das Ganze noch einmal.	Ich mache jetzt Schluss mit dem Üben.

1 Bei dieser Übung kommt es auf die richtige Betonung an.
Rechts sind immer zwei Sätze gleich. Aber sie werden jedes Mal anders betont.
Wie sie betont werden, hängt von den Sätzen links ab; denn jeder Satz ist sozusagen eine Antwort auf den vorausgehenden Satz.

Die Leseübung solltet ihr folgendermaßen durchführen:
- Die Sätze links und die Antwortsätze rechts allein leise vor euch hinsprechen.
- In den Sätzen rechts die Wörter unterstreichen (Folie), die ihr besonders betonen müsst.
- In Partnerarbeit üben: Einer liest die Sätze links, der andere die Antworten rechts.
- Dann die Rollen tauschen!

1 Der folgende Text ist ohne Punkte und Kommas abgedruckt. Lies ihn einmal so vor, wie er da steht: Zeile für Zeile, – auch wenn es dir komisch vorkommt.

In unserem Haus

In unserem Haus wohnen sehr viele Wohnungen
gibt es sechzehn Stück auf dem Parkplatz
parken die Autos im Flur und im Keller
stehen die Fahrräder auf dem Dach
haben Tauben ihre Nester auf ihrem Balkon
schreit manchmal Frau Müller mit ihrem Auto
fährt sie auch schon mal gegen einen Pfosten und ihren Mann
bringt sie jeden Morgen bis an die Haustür mit uns Kindern
redet sie nie mit Frau Holst
ist das ganz anders die ist immer nett auf dem Boden
unseres Hauses hängen wir die Wäsche auf den Hinterhof
unseres Hauses benutzen wir zum Spielen die Wiese
ist zum Feiern und zum Grillen und zum Hinauffahren
in den fünften Stock haben wir sogar einen Fahrstuhl dort oben
wohnen wir und haben eine schöne Aussicht bis auf den Dachboden
ist es für mich nicht weit dort oben
habe ich meinen Lieblingsplatz in einer Kammer
mit einem Dachfenster halte ich mich manchmal auf und ab
und zu lese ich dort oben auch ein Buch mit meinem Kaninchen
ziehe ich mich dann zurück und lese die Tauben
kann ich gurren hören die Geräusche von der Straße
sind weit weg die Straßenbahnen und die Busse
kann ich von hier aus gut beobachten sehr gemütlich
ist es dort oben!

2 Beim ersten Lesen hast du gemerkt, dass der Text nicht gerade sinnvoll ist. Wenn du aber die Lesepausen nicht am Ende jeder Zeile machst, sondern irgendwo innerhalb der Zeilen, dann bekommt der Text einen Sinn. Lies ihn jetzt noch einmal mit den richtigen Pausen:

In unserem Haus wohnen sehr viele | Wohnungen gibt es sechzehn Stück | auf dem Parkplatz …

Auf dieser und der nächsten Seite steht ein kleines Streitgespräch.
Auf der Vorderseite steht aber nur das, was A sagt; auf der Rückseite nur das, was B sagt. Ihr müsst also beim Lesen genau aufeinander achten.

Außerdem sind auf der Vorderseite Zeichen eingefügt:
- Eine Unterstreichung macht darauf aufmerksam, wie man den Text betonen kann.
- Der senkrechte Strich (|) gibt an, wo man eine Pause machen sollte.

Solche Zeichen solltet ihr auch auf der Rückseite einfügen (Folie!).
So könnt ihr den Text richtig gut zum Klingen bringen.

Kleiner Streit

A: Ich habe zu Hause einen Hund. |
…
A: Einen Pinscher, | was? |
…
A: So ein Winzling | mit quäkiger Stimme. |
…
A: Meiner ist ganz bestimmt größer, | da wette ich drum! |
…
A: Das ist doch kein Köter! | Das ist ein Collie, | ein echter natürlich! |
…
A: Größer? | Was ist es denn für einer? |
…
A: Ach, die kenne ich! | Das sind doch die, | die von vorn so aussehen | wie von hinten! |
…
A: Mein Collie wird mich beschützen. |
…
A: Und deiner, | der ist ein ausgefranstes Wollknäuel! |
…
A: Mit beiden zusammen? | Das gibt aber Stress! |
…
A: Na gut. | Dann tschüss! | Und | grüß deinen Riesenteddy von mir. |

Hier steht nun immer der andere Teil des Streits: Was B dem A antwortet. Du musst also jetzt darauf achten, was A sagt, und dann geht es los.

Kleiner Streit

...

B: Ich habe auch einen!

...

B: Kenn ich nicht! Was soll denn das sein?

...

B: Mein Hund ist groß. Und eine quäkige Stimme hat er auch nicht.

...

B: Die Wette verlierst du! – Was für einen Köter hast du denn?

...

B: Natürlich! Collies sind immer echt! Aber meiner ist größer.

...

B: Ein irischer Hirtenhund, – auch ein echter!

...

B: Wenn er das hört, ist er beleidigt! Dann rempelt er dich an und schmeißt dich um.

...

B: Gerade der! Der ist doch ein Zwerg dagegen!

...

B: Jetzt ist es genug mit den Beleidigungen! Wollen wir nicht mal mit den beiden ausgehen?

...

B: Stress? Wieso? Lass es uns wenigstens mal versuchen!

...

B: Und du deinen echten Winzling!

1 Versucht zuerst einmal zu zweit diesen Streit mit verteilten Rollen einfach vor euch hin zu sprechen.

2 Schlagt dann die Seite 19 auf und lest nacheinander nur, was A sagt. Achtet dabei auf die Zeichen für das sinngestaltende Lesen.

3 Jetzt liest einer die Sätze von A vor. Lasst euch Zeit dabei! Der andere nimmt sich diese Seite hier vor. Er antwortet aber noch nicht auf das, was A sagt, sondern macht zuerst einmal seine Zeichen für das sinngestaltende Lesen (auf Folie):
- Wörter, die betont werden sollen, unterstreichen;
- Pausenzeichen setzen.

4 Danach erst lest ihr das Streitgespräch gemeinsam vor.

Auf dieser Seite kommt es einmal nicht auf das richtige Lesen an.
Die Fantasiewörter in den beiden Gedichten können auch etwas anders gesprochen werden, als sie da stehen.
Wichtig ist nur: Geh beim Lesen aus dir heraus! Lies gefühlvoll!
Lies übertrieben!

Unsinngedicht mit Qu und Sch

Quore, quore, jede Menge!
Beifall quüllt das Schublikum.
Eintracht queibt den Gegner in die Quenge,
Unsre Quannschaft lacht sich krumm.
Ede quießt aus vollem Lauf,
Karsten quetzt noch einen drauf,
Schecke und ein Schelfer noch:
Quiehste woll, es geht ja doch!
Unsre Quannschaft ist in Form.
Schon vier Quore! Schanz enorm!
Zuspiel! Flanken! Jeder quennt!
Alles quappt heut, keiner pennt.
Hochgesprungen! Schöpf ihn, Heinz!
Quiehste! Schetzt stehts fünf zu queins!

1 Lies dieses Qu- und Sch-Gedicht so vor, dass deine Zuhörer so richtig die Begeisterung über den Sieg deiner Mannschaft heraushören können. Also: Lies laut! Du darfst sogar schreien wie ein Reporter oder eine Reporterin. – Natürlich kannst du das Gedicht dann auch einmal „richtig" lesen. Dann musst du die Qu- und Sch-Wörter durch richtige Wörter ersetzen.

Wütend, traurig, verschnupft oder lustig

Angesockelt, abgemützt,
umgeschockelt, müllgepfützt.
Schab die Mürre in den Bliesen!
Korren, schirren, mümpfen, schniesen.
Alles wucht müch blüntig, baurig.
Das ist doch versützlich schaurig!

2 Diesen Unsinnvers kann man auf ganz verschiedene Arten lesen: als Wutgedicht, als Trauer-, Schnupfen-, Schimpf-, Witz- oder sogar als Gespenstergedicht.
Übe es zu Hause. Du musst es dir dabei selbst vorlesen. Und: Geh einmal so richtig aus dir heraus! Deine Zuhörer haben nur dann Spaß daran, wenn du übertreibst.

1 Überlegt gemeinsam, welche Stunden des Schulvormittags dazu genutzt werden können, um ein frei gewähltes Buch zu lesen. Wer Lust und Zeit hat, kann natürlich auch zu Hause weiterlesen.

Ideen für das freie Lesen

- In der Leseecke ein Buch aussuchen und darin lesen.
- Ein Buch von zu Hause mitbringen und darin lesen.
- Texte aus „wortstark“ lesen. Der Text, der euch am besten gefällt, erhält die „Goldene Banane“, der euch nicht gefällt, bekommt die „Grüne Zitrone“.
- Sich einen Partner suchen und ihm etwas vorlesen.
- Eine besonders spannende Stelle aussuchen und zum Vorlesen vor der Klasse vorbereiten. (Hinweise dazu findet ihr auf Seite 19)
- Einen Text auf Kassette sprechen (evtl. mit verteilten Rollen).
- Eine Situation aus einem Buch mit anderen nachspielen.
- Etwas lesen und dazu ein Bild malen.
- Den anderen von dem Gelesenen erzählen (Stichwortzettel anfertigen!).
- Informationen aus Sachbüchern herausschreiben und in einer Mappe sammeln.
- Fragen aufschreiben, wenn man etwas nicht versteht.
- Das Lesen trainieren. Übungen findet ihr in diesem Kapitel (S. 14–21).

Die Lesekartei

- Wenn ihr ein Buch gelesen habt, könnt ihr einen kurzen Büchertipp abgeben und auf eine Karteikarte schreiben. Die Karten sammelt ihr dann in einem Karteikasten. So entsteht nach und nach in eurer Klasse eine Lesekartei, in der jeder sich Anregungen holen kann.

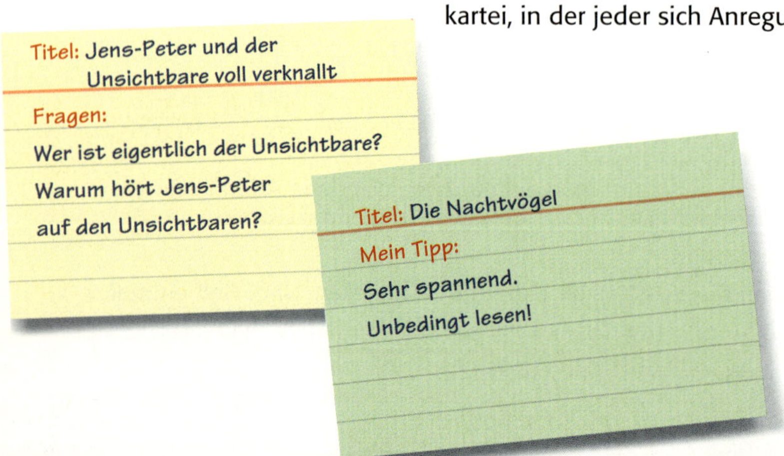

- Ihr könnt auch kürzere Texte, einzelne Buchkapitel oder ganze Bücher für andere zum Lesen vorbereiten. Dazu schreibt ihr zwei oder drei Fragen zum Inhalt auf einen Zettel. Die nächste Leserin oder der nächste Leser muss dann die Fragen beantworten.

Das Lesetagebuch

Toll ist es, ein Buch nicht nur zu lesen, sondern auch etwas dazu zu schreiben oder zu malen, zum Beispiel in einem Lesetagebuch.
Ihr unterbrecht das Lesen immer dann, wenn euch etwas zum Aufschreiben oder Malen anregt. Als Lesetagebuch ist ein leeres Heft (in der Größe DIN A5) gut geeignet.

- Ihr könnt in eurem Lesetagebuch notieren,
  - wann ihr welche Seiten gelesen habt,
  - was euch besonders aufgefallen ist,
  - was ihr beim Lesen gedacht und empfunden habt,
  - was euch gut oder gar nicht gefallen hat,
  - was euch zu dem Gelesenen einfällt.

- Ihr könnt auch
  - den Inhalt eines Kapitels mit eigenen Worten wiedergeben,
  - eine Stelle herausschreiben, die euch besonders wichtig, witzig, traurig oder spannend vorkam,
  - Bilder zu einzelnen Textstellen malen,
  - euch in eine Buchfigur hineindenken und aufschreiben, was sie wohl denkt oder fühlt,
  - mit einer Figur des Buches Kontakt aufnehmen, z. B. in einem Brief oder einem Telefongespräch,
  - euch in eine Buchsituation hineindenken und aufschreiben, was ihr an Stelle einer Buchfigur getan hättet,
  - euch gegenseitig etwas aus eurem Lesetagebuch erzählen oder vorlesen.

Michael hat ein Lesetagebuch zum Buch „Ronja Räubertochter" von Astrid Lindgren geschrieben. Hier ist eine Eintragung zum Textauszug, den ihr auf Seite 112–117 abgedruckt findet:

Montag, den 29.1., zu Kapitel 2 und 3

Ronja ist mal wieder am Höllenschlund und kriecht auf dem Bauch so nahe heran, dass sie in die Tiefe gucken kann. Sie findet es grausig und unheimlich. Trotzdem überlegt sie, ob man es wagen könnte rüberzuspringen. Ronja, mach das nicht!!! Hoffentlich macht sie das nicht!

Auf der anderen Seite der Kluft entdeckt sie einen Jungen, Birk Borkasohn, der jetzt auf der anderen Seite der Mattisburg wohnt, die er Borkafeste nennt. Ich finde es witzig, wie die beiden sich gleich fetzen. Birk reizt Ronja so, dass sie genauso wie er über den Abgrund springt. Sie will sich nicht mit ihm auf einer Seite treffen und so springen sie hin und her. Jetzt wird es gefährlich. Wie geht es weiter mit den beiden?

Anja kommt aus der Schule nach Hause und erzählt ihrer Mutter:

„Heute war Deutsch toll. Alle konnten selbst entscheiden, was sie gerne machen wollten. Frau Reuter hatte jede Menge Aufgaben vorbereitet, aus denen wir etwas aussuchen konnten. Ich habe mir ein Buch genommen und darin gelesen, dazu habe ich ein Lesetagebuch geschrieben. Michael und Kai wollten für das nächste Diktat üben und haben sich gegenseitig Sätze diktiert. Einige haben auch Geschichten geschrieben. Wir nennen das ‚freies Arbeiten' und machen das jetzt öfter."

- Überlegt:
  - Würde euch freies Arbeiten Spaß machen?
  - Warum macht man das wohl?
  - Wollt ihr so etwas auch mal ausprobieren?
  - Was könntet ihr beim freien Arbeiten im Deutschunterricht alles tun?
  - Was müsst ihr vorher bedenken und vorbereiten?

- Die Ideen aus diesem Kapitel könnt ihr beim freien Arbeiten aufgreifen. Auch in anderen Kapiteln findet ihr viele weitere Anregungen und Aufgaben.

- So wie Anja könnt ihr notieren, was ihr in der freien Arbeit gemacht habt:

Hieran habe ich gearbeitet: **Name:** *Anja* **Klasse:** *5a*

Datum	Thema	Meine Meinung dazu
5.10.	*Geschichte geschrieben: So ein Glück hat man selten*	*Mir fiel ganz viel ein, weil ich das gerade gestern erlebt habe.*
6.10.	*Ein Rondell entworfen (wie auf S. 34)*	*mit Lisa zusammen, hat Spaß gemacht*
8.10.	*Geschichte von Montag überarbeitet, ein Bild dazu gemalt*	*Es ging so!*
12.10.	*ein Partnerdiktat gemacht mit Fabian*	*Oh! Oh!*
13.10.	*Wörter ...*	

ICH und DU, DU und ICH

„Ich fühl mich gut." – „Ich fühl mich mies." – „Bist du traurig?" – „Du siehst so ängstlich aus." – Fast immer bestimmen Gefühle und Stimmungen unser Leben und Handeln. Häufig könnt ihr am Gesichtsausdruck oder an der Körperhaltung „ablesen", wie sich jemand fühlt.

Oft ist es aber nicht so leicht, die Gefühle und Stimmungen anderer Menschen zu erkennen oder die eigenen Gefühle zu zeigen. Manchmal versteht man sich gegenseitig besser, wenn man darüber sprechen kann. Dieses Kapitel will euch dazu anregen.

1 In einem Frage-Antwort-Spiel kannst du etwas über dich sagen und du kannst fragen, was eine Mitschülerin oder ein Mitschüler über sich sagen möchte:

- „Ich gehe gern ins Kino. Und du?"
  „Ich … Und du?"
- „Ich zanke mich oft mit meiner Schwester. Und du?"
  „Ich …"
- „Ich kann gut Skateboard fahren. Und du?"
  „Ich …"

2 Die Wörter „ich" und „du" kann man auf verschiedene Weise aussprechen: laut, leise, wütend, fragend, befehlend, drohend, angeberisch … Probiert es aus!
Lasst die anderen erraten, wie ihr die Wörter ausgesprochen habt.
Sprecht darüber, wie die unterschiedlichen Sprechweisen auf die Zuhörer wirken.

> Die Wörter *ich* und *du* sind **Personalpronomen.**
> Du verwendest sie, wenn du von dir selbst sprichst *(ich)*
> und wenn du jemanden ansprichst *(du).*
> Es gibt noch andere Personalpronomen, die du verwenden kannst:
> *ich – du – er – sie – es – wir – ihr – sie.*

Schlage dazu auch auf Seite 235 nach.

Meine Schwester und ich

Regina Schwarz

Sie macht's gut,
ich mach's schlecht.
Sie macht's euch
immer recht.

Ich mach's anders,
sie macht's so,
ich mach euch zornig,
sie euch froh.

Sie ist leise,
ich bin laut,
und ich bin es,
der sie haut.

Sag ich Nein,
sagt sie Ja,
und wer lieb ist,
ist doch klar.

Immer sie,
niemals ich.
Und ich frag:
Wer mag mich?

3 In diesem Gedicht erzählt ein Kind von sich (ich) und seiner Schwester (sie). Wie beschreibt es sich selbst, wie seine Schwester?

4 Sicher ist dir aufgefallen, dass es in dem Gedicht viele Gegenteilwörter gibt: *gut – schlecht, ja – nein* ... Schreibe sie heraus.

5 Du kannst dir sicher vorstellen, wie sich das Kind fühlt und warum es diesen Text geschrieben haben könnte.
Versuche den Text so vorzulesen, dass deutlich wird, was das Kind ausdrücken will.

So kannst du weiterarbeiten

- Du kannst den Text ins Gegenteil verkehren:

  Ich mach's gut,
  sie macht's schlecht
  ...

- Oder du veränderst ihn und suchst eine neue Überschrift:

  Mein Bruder und ich
  Meine Geschwister und ich
  ...

Achte beim Schreiben auf die richtigen Personalpronomen!
Lies deinen neuen Text laut vor und achte bei den Betonungen darauf, dass deutlich wird, was du ausdrücken willst.

Begegnungsformen *Hans Manz*

Aneinander vorbeigehen,
Aufeinander zugehen.

Aufeinander zugehen,
aneinander vorbeireden.

Aufeinander zugehen,
aufeinander einreden.

Aufeinander zugehen,
miteinander reden.

- Wählt eins der vier Zeilenpaare aus und schreibt eine kleine Geschichte dazu.
- Setzt euch in Vierergruppen zusammen, sodass immer alle vier Zeilenpaare mit den dazu passenden Geschichten vertreten sind. Probiert aus, ob sich eure vier einzelnen Geschichten zu einer Gesamtgeschichte zusammenfügen lassen.

So bin ich und so bist du *Claudia, 11 Jahre*

Ich bin anders als du,
du bist anders als ich.
Ich kann dir erzählen,
was ich alles kann
und was ich so mache,
welche Farben ich mag
und worüber ich lache.
Du kannst mir erzählen,
welche Wünsche du hast,
was dich traurig macht,
welche Freunde du hast
und was du träumst in der Nacht.
Wir ...

- Der Text endet mit dem Wort „Wir" und drei Punkten. Wie könnte er weitergehen? Schreibt einzeln oder zu zweit eine Fortsetzung.
- Setzt euch zu zweit zusammen und lest euch gegenseitig den Text vor. Nach jedem Lesen tut ihr, was im Text vorgeschlagen wird:
  - einer erzählt, was er kann, was er macht, welche Farben er mag und worüber er lacht;
  - der andere erzählt, welche Wünsche er hat, was ihn traurig macht, welche Freunde er hat und wovon er träumt.

  Ihr könnt das, was ihr erzählt habt, auch anschließend aufschreiben.

Sieben Seelen *Roswitha Fröhlich*

Ich will euch erzählen
von meinen sieben Seelen.
Die erste ist fleißig,
die zweite ist faul,
die dritte will reden,
die vierte hält's Maul,
die fünfte ist feige,
die sechste hat Mut,
die siebente mahnt sie:
Nun vertragt euch mal gut!
Meine sieben Seelen
sind so verschieden
wie du und ich.
Und doch ergeben sie
zusammen:
mich

- Im Text ist von sechs Seelen die Rede, die jeweils sehr gegensätzlich sind.
  Die siebte hat eine besondere Aufgabe.
- Sicherlich habt ihr auch mehrere „Seelen"? Wie viele sind es wohl?
  Schreibt einen Text über eure Seelen. Achtet dabei auf die Gegensätze - und darauf, dass die letzte Seele etwas Besonderes ist.

So bin ich

Brigitte Schär

Manchmal bin ich traurig. Oft kommt das allerdings nicht vor, weil ich eine Familie, einen Hund, eine Katze, zwei gute Freundinnen und eine beste Freundin habe. Ich fühle mich traurig nach einem besonders schönen Tag, weil es danach einfach nicht noch schöner werden kann. Und auch schon an einem wunderschönen Tag selbst werde ich ein bisschen traurig, weil ich genau weiß, dass alles Schöne bald wieder zu Ende sein wird. So sind auch die schönen Tage gar nicht so schön.

Wenn ich ehrlich sein soll, muss ich sagen, dass ich eigentlich immer einsam bin. Und auch das mit der Familie, mit dem Hund und der Katze ist leider alles gar nicht wahr. Alles erstunken und erlogen. Und das mit den guten und besten Freundinnen sowieso. Ich habe niemanden auf der Welt. Ich bin mausbeinallein. In meinem Leben gibt es keine schönen Tage, keinen einzigen, hat es noch nie gegeben.

Jeden Tag esse ich einsam mein Süppchen und warte auf den nächsten Tag. Wenn ich meine Fantasie nicht hätte, wäre ich ganz schön arm dran, so ohne nichts und niemanden auf der Welt. Wenn ich ganz besonders traurig bin, verzieh ich mich ins Bett und erzähle mir selbst eine Geschichte. Meistens kommen darin Väter, Mütter, Geschwister, Großmütter, Hunde, Katzen und Hamster vor. Und natürlich viele beste Freundinnen. Alle lieben sie mich heiß und jeder Tag ist der wunderschönste. Ich erzähle die Geschichten so gut, dass es sehr eng wird im Bett. Alle liegen sie plötzlich leibhaftig da und kugeln sich mit mir vor Lachen. Niemand kann so gut Geschichten erzählen wie ich. Wenn ich nicht mehr erzählen mag, schicke ich alle besten Freundinnen wieder weg, auch alle Eltern, Großeltern, Geschwister, Hunde und Katzen. Und bin wieder allein. Und weil ich so einsam bin, nachdem es so schön gewesen war, werde ich sehr traurig und ich weine mich in den Schlaf.

Warum ich keine Familie habe, weiß ich nicht. Da ich niemanden habe auf der Welt, konnte ich auch niemanden danach fragen. Ich hätte auch sonst so vieles zu fragen. Ich bin randvoll mit Fragen. Ich werde noch irgendwann zerplatzen. Manchmal, bevor ich fast zerplatze, steige ich geschwind aus dem Bett, um meine Ersatzmutter zu fragen. Ich habe zum Glück eine solche gefunden. Es ist schon lange her. Ich fragte sie, ob sie meine Mutter sein wollte. Ganz gerührt war sie. Aber gerne, hatte sie gesagt. [...] Wenn ich ganz ehrlich sein soll, muss ich sagen, dass die Ersatzmutter doch meine richtige Mutter ist. Gerade jetzt höre ich sie in der Küche. Aber sonst eine Familie habe ich nicht. Nicht mal einen Hund oder eine Katze. Wir wohnen in einer engen Wohnung, nur wir zwei, und ich bin ganz schön einsam, weil Mutti so viel arbeiten muss, um uns durchzukriegen.

Einsam bin ich auch, weil ich keine Freundinnen habe. Da nützt mir meine Fantasie rein gar nichts. Kaum setze ich die nämlich ein, bin ich für die anderen eine Lügnerin. Niemand will meine Geschichten hören. Nicht einmal ich. Man kann nicht weinen und erzählen und zuhören

zugleich. Ich bin arm dran. Mich liebt niemand. Ich heule immer nur. Ein trauriges Leben.

Wenn ich ganz ehrlich sein soll, muss ich sagen, dass auch das alles gar nicht wahr ist. Ich habe doch eine richtige Familie und die nervt mich ganz schön. Besonders am Sonntag. Immer muss ich mit allen spazieren gehen. Immer dieselben ausgelatschten Pfade entlang. Ich würde stattdessen viel lieber ins Kino gehen mit meiner besten Freundin. Meistens zanke ich mich ja doch nur mit meinem Bruder. Und wenn wir uns auf dem Spaziergang ganz heftig gezankt haben, werde ich am Abend zur Strafe ohne Essen ganz früh ins Bett geschickt. Immer nur ich.

Einmal haben sie mich tagelang ins Zimmer gesperrt. Ich wäre fast verhungert. Schon ganz dünn war ich, nur noch ein Strich in der Landschaft, als sie mich endlich wieder aus dem Zimmer holten. Gibt es das sonst noch irgendwo? [...]

Viele meinen, dass ich der glücklichste Mensch auf dieser Welt bin. Weil ich doch so viel lache, weil ich so ein hübsches Mädchen bin, weil ich so begehrt bin. Was wissen die schon.

Manchmal weiß ich selber nicht mehr, was wahr ist und was nicht. Ob ich nun glücklich oder unglücklich, beliebt oder sehr einsam bin. Ob nun alles wahr oder erfunden ist. Dann gehe ich ganz früh zu Bett, lese noch ein bisschen und schlaf dann ein.

1 Was meinst du zu dem Text? Findest du ihn witzig, traurig, übertrieben, ehrlich ...?
Suche eine Stelle heraus, an der du das erkennen kannst.

2 In Zeile 15 erzählt das Mädchen: „Wenn ich meine Fantasie nicht hätte, wäre ich ganz schön arm dran."
Findest du im Text heraus, was Fantasie und was Wirklichkeit ist?

3 Warum mag das Mädchen so über sich erzählen?

4 Am Schluss steht: „Manchmal weiß ich selber nicht mehr, was wahr ist und was nicht."
Fühlst du dich auch manchmal so? Erzähle davon.

Wenn ich mal meine Wut kriege

Frieder Stöckle

Wenn ich mal meine **Wut** kriege. Möchte ich jemand prügeln. Einfach einen umhauen. Eine Scheibe einwerfen. Ein Heft zerreißen. Etwas auseinander nehmen. Mit meiner Fahrradpumpe möchte ich loslegen. Wenn ich meine **Wut** habe. Jemand die Zunge rausstrecken. [...] In mir ist dann was los. Meine Fäuste ballen sich von selbst. Mein Mund wird trocken. Und meine Füße fangen an zu zittern. Sobald mich die **Wut** packt. Die Augen brennen mir. Wenn ich meine **Wut** habe. Mein Atem rast. Und ich seh rot. Heul vor **Wut.** Irgendwas passiert dann. Wenn ich meine **Wut** habe. Und nachher weiß ich nichts mehr davon. Und meistens tut's mir dann Leid.

Wenn – Wenn ich meine **Wut** herausnehmen könnte. Wenn ich sie einfach ausbauen könnte (es dürfte nicht weh tun!). Und vermutlich würde sie gelb aussehen und rund – wie ein Ball. Dann – würde ich sie in einen **Wut**verschlag stecken, zeitweilig. Oder etwas Nützliches mit ihr machen. Weil sie ja wie ein Antrieb ist, wie ein Motor. Man könnte sie vielleicht umfunktionieren. Etwas antreiben damit, das Zimmer heizen (und beleuchten). [...] Mein Motorboot antreiben. Vielleicht einen Hubschrauber zum Fliegen bringen. Auf jeden Fall Energie sparen. Mit dem Kraftwerk in mir ...

1 Welches Foto passt am besten zu dem Text? Begründe deine Meinung.

2 Der Junge schildert im Text, was er am liebsten tun möchte und was in ihm vorgeht, wenn er wütend ist; außerdem schreibt er, was er mit seiner Wut machen möchte. Sucht Beispiele dafür heraus.

3 Wie fühlst du dich,
wenn du wütend bist?
wenn dich etwas ärgert?
wenn dir etwas Leid tut?
wenn du traurig bist?
wenn du Angst hast?

Und wie fühlst du dich,
wenn du dich über etwas freust?
wenn du etwas Schönes erlebt hast?

Erzähle von solchen Situationen.

Es ist nicht leicht, Gefühle treffend zu beschreiben. Hier sind einige Wörter, die dir helfen können:

ängstlich albern aufgeregt aufgebracht aufmerksam bedrückt beeindruckt begeistert beleidigt betrübt blöd cool einsam ekelhaft enttäuscht ernst erschrocken fremd froh fröhlich furchtbar geborgen gelangweilt glücklich gut gut gelaunt gestresst herrlich jämmerlich lustig müde mürrisch mutig nervös ratlos ruhig schlecht schlimm schrecklich sprachlos stark super traurig übermütig ungeduldig unglücklich unzufrieden verärgert verbittert verkrampft verlegen verrückt wie gelähmt wie versteinert wütend wunderbar zornig zufrieden

4 Lege eine Tabelle an und trage die Gefühlswörter in die passenden Spalten ein. Sprecht anschließend über eure Zuordnungen.

☺	☹	😐

5 Was würdest du am liebsten machen, wenn du wütend, traurig oder ängstlich bist? Und was möchtest du machen, wenn du dich freust oder etwas Schönes erlebt hast?

toben schreien lachen lächeln Schokolade essen die Fäuste ballen mit dem Fuß gegen die Mülltonnen hauen Musik hören heulen mit den Augen rollen Vorwürfe machen 10 km Fahrrad fahren jemandem etwas an den Kopf werfen weinen einen Kopfstand machen durchdrehen drohen jemandem eine Freude machen schimpfen laut lachen Fußball spielen Sport treiben Party machen jemanden umarmen Computer spielen still in eine Ecke setzen

6 Denke dir Situationen aus und schreibe auf, wie du dich dann fühlst und was du am liebsten tun möchtest.

Beachte: Nach dem Wenn-Satz musst du ein Komma setzen.

Wenn ich wütend bin,
dann fühle ich mich ...
dann möchte ich am liebsten ...

Wenn ich mich freue,
dann fühle ich mich ...
dann möchte ich am liebsten ...

Wenn ich traurig bin, ...

Wenn ...

Vielleicht macht es dir Spaß, Geschichten über dich zu erzählen oder aufzuschreiben. Sie können selbst erlebt oder ausgedacht sein.

- Überlege dir zunächst, worüber du erzählen oder schreiben willst: über etwas Schönes oder Aufregendes, Lustiges oder Komisches, Verrücktes oder Witziges, Unmögliches oder Geheimnisvolles, Geträumtes oder Fantastisches, Ärgerliches oder Erfreuliches.

  Achte darauf, dass du in den Ich-Geschichten deine Gefühle ausdrückst. Viele Geschichten werden besser, wenn du die Satzanfänge abwechslungsreich gestaltest:

  Nach einiger Zeit ... Einmal ... Daraufhin ... Später ... Sofort ...
  Also ... Danach ... Aber ... Darum ... Anschließend ... Jetzt ...
  Plötzlich ... Schließlich ... In diesem Augenblick ... Auf einmal ...

- Manchmal kann es allerdings sinnvoll sein, die Satzanfänge absichtlich immer gleich zu gestalten. Eine Schülerin hat in ihrer Ich-Geschichte so über Freude und Angst geschrieben:

Freude und Angst *Claudia Biskup, 12 Jahre*

Ich freue mich auf die Schulpausen, denn
– da treffe ich Nora, mit der ich rede.
Ich freue mich auf den Nachmittag, denn
– da kann ich ganz für mich etwas lesen.
Ich freue mich auf mein Bett am Abend, denn
– da träume ich, dass ich fliegen kann.
Ich freue mich auf den Samstag, denn
– da treffe ich alle aus dem Verein.
Ich freue mich auf den Geburtstag, denn
– da gibt es eine riesige Fete.
Ich freue mich auf die Ferien, denn
– da fahre ich mit meinen Eltern Boot.

Aber manchmal habe ich Angst,
– dass ich eine Fünf schreibe,
– dass mein Bruder mich auslacht,
– dass mein Papa arbeitslos wird,
– dass unser Opa bald stirbt.

Ich freue mich auf ..., denn
– da ...

Ich freue mich auf ..., denn
– da ...
...

Aber manchmal habe ich Angst,
– dass ...
– dass ...

langweilig
am Abend
der Nachmittag
der Geburtstag
...

→ Rechtschreib-
gespräch
Seite 197

- Mit etwas Fantasie kannst du eine Ich-Geschichte auch zu diesen Überschriften schreiben:

Wenn ich in einem fremden Land wohnte ...

Wenn ich zaubern könnte ...

Wenn ich ein Astronaut wäre ...

Wenn ich im Jahr 3000 lebte ...

Wenn ich Millionär wäre ...

Wenn ich ein Tier sein könnte ...

- Eine besondere Form für eine Ich-Geschichte ist das **Rondell.** Ein Rondell ist ein Gedicht aus acht Zeilen. In der 2., 4. und 7. Zeile wiederholen sich immer dieselben Sätze. Zu diesen Sätzen müssen die anderen Zeilen und die Überschrift passen.

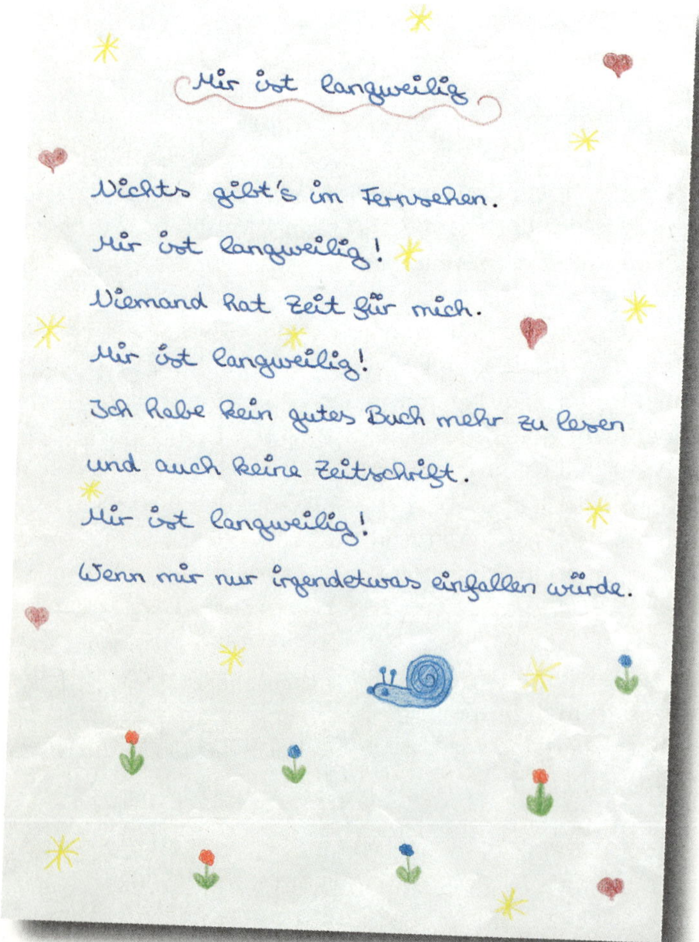

Mir ist langweilig

Nichts gibt's im Fernsehen.
Mir ist langweilig!
Niemand hat Zeit für mich.
Mir ist langweilig!
Ich habe kein gutes Buch mehr zu lesen
und auch keine Zeitschrift.
Mir ist langweilig!
Wenn mir nur irgendetwas einfallen würde.

Hast du Lust, ein Rondell zu schreiben? Hier einige Themenvorschläge:

Wut **Angst** **Super**

Ich bin traurig **Spaß**

Langeweile

- Aus einem Rondell-Gedicht kannst du auch eine kleine Geschichte machen.

Texte, die du selbst gemacht hast, kannst du auch besonders sauber aufschreiben und schön gestalten, um sie zu veröffentlichen: in einer Ausstellung, einer Wandzeitung, einem Geschichtenbuch oder der Schülerzeitung.

Eifersucht

Klaus-Peter Wolf

Wie Pech und Schwefel hängen Jens-Peter und der Unsichtbare zusammen und gemeinsam gehen sie durch dick und dünn. Meistens aber kommt es dick und daran ist meist der Unsichtbare schuld. Er treibt Jens-Peter immer wieder mit seinen Sprüchen zu neuem Unsinn. Und am Ende hat natürlich nur Jens-Peter den ganzen Ärger.

Julia ist in den letzten Tagen so komisch. Wenn Jens-Peter sie anguckt, sieht sie weg. Manchmal wird sie dabei ein bisschen rot im Gesicht. Jens-Peter hat sich vorgenommen Julia jeden Tag eine Freude zu machen. So will er ihr Herz erobern, denn Jens-Peter ist voll verknallt. Und zum ersten Mal weiß Jens-Peter genau, was er will im Leben: Julia.

Er hat ihr schon ein Foto von sich geschenkt und einen Holzrahmen dazu. Eine selbst geklaute Blume. Eine Praline. Ein Radiergummi in Herzchenform. Eine Adlerfeder vom Hühnerhof. Ein Gedicht, selbst abgeschrieben.

Heute hat er für Julia ein Überraschungsei mitgebracht. Natürlich gibt er ihr die Geschenke nicht so einfach. Er hat Angst, sie könne sie ablehnen. Er legt sie jeden Morgen in der Schule heimlich auf Julias Platz.

Julia tut so, als ob sie keine Ahnung hätte, von wem die kleinen Geschenke sind. Das fiel ihr bei dem Foto im Holzrahmen besonders schwer.

Jetzt packt sie unter der Bank das Überraschungsei aus. Vorne steht Herr Mäuschen und schreibt etwas an die Tafel. Es scheint sehr wichtig zu sein, denn Herr Mäuschen unterstreicht es zweimal. Aber Jens-Peter hat keine Zeit für Mathematik. Er reckt seinen Hals und beugt sich ganz weit vor, um zu sehen, ob Julia eine der begehrten Figuren im Ei hat oder nicht.

Pech gehabt. Es ist ein Rennauto in sieben Teilen.

Julia stöhnt. Sie findet Autos doof. Trotzdem versucht sie es zusammenzubasteln. Es ist nicht leicht. Sie kriegt die Räder nicht in die Löcher. Sie sind zu klein.

Herr Mäuschen wird schon aufmerksam, weil Jens-Peter sich so komisch verrenkt.

„Hast du etwas verloren?“, fragt Herr Mäuschen freundlich. Jens-Peter kriegt gar nicht mit, dass er gemeint ist.

„Kann ich dir irgendwie helfen?“, fragt Mäuschen, immer noch ganz nett.

Da mischt der Unsichtbare sich ein. „Worauf wartest du, Jens-Peter? Darauf, dass Gert ihr hilft oder Tom? Wie wäre es, wenn du hingehst und ihr das Auto zusammenbaust? Handle! Bevor es ein anderer tut.“

Aber Jens-Peter hat sich vorgenommen nicht mehr auf den Unsichtbaren zu hören.

Jens-Peter hat mit Herrn Mäuschen darüber gesprochen. Den Unsichtbaren gibt es nämlich gar nicht. Jens-Peter hat ihn sich nur eingebildet, sagt Herr Mäuschen. Jens-Peter sei zu schüchtern. Deswegen hätte er keine richtigen Freunde, sondern müsse sich einen erfinden.

Jens-Peter beißt sich auf der Oberlippe herum und grollt. „Hau ab, Unsichtbarer! Mäuschen hat gesagt, wenn ich erst einen richtigen Freund habe, würdest du von alleine verschwinden."

„Ja. Kann ja sein. Aber du hast keinen Freund. Weil du nämlich blöd bist. Feige und verfressen."

„Ich bin nicht feige!"

„Ach, und warum hilfst du ihr dann nicht? Du siehst doch, dass sie dieses bescheuerte Auto nicht zusammenkriegt. Aber bitte. Bitte ... hilf ihr bloß nicht. Du hast ja mich. Was brauchst du andere Leute. Eine Freundin ist doch viel zu anstrengend. Die kann man auch nicht dauernd anschnauzen und rumkommandieren wie mich."

Jens-Peter beugt sich noch weiter vor. Julia verzieht den Mund. Sie versucht es mit Gewalt. Beide Daumen presst sie gegen die Unterseite des Autos. Da bricht das Plastik. Eine scharfe Kante schneidet Julia in den rechten Daumen.

Sie schreit vor Schmerz. Jens-Peter verliert das Gleichgewicht und fällt aus der Bank. Er kracht auf den Boden.

Julia hält ihren blutenden Daumen hoch. „Aua! Aua! Aua! So ein Mist!"

„Schnell!", brüllt der Unsichtbare. „Lass dich nicht beirren! Rette ihr Leben! Sei ein Held! Lutsch ihr das Blut ab!"

Herr Mäuschen findet seine Sätze an der Tafel jetzt auch nicht mehr wichtig. Er rennt zu Jens-Peter und Julia.

Er schüttelt Jens-Peter. „Lass Julia los, Jens-Peter! Du kannst doch einer Mitschülerin nicht mitten im Unterricht in den Finger beißen!"

Julia zieht ihren Daumen aus Jens-Peters Mund. Seine Lippen machen ein schmatzendes Geräusch.

Julia holt weit aus und knallt Jens-Peter eine. Das findet Herr Mäuschen zwar nicht gut, aber er kann es verstehen. Jens-Peter ist völlig verwirrt. Sie hat ihm gerade eine gescheuert. Seine Julia! Die wunderbare Julia mit den seegrünen Augen und den feuerroten Haaren.

Julia funkelt Jens-Peter an.

„Deckung!", schreit der Unsichtbare. „Die haut noch mal zu!"

Jens-Peter reißt die Arme hoch, um sein Gesicht zu schützen. Sofort spielt der Unsichtbare den Boxtrainer. „Okay, Tiger! Gut so! Links decken, rechts schlagen!"

Doch Jens-Peter rührt sich nicht. Er steht still und schämt sich. Die Hände vor dem Gesicht.

„Nicht nur einstecken, Tiger. Man muss auch austeilen. Geben ist seliger denn Nehmen!"

Der Unsichtbare ist nicht der Einzige, der mit Bibelsprüchen kommt. Tom ruft: „Hände runter, Jens-Peter! Man soll auch die andere Wange hinhalten, wenn man eine reingehauen kriegt. Schon vergessen?"

Jens-Peter nimmt die Hände runter. Er will sich entschuldigen, ohne genau zu wissen, wofür eigentlich.

Doch Herr Mäuschen schiebt Jens-Peter nach draußen vor die Tür. Er könne dort seinen Kopf abkühlen, meint Mäuschen.

Sauer verschränkt Jens-Peter vor der Tür die Arme. „Wenn du mir noch einmal in die Quere kommst, Unsichtbarer, dann ..."

„Ich komme dir nicht in die Quere, Jens-Peter. Tom ist es und erst recht Gert. Die sind genauso verknallt in Julia wie du."

„Ich bin nicht in Julia verknallt!"

„Nein, natürlich nicht. Du bringst ihr nur jeden Tag ein neues dämliches Geschenk mit. Du kannst nur noch an sie denken. Du glotzt sie an, als ob sie eine Geistererscheinung wäre. Du vernachlässigst mich. Deinen Schatten. Deinen besten Freund. Dein zweites Ich. Aber verknallt bist du nicht!"

Jens-Peter presst die Lippen fest aufeinander. Er will nicht mehr mit dem Unsichtbaren reden. Nicht ein Wort.

„Ich bin bei Frauen erfolgreich. Ich könnte dir all meine Tricks verraten. Ich könnte dafür sorgen, dass dir die Mädchenherzen nur so zufliegen ..."

„Halt's Maul, du Mistkerl! Ich will nichts mehr hören!"

Was ihr nach dem Lesen tun könnt:

- Einen Brief schreiben, zum Beispiel
  - einen Liebesbrief von Jens-Peter an Julia und dazu einen Antwortbrief von Julia,
  - einen Brief von Julia an ihre Freundin, in dem sie ihre Erlebnisse und Gedanken mitteilt.
- Den Unsichtbaren beschreiben: Was sagt er? Was will er wohl erreichen? Was meint ihr dazu?
- Ein Gespräch zwischen Jens-Peter und Julia entwerfen und mit verteilten Rollen vortragen.
- Euch vorstellen, dass auch Julia einen Unsichtbaren (oder eine Unsichtbare) hat, und die Geschichte weiterschreiben.

Bücher mit Geschichten von Jens-Peter und dem Unsichtbaren:
- *... voll verknallt*
- *... vom Pech verfolgt*
- *... gegen den Rest der Welt*
- *... beim Psychologen*
- *... im Grab des Pharao*
- *... in der Zeitmaschine*

Neben mir ist noch Platz

In seinem Buch „Neben mir ist noch Platz" erzählt der Schriftsteller Paul Maar von dem Mädchen Aischa, das aus dem Libanon kommt und der islamischen Religion angehört. In ihrer neuen Schulklasse freundet sie sich mit der Mitschülerin Steffi an. Dass andere Kinder Aischa als Ausländerin beschimpfen und dass eines Tages auf das Haus, in dem Aischa lebt, ein Anschlag verübt wird, festigt die Freundschaft der beiden Mädchen.

Als Steffi Geburtstag hat, ist Aischa zusammen mit anderen Mädchen eingeladen. Der folgende Ausschnitt aus dem Buch schildert, was sich dabei ereignet.

Als Steffi am Freitag aus der Schule kommt, haben Mama und Papa den Garten für das Fest geschmückt. Nach und nach treffen alle Gäste ein und setzen sich an den Kuchentisch. Nur Aischa fehlt noch.

„Können wir anfangen oder sollen wir auf Aischa warten?", fragt Mama.

„Anfangen", will Steffi gerade sagen, da antwortet Marie-Luise, obwohl sie gar nicht gefragt wurde: „Lieber anfangen. Die kommt nie pünktlich. Das ist bei denen so."

Deshalb sagt Steffi trotzig: „Nein, wir warten!"

Alle warten. Endlich kommt Aischa. Aber sie ist nicht allein.

Ulla sagt: „Sie hat ja einen großen Jungen dabei. Du weißt doch, was wir ausgemacht haben, Steffi. Nur Mädchen!"

Steffi geht Aischa und Jussuf bis zum Gartentor entgegen und sagt: „Du bist eingeladen, Aischa. Aber Jussuf nicht."

Aischa und Jussuf starren sie fassungslos an. „Jussuf nicht?", fragt Aischa. Sie dreht sich um. „Komm, Jussuf!"

„Dann geh doch!", ruft Steffi. „Geh nur, wenn du so zickig bist!"

Aischa fasst ihren Bruder am Arm und geht mit ihm weg, ohne sich ein einziges Mal nach Steffi umzudrehn.

Am nächsten Morgen geht Steffi allein zur Schule. In der Pause guckt sie verstohlen zu Aischa hinüber. Sie wartet darauf, dass Aischa zu ihr kommt und sagt, dass es ihr Leid tut. Aischa schaut auch zu Steffi. Denkt sie vielleicht, dass Steffi sich entschuldigt? Wo Aischa ihr doch den ganzen Geburtstag verdorben hat? Nein!

Nach der Schule geht Steffi auf der linken Straßenseite, Aischa auf der rechten. Sie reden kein Wort miteinander.

„Du sitzt den ganzen Tag zu Hause und bist schlecht gelaunt!", sagt Mama ein paar Tage später. „Was ist denn los mit dir?"

„Nichts. Gar nichts", antwortet Steffi. Aber das stimmt natürlich nicht. Sie kann es kaum aushalten, dass ihre Freundin nicht mehr mit ihr redet. Wenn Aischa nur ein einziges Wörtchen sagen würde, wäre ich sofort versöhnt, denkt Steffi. Doch das tut Aischa nicht. Sie wartet darauf, dass Steffi anfängt zu reden.

An den Nachmittagen spielt Steffi jetzt wieder mit Karin Federball. Aber es macht keinen Spaß.

Sie schaut mit Stephan „Ponyfarm" im Fernsehen an. Aber es ist langweilig. Wenn sie und Aischa nur wieder miteinander reden und spielen würden!

Morgen werd ich sie ansprechen, denkt Steffi. Aber am nächsten Tag ist sie doch wieder zu stolz und guckt an Aischa vorbei, als wäre sie Luft.

So geht das drei Wochen lang.

Dann geschieht etwas Unerwartetes.

Aischa spricht Steffi nach der Schule an: „Ich will noch einmal mit dir reden."

Steffi ist überglücklich. „Das wollte ich auch, die ganze Zeit schon", sagt sie und macht gleich Vorschläge, was sie zusammen tun werden. Jetzt, wo sie versöhnt sind. „Zuerst gehen wir zusammen heim. Und gleich heute Nachmittag, nach dem Essen …"

1 In der folgenden Geschichte erzählt Joschi, ein zwölfjähriger Junge, von seinem Lieblingsplatz.
Damit ihr den Text der Klasse gut vorlesen könnt, bereitet ihr ihn zu zweit oder zu dritt vor. Hilfen findet ihr dazu auf S. 19.

2 Tragt der Klasse nun den Text „Joschis Wunschgarten" vor.
Eure Mitschülerinnen und Mitschüler haben dabei die Augen geschlossen. Dann können sie sich die Bilder der Geschichte im Kopf ausmalen und sich Joschis Wunschgarten gut vorstellen.

Joschis Wunschgarten

Ursula Wölfel

Langsam drehte sich der Rasensprenger, und bei jedem Umschwung trieb der Wind den Saum der Wasserfahne über den Zaun. Ein Junge stand dort, den Kopf zurückgelegt, den Ranzen schräg über der linken Schulter. Mit beiden Händen hielt er sich an den Latten fest. Manchmal, wenn ihm ein Wassertropfen aus dem Haar in den Hemdkragen rann, schüttelte er sich und zog wie frierend die Schultern zusammen, aber er hielt sein Gesicht ganz unbewegt in die kleinen hellen Regenschauer. Er blinzelte nur und betrachtete weiter den fremden Garten.

Es war Mai. In den Beeten vor dem Haus blühten Schwertlilien und Akeleien, Pfingstrosen und Margeriten, und dicht neben ihm am Zaun, der Busch mit den überhängenden Zweigen war wie mit einem Schnee von weißen Blüten bedeckt. In der Mittagsstille war nichts zu hören als das auf- und abschwellende Rauschen, wenn der Tropfenregen über die Blätter strich.

Da sagte eine Frau: „Hallo, du da! Guten Tag!"

Der Junge stieß sich vom Zaun ab.

„Guten Tag", sagte er. Die Frau kniete nicht weit von ihm bei einem Beet mit abgeblühten Tulpen. Der Strauch hatte sie verdeckt. Sie fragte: „Wohnst du hier in der Nähe? Ich habe dich schon oft gesehen. Wie heißt du?"

Katharina im Treppenhaus

„Joschi", sagte er und fuhr sich mit dem Arm über das nasse Gesicht.

„Gefällt dir unser Garten? Habt ihr auch einen?"

„Wir?", fragte er. „Einen Garten?", und schüttelte den Kopf. „Wenn ich einen Garten hätte –!" Er kam wieder näher an den Zaun, hob beide Arme und schrieb mit gespreizten Fingern einen Halbkreis in die Luft: „Mein Garten ist anders. Wie ein Wald, wie ein Urwald. Ringsum ist alles zugewachsen, man kann nicht von der Straße hineinsehen. In der Mitte ist eine Wiese mit

Skatertreff:
Thorsten, Peter und Eugen

Blumen, aber es gibt keinen Weg und keine Beete. Ein Bach fließt durch meinen Garten, und am Ufer wachsen solche Blumen wie diese dort." „Schwertlilien?", fragte die Frau. „Aber die mögen es lieber trocken."

„So ähnliche", sagte Joschi. „Und dann habe ich eine Hütte in meinem Garten, nein, eigentlich zwei. Eine ist in einem Baum, man muss mit einer Strickleiter hinaufklettern. Dort sitze ich manchmal und lese. Die andere Hütte steht zwischen den Bäumen in meinem Wald, ein kleines Blockhaus ist das. Drinnen gibt es nur ein Heulager, eine Bank und einen Tisch. Einen Ofen habe ich auch, damit ich mir etwas kochen kann. Neben der Hütte ist nämlich der Gemüsegarten, da hab ich Radieschen und Salat gepflanzt und Möhren und Erbsen, auch ein paar Kartoffeln. Meistens zünde ich den Ofen in der Hütte gar nicht an, draußen habe ich nämlich eine Feuerstelle, nur aus Steinen, mit zwei Astgabeln, in die man den Kochtopf hängen kann. Abends ist es besonders schön in meinem Garten. Dann rauschen die Bäume, und ich sitze mit meinen Freunden am Feuer, und wir singen und erzählen uns Geschichten. Dann gehen sie nach Hause, und ich schlafe in meiner Hütte, und draußen glüht das Feuer noch ein bisschen, und ich habe keine Angst, wenn die Nachtvögel schreien. Morgens wasche ich mich am Bach und koche mir Kaffee. Dann arbeite ich in meinem Garten. Oder ich sitze oben in meinem Baumnest und lese. Aber dazu habe ich nicht viel Zeit."

„Du musst ja auch zur Schule gehen", sagte die Frau. Sie lächelte.

„Ja", sagte er. „Natürlich."

„Und deine Eltern erlauben dir, dass du nachts ganz allein im Garten schläfst?"

„Ich habe doch gar keinen Garten", sagte Joschi. Er schnickte den Ranzen hoch, warf den Kopf in den Nacken und rannte fort. Die Frau rief ihm noch etwas nach, aber er bog schon um die Straßenecke und lief zur Autobushaltestelle hinunter.

3 Ihr habt nun einiges über Joschis Garten erfahren. Am Ende sagt er: „Ich habe doch gar keinen Garten." (Z. 60)
- Hat Joschi nun einen Garten oder nicht? Überprüft die Aussage im Textzusammenhang.
- Warum erzählt Joschi der Frau die Geschichte von seinem Wunschgarten? Begründet eure Meinung.

4 Lest die Geschichte jetzt noch einmal still durch. Achtet dabei besonders auf die Zeilen 30-55.

5 Erzählt nun, wie ihr Joschi einmal in seinem Garten besucht. Beschreibt, was ihr dort seht und erlebt. Vermeidet dabei aber Angaben, die nicht stimmen, denn es soll Joschis Garten bleiben.

So könnt ihr anfangen:

Ich stelle mir vor, ich hätte Joschi einmal in seinem Garten besucht ...

Nachdenkfragen zum Erzählen:
- Von wo kommst du in den Garten?
- Ist Joschi auch da?
- Was machst du dort?
- Gehst du einen bestimmten Weg durch den Garten?
- Zu welcher Tageszeit bist du dort?
- Fühlst du dich dort wohl?

So könnt ihr weiterarbeiten

- Fertigt eine **Collage** zu Joschis Garten an. Schneidet dazu aus Katalogen oder Werbeprospekten passende Bilder aus und klebt sie zu dem Wunschgarten zusammen. Ihr könnt auch einige Sachen selbst malen. Bevor ihr die Bilder aufklebt, legt sie erst einmal nach euren Vorstellungen auf das Blatt. Wenn euch dann etwas noch nicht gefällt, könnt ihr die Bilder noch nach euren Wünschen verschieben.

- Ihr könnt **Geschichten erfinden,** die sich Joschi und seine Freunde am Lagerfeuer erzählen oder die sie in Joschis Wunschgarten erleben.

Rebekka unterm Schreibtisch

Auch ihr habt sicher einen Platz, an dem ihr euch gerne aufhaltet, an den ihr euch zurückzieht, an den ihr euch vielleicht sogar mit etwas Traurigkeit erinnert oder den ihr euch in eurer Fantasie ausmalt. Dies sind besondere Plätze für euch.

1 Führt in der Klasse ein Ratespiel durch:

- Jeder erzählt von seinem besonderen Platz, aber ohne den Namen des Ortes zu nennen. Die Mitschülerinnen und Mitschüler versuchen den Ort zu erraten.
- Überlegt vor dem Erzählen, was die anderen alles wissen möchten und was ihr erzählen wollt. Geheimnisse braucht ihr nicht zu verraten.

Janina hat einige Vorüberlegungen angestellt, die ihr helfen, möglichst genau zu erzählen und nichts zu vergessen:

So könnte Janina mit ihrem Rätsel beginnen:

- Wenn es euch nicht gelingt, die besonderen Plätze herauszufinden, dann stellt Fragen an die Erzählerin oder an den Erzähler.

2 Vielleicht möchtet ihr noch mehr über die besonderen Orte erfahren, die ihr erraten habt. Dann stellt weitere Fragen:
- Bist du oft an diesem besonderen Platz?
- Wie hast du diesen Ort entdeckt?
- Wann bist du zum ersten Mal dort gewesen?
- Was kannst du dort alles sehen, hören, fühlen oder riechen?
- Ist es gefährlich, dorthin zu kommen?
- ...

3 Janina hat einige Fotos mitgebracht. Was könnte sie noch alles über ihren besonderen Platz erzählen?

4 Könnte dir der besondere Platz von Janina auch gefallen? Erzähle, was du dort besonders schön findest.

Tashis Lieblingsstein

Sabriye Tenberken

Tashi ist ein Junge aus Tibet (das ist ein sehr gebirgiges Land in Zentralasien). Er hatte eine schwere Krankheit und ist dadurch erblindet. Für blinde Kinder gibt es in Tibet kaum Möglichkeiten eine Schule zu besuchen.
Sie werden allein gelassen oder oft zum Betteln geschickt. Aber Tashi hatte Glück. Der Dorfoberste vertraute ihm eine wichtige Aufgabe an.

Namri
▶ das Dorf, aus dem Tashi stammt. Namri bedeutet „Himmelshugel“

Tsampa
▶ Hauptnahrungsmittel der Tibeter. Für Tsampa wird Gerste geröstet, gemahlen und mit Buttertee, Milch oder Joghurt vermischt. Der Teig wird dann zu kleinen Kugeln geformt und gegessen.

… So wurde Tashi der Ziegenhirt von Namri und mit Stolz und großer Verantwortung führte er seine Arbeit aus.

Einen Tsampabeutel in der Linken und einen langen Weidenstock in der Rechten, trieb er frühmorgens, wenn die Sonne gerade über die Felsen stieg, die Ziegen auf die nahe gelegenen Bergwiesen. Er kannte den Weg, er war ihn ja so oft mit Nima und Dawa gegangen. Auf der einen Seite wurde der Pfad durch den wild rauschenden Fluss begrenzt und auf der anderen durch kleine Sträucher und Bäume, die leise im Wind raschelten, und durch nackte Felsen, die seltsam hallten, wenn man in ihrer Nähe in die Hände klatschte. Auch die Ziegen wussten, wie sie zur Weide gelangten, sie liefen voraus und wiesen den Weg mit ihren Glocken und den trappelnden Hufen.

Auf der Weide angekommen, suchte sich Tashi einen kühlen Stein am Rand eines schmalen Bachs. Dann lauschte er den Ziegen, die emsig um ihn herumsprangen, dem Gurgeln und Plätschern des Baches und dem Murmeln der kleinen runden Steine, die von Wasser bewegt leise aneinander klickerten.

Tag für Tag saß er da, und aus dem Klang der Steine, des Wassers, der Glocken und des Windes, aus den Düften der wilden Kräuter und Blumen, die auf der Weide wuchsen, entstanden in seinen Gedanken neue Geschichten und Lieder.

Als der Winter kam und die Kälte das Land zu Eis erstarren ließ, saßen die Kinder des Dorfes dicht um ein knisterndes Feuer gedrängt, sangen Tashis Lieder und lauschten gebannt den Geschichten, die er von den Weiden in den Bergen mitgebracht hatte.

Er erzählte von Mönchen, die sich in finsteren mondlosen Nächten in wilde Yaks verwandeln, von heiligen Priestern, die in Dürrezeiten aus sandiger Erde die herrlichsten Mamos und den schmackhaftesten Tsampa zaubern, von Drachen, die mit großen Schwingen aus dem Himalaya in tiefe Täler stürzen und das Vieh der armen Bauern stehlen; und von Dämonen, die armselige Lehmhütten in prachtvolle Paläste verwandeln – Paläste, erbaut aus Türkisen, Korallen und Bernstein, mit Dächern aus purem Gold und Fenstern aus klarstem Bergkristall.

Die Kinder liebten Tashis Geschichten. Wenn sie die Augen schlossen, waren sie in seiner Welt gefangen. Sie rochen den rußigen Atem des Drachen, hörten das wilde Gebrüll der Yaks, das von den silbrigen grauen Felsen widerhallte, schmeckten die köstlichen Gerichte auf ihren Zungen und konnten sich an der Pracht und an den Farben, die Tashi ihnen in ihrer Fantasie malte, nicht satt sehen.

Yak
▶ Langhaariges Rind der zentralasiatischen Hochländer; gezähmt besonders in Tibet als Reit-, Last- und Milchtier.

Mamos
▶ Kleine Teigtaschen werden mit Hackfleisch und Zwiebeln gefüllt. Sie können gebraten, gedämpft oder in der Suppe gekocht werden.

Tashis Arbeitsplatz
- auf einer Weide
- sitzt meist auf einem kühlen Stein
- ...

1 Beschreibt die Umgebung, in der Tashi seiner Arbeit nachgeht. Dazu könnt ihr Stellen heraussuchen und auf Folie unterstreichen. Ihr könnt sie auch aufschreiben.

2 Tashi kann nichts sehen. Deshalb vertraut er auf das, was er tasten und fühlen, hören und riechen kann. Lest aus dem Text passende Stellen vor.

3 Was meint ihr: Warum ist Tashi so gut darin, sich Geschichten auszudenken? Lest dazu noch einmal die Zeilen 18-21.

4 Tashi erfindet Geschichten, die die Kinder lieben. Erklärt den Satz „Wenn sie die Augen schlossen, waren sie in seiner Welt gefangen".

5 Probiert es aus: Lasst euch eine Geschichte vorlesen oder erzählen und schließt dabei eure Augen. Erzählt dann von den Bildern, die in eurem Kopf entstanden sind.

Wenn ihr mehr über Tashi und sein Land erfahren wollt, wenn ihr wissen wollt, wie Tashi in eine Schule kommt oder was es mit den Dämonen auf sich hat, dann lest das Buch „Tashis neue Welt – Ein blinder Junge zeigt uns Tibet".

Einige Schülerinnen und Schüler haben über ihren besonderen Platz etwas aufgeschrieben. Damit ihr euch alles selbst vorstellen könnt, wurden dazu keine Abbildungen abgedruckt.

1 Lest die Texte einer Partnerin oder einem Partner vor. Die Zuhörer haben die Augen geschlossen.

Mein Lieblingsplatz

Rebekka

Mein Zimmer ist groß und hell und hat schöne neue Möbel. Ich habe mir viel Mühe gegeben, es gemütlich einzurichten. Mein Lieblingsplatz ist aber ganz unter meinem Schreibtisch. Hier bin ich nur für mich allein. Wenn ich traurig bin, schmuse ich mit meiner Katze. Auch wenn ich ein spannendes Buch lese, ziehe ich mich dorthin zurück. Eng zusammengekauert kuschele ich mich an mein rotes Herzkissen. Meine Lieblingsstars habe ich an der Innenseite unter dem Schreibtisch befestigt. Dort habe ich sie auch sofort im Blick. Zum Lesen hole ich mir meine kleine Lampe, doch zum Träumen möchte ich es etwas dunkel haben. So ist es dann besonders gemütlich.

Hier finde ich es gut!

Jolina

Mein Bruder fährt seit einigen Jahren Crossrennen. Meine Eltern und ich begleiten ihn oft zum Übungsplatz. Hier habe ich meinen Lieblingsplatz entdeckt: die Vereinshütte neben dem Platz. Dorthin ziehe ich mich zurück und lese. Von hier aus beobachte ich auch die knatternden Motorräder, wie sie sich durch den Schlamm wühlen. Oftmals sind die Fahrer total verdreckt. Doch das macht ihnen gar nichts aus. Als meine Freundin einmal mit auf dem Crossplatz war, gefiel ihr der starke Benzingeruch überhaupt nicht. Für mich ist das aber ein ganz besonderer Geruch. Ich liebe ihn! Oft steigt er mir in die Nase, wenn ich dicht an der Rennbahn stehe. Bestimmt kaufe ich mir später ein Motorrad!

Treffpunkt Eisdiele

Frederik

Das Besteck klirrt, wenn es in die Schublade geworfen wird. Ich höre das Schnippen des Eislöffels. Die Teller aus Chrom klappern beim Abwischen. Das Eis duftet nach Marzipan und Vanille. Die Espressomaschine zischt. Leute rufen „Hallo“ und „Tschau“. Hier ist immer was los!

Unser Schulgarten

Max

Der Lavendel duftet schon von weitem. Als wir kommen, springen die Frösche hastig in den Teich. Platsch! Platsch! Platsch! Steine wurden in den Teich geworfen. Warum? Unsere AG hat viel Arbeit mit dem Schulgarten. Aber wenn wir alle gemeinsam arbeiten, macht es richtig Spaß. Herr Sauerstein lobt uns. Manchmal können wir sogar etwas ernten. Unsere Schulküche bekommt die frischen Kräuter. Schade, dass ich zu Hause keinen Garten habe.

2 Die Schülerinnen und Schüler beschreiben in ihren Texten nicht nur, was sie sehen, sondern auch, was sie sonst noch wahrnehmen. Erzählt, was sie erleben oder träumen, was sie sehen, hören und riechen.

Hast du das Besteck auch klirren gehört?

Ja, und der Espressoduft stieg mir richtig in die Nase!

Auf dem Bahnhof
- das Rollen der Koffer
- das Klack, Klack, Klack der Absätze
- Lautsprecher-ansagen
- ...

3 Ihr kennt sicher selbst solche besonderen Orte oder könnt sie euch vorstellen: in der Eisdiele, auf dem Bahnhof, im Schwimmbad …

Beschreibt, was ihr dort wahrnehmen könnt. Konzentriert euch dabei ganz besonders auf die Gerüche und die Geräusche und haltet sie möglichst genau auf einem Notizzettel fest. Später könnt ihr mit euren Notizen den besonderen Platz sehr anschaulich beschreiben, z. B. als Riechporträt oder als Hörbild.

Hörbild?

Na, du weißt schon:
Alle Geräusche werden genau aufgeschrieben, sodass jeder sich den Ort wie ein Bild vorstellen kann!

Riechporträt?

Na klar,
du beschreibst genau, was du riechen kannst!

4 Tragt nun in der Klasse eure Riechporträts und Hörbilder vor. Nennt dabei nicht den Ort! Die Mitschülerinnen und Mitschüler müssen während des Erzählens ihre Augen geschlossen halten und überprüfen, ob sie den Ort erraten und erkennen können.

5 Überlegt, ob die Beschreibungen ausreichen. Ihr dürft auch Vorschläge zur Verbesserung machen, wenn dadurch etwas deutlicher wird.

Das könnt ihr einmal ausprobieren

Das fühlt sich an wie Watte, ganz leicht und weich …

Das Ertasten und Erfühlen könnt ihr auch mit einer **Tastbox** in einem Spiel üben. Dazu legt ihr in eine Kiste (z. B. einen Schuhkarton) verschiedene Gegenstände und deckt die Kiste mit einem Tuch ab. Greift nacheinander in die Box und ertastet einen Gegenstand. Beschreibt ihn sehr genau.
Die anderen müssen ihn dann erraten. Wenn richtig geraten wurde, wird der Gegenstand herausgenommen.

Was man alles – und wie man es wahrnehmen kann:

Sichtbares	ich sehe	hell	Farben
	ich erkenne	dunkel	Formen
	aussehen wie	finster	…
	es leuchtet …	leuchtend …	
Hörbares	ich höre	laut	Stimmen
	ich lausche	leise	Geräusche
	es hallt	still	…
	es klirrt …	rauschend …	
Gerüche	es riecht	süß	Gerüche
	es duftet	würzig	Düfte
	mir ist zumute	angenehm	Gestank
	steigt in die Nase …	modrig …	…
Gefühle	ich fühle	locker	mich selbst
	ich empfinde	entspannt	…
	es fühlt sich an	glücklich	
	ich finde …	beruhigend …	
Ertastbares	ich greife nach	weich	Dinge
	ich fasse an	rau	Lebewesen
	es fühlt sich an	glatt	…
	es fasst sich an …	kuschelig …	
Zeit	Zeit vergeht	lang	Augenblick
	bleibt stehen	langsam	Weile
	zieht vorbei	schnell	Nacht
	…	endlos …	…

die Geräusche
die Stimmen
der Gestank
entspannt
modrig
…

→ Rechtschreib-gespräch Seite 197

- Hier seht ihr Wortlisten zu verschiedenen Wahrnehmungen: Sichtbares, Hörbares, Gerüche usw. Wenn ihr die Texte dieser Einheit noch einmal durchlest, werdet ihr viele weitere Wörter finden, mit denen ihr die Wortlisten ergänzen könnt (z. B. in „Tashis Lieblingsstein“).

- Natürlich sind die Wahrnehmungen immer anders. Es kommt auf den Raum an, den ihr beschreiben möchtet. So strömen z. B. in der Eisdiele noch ganz andere Geräusche und Gerüche auf euch ein; ihr fühlt und seht andere Dinge. Sammelt doch einmal gemeinsam solche Wörter wie: *frisch, kühl, duftend, klappern, klirren* … und ergänzt die Liste. Für eure Beschreibungen könnt ihr sie sicher gut gebrauchen.

b Schreibt jetzt mit euren genauen Beobachtungen und Vorüberlegungen Geschichten über besondere Plätze.

Vanessa hat so angefangen:

In der Eisdiele war was los!

Britta, Kevin und ich haben uns heute
in der Eisdiele getroffen. Jetzt im
Sommer ist das unser Lieblingstreff.
Dort war der Teufel los!
„Zwei Kugeln Eis, bitte! Vanille und Erdbeer."
„Einmal Spaghetti-Eis!"
Der Eismann flitzte immer hin und her.
Hastig den Tisch abputzen. Das Besteck
schnell in die Schublade werfen.
Klirrrrrr! Ein Glas zerbricht.
„Tschau!" „Hey, Erik!" Kindergeschrei ...

Das könnt ihr mit euren Texten machen:

- Ihr könnt alle oder nur besondere Texte einzeln auf ein weißes Blatt Papier schreiben. Gestaltet die Seite mit einem schönen Rahmen.
- Auf einem weiteren Blatt malt ihr euren besonderen Platz. Ihr könnt euch selbst hineinzeichnen.
- Die fertigen Arbeiten heftet ihr zusammen; so entsteht eine Sammlung mit „Besonderen Geschichten an besonderen Orten" aus eurer Klasse.
- Eine Schülerin oder ein Schüler kann mit dem Computer das Inhaltsverzeichnis, ein anderer das Deckblatt vorbereiten.
- Am Elternabend könnt ihr eure Werke präsentieren.

der Sommer
der Eismann
schnell
getroffen
...

→ m, n, l ... – einfach oder doppelt? Seite 206/207

Der Ort, an dem er glücklich war

Werner Raith

Pericles Vater soll als Zeuge gegen die Mafia aussagen. Deshalb müssen er und seine Familie ihr Dorf Montecane auf Sizilien verlassen. Sie werden an einen geheimen Ort gebracht. Einige Zeit lebt Pericle mit seiner Mutter in Florenz. Hier muss Pericle, das „Verräterkind", oft an seine Insel denken.

Landschaft auf Sizilien

Wenn wir nur zu Hause wären, dachte er, nicht in Fiesole oder Florenz, sondern in Sizilien. „Da könnte ich mit meinen Freunden reden", sagte er laut.

Gianni blickte ihn überrascht an. „Wie bitte?"

„Ach, nichts." Aber der Gedanke kam immer wieder: In Sizilien, da kenne ich alles, da weiß ich, wo ich hingehen muss, wenn ich etwas brauche. Und da war Mamma glücklich, da hatte sie ihre Freundinnen. Und Rosalia ihre Spielkameradinnen.

Montecane, dachte Pericle, als sie die langen Kehren nach Fiesole hinauffuhren und das Tal unter ihnen im leichten Dunst verschwand, Montecane war seine Heimat, nicht Fiesole. Er konnte Mutters Unglück nachfühlen, nicht nur, weil sie die Sprache hier kaum verstand und sich darin nicht ausdrücken konnte. Es war alles anders hier, die Menschen waren den ganzen Tag wie gehetzt, es gab keine Muße, nirgendwo sah man die Alten zusammensitzen und stundenlang miteinander reden, wie er das aus seinem Dorf kannte. In den Serpentinen hinauf nach Fiesole suchte er noch nach Ähnlichkeiten der Landschaft mit Sizilien, so wie sie ihm bei ihrer ersten Fahrt hierher aufgefallen waren.

„Ein bisschen wie der Blick von Montecane hinunter nach Partinico ist das hier schon", sagte er. Besonders der leichte Dunst erinnerte ihn an die letzten Tage, die er noch zu Hause verbracht hatte.

Gianni nickte. „Nur dass Partinico etwas kleiner ist als Florenz, oder?"

Pericle stimmte zu. „Nein, es sieht auch nicht wirklich aus wie Partinico, eher wie Palermo, wenn man von Altofonte hinunterfährt." Dennoch störte ihn etwas; irgendetwas war doch ganz anders als zu Hause.

Erst am Abend im Bett fiel ihm ein, was anders war: Das Meer fehlte. Rings um Florenz gab es nur Berge und flaches Land. Von Montecane aus aber sah man das Meer und auch hinter Palermo war stets das Meer gegenwärtig. Es hatte für Pericle immer etwas Beruhigendes, das Meer zu sehen. So, als könnte man übers Wasser überallhin fliehen, wenn man sich unglücklich fühlte. Hier aber engte ihn alles ein.

Sizilien! So schlimm all die Geschichten waren, die er inzwischen über seine Insel erfahren hatte, über seine Familie, seinen Vater und dessen Vater – es war doch der einzige Ort der Welt, an dem er sich glücklich gefühlt hatte. Vielleicht würde er seine Insel nie wieder sehen. Pericle drückte den Kopf ins Kissen. Die Tränen konnte er nicht aufhalten.

Über diese Fragen könnt ihr sprechen:

- Was vermisst Pericle besonders?
- Warum ist Sizilien für Pericle ein besonderer Platz?
- Wenn ihr nicht zu Hause, sondern woanders seid, was fehlt euch dann am meisten?
- Seid ihr schon einmal umgezogen? Wie habt ihr es geschafft, euch in der neuen Umgebung zurechtzufinden?
- Könnt ihr euch vorstellen, in ein anderes Land zu ziehen? Was würdet ihr vermissen?

1 Lasst euch die folgende Geschichte von einer Mitschülerin oder einem Mitschüler vorlesen. Dazu muss sie oder er sich zu Hause gut vorbereiten und den Text laut lesen.
Die anderen schließen während des Vorlesens die Augen und lassen sich von der Stimmung des Textes leiten.

Auf der Silberlichtstraße des Mondes

Else Müller

In einer alten arabischen Stadt sitzt Hakim eines Abends an der dicken Stadtmauer am Ufer des Meeres. In der Stadt verebben die Geräusche eines geschäftigen Treibens. Die Rufe der Händler werden leiser. Der Bazar, in dem tagsüber ein hektisches Treiben herrscht, wird langsam ruhiger und menschenleer. In den engen Gässchen, die den Bazar durchziehen, wird es stiller.

Tagsüber hämmert, klopft, ruft, lacht und schreit es hier. Menschen mit langen Gewändern und Turbanen auf dem Kopf gehen durch die Gassen. Händler bieten lautstark ihre Waren an. Es zeigt sich dir ein farbiges Bild. Bunt gewirkte Teppiche hängen auf Stangen, Schmuck und edle Steine liegen in Vitrinen. Gewürze, Gebäck und Obst lassen dir das Wasser im Munde zusammenlaufen. Du nimmst die vielen Gerüche des Orients wahr. Dort hämmert ein alter Mann ein Gefäß aus Kupfer, hier schneidet der Barbier Haare und Bart. Eine Garküche bietet köstliches Essen an. Ein Wasserträger schleppt schwere Kannen.

Der unsichtbare Hund

Martina Wildner

Mira wünscht sich nichts mehr als einen Hund. Sie hat alles über Hunde gelesen, was es in der Bibliothek auszuleihen gab. Zum Beispiel, dass die Zähmung des Wolfs bereits in der Steinzeit stattfand und dass Ägypten das Herkunftsland des heutigen Windhundes ist. Aber das nur nebenbei. Letztes Jahr hat sich Mira zu Weihnachten einen Hund gewünscht, worauf Mama nur sagte: „Was, ein drittes Kind?“ Dann folgte das, was auf so einen Wunsch immer folgt.

„Ich werde mich um den Hund kümmern“, hatte Mira versprochen.

„Die ersten zwei Wochen vielleicht. Und dann darf ich ihn füttern und sauber machen. Und Papa wird mit ihm Gassi gehen.“

„Ganz gewiss mach ich das alles … bitte!“ Mira war verzweifelt.

„Haha!“, machte Mama. Sie kann unerträglich spöttisch sein. „Du bekommst einen Stoffhund.“

„Aber ich habe doch schon 25 Stoffhunde.“

„Dann bekommst du ein Hundebuch.“

Mira ist darüber immer noch verärgert. Mama weiß ganz genau, dass Mira ein ganzes Regal voller Hundebücher hat. Mira braucht auch kein Hundeposter, keine Nippesfigur aus Porzellan, weil sie sie von Oma immer bekommt, kein Lassievideo und keine Kinokarte für 101 Dalmatiner. Mira braucht einen Hund. Am liebsten hätte sie einen Bernhardiner. Doch Bernhardiner, das ist Mira klar, sind zu groß für die Wohnung. Außerdem hat er zu lange Haare, die dann am Teppich oder den Sesseln kleben bleiben, würde Mama sich beschweren, obwohl sie sonst gar nicht so ordentlich ist. „Ein Kurzhaardackel!“, schlägt Mira vor.

„Dackel bellen aufdringlich“, sagt Papa, sieht von seiner Zeitung auf und wackelt mit den Zehen. Mama schaut auf seine Füße. „Du solltest frische Socken anziehen.“ Nach kurzer Überlegung sagt Mama: „Hunde stinken. Schlimmer als Schweißfüße.“ – Papa steht auf und geht frische Socken holen. „Ich hab nur noch Socken mit Löchern“, berichtet er mit wichtiger Stimme, als käme er von der Entdeckung Amerikas zurück.

„Wie soll ich einen Hund versorgen, wenn ich noch nicht einmal dazu komme, Papas Socken zu stopfen?“, fragt Mama.

„Ich werde den Hund versorgen.“ Mira gibt nicht auf. „Und außerdem stinken Hunde nicht.“

„Doch, nach totem Fleisch.“ Das war Pit.

„Na, na, na“, sagt Papa.

„Pit, gibt es einen Hund, der Mama recht sein könnte?“ – „Ein Mexikanischer Nackthund, vielleicht. Da können keine Haare ausgehen. Oder ein Chinesischer Muffhund, damit Mama nicht immer kalte Finger hat.“ – „Oder einen parfümierten Zwergpudel. Geschoren natürlich.“ – „Lass mich überlegen!“ Pit ordnet seine Sommersprossen. „Dein Hund müsste erstens Vegetarier sein. Zweitens, das sagte ich bereits, kurzhaarig. Und drittens so klein, dass ihm dein Zimmer als Auslauf genügt.“

„Also so groß wie eine Ratte. Oder ein Meerschweinchen."

„Er müsste abschaltbar sein."

„Abschaltbar?"

„Klar. Wenn wir in' Urlaub fahren."

„Aber wenn er so klein wie ein Meerschweinchen ist, könnten wir ihn mitnehmen."

„Ich habe keine Lust, im Zelt auf einen meerschweinchengroßen Hund zu treten. Das ist alles Quatsch. Dein Hund müsste abschaltbar sein", findet Pit.

„Oder unsichtbar." Mira hat die Lösung. „Dann könnte er vier Meter hoch sein und ein Zottelfell haben! Keiner würde es sehen."

„Aber ist ein unsichtbarer Hund auch unriechbar?", fragt Pit.

„Hm."

„Frisst ein unsichtbarer Hund auch unsichtbares Futter?"

„Das ist doch eigentlich egal", sagt Mira.

„Nicht", entgegnet Pit, „wenn er vier Meter hoch ist. Ein vier Meter großer Hund frisst bestimmt eine ganze Kuh täglich."

„Ich würde meinem Hund kein Rindfleisch geben."

„Wegen dem Rinderwahnsinn? Ist der auf Hunde übertragbar?"

„Auf Katzen jedenfalls schon."

Wenn, sagt Mama, dann würde sie sich eine Katze anschaffen. Die sind wenigstens selbstständig und haben nicht den treu-doofen Hundeblick. Treu sein bedeutet doof sein, ist Mamas Meinung. Katzen sind selbstständig und damit intelligent.

Wenn, sagt Papa, dann würde er sich einen Hund anschaffen. Daraufhin streiten sich Mama und Papa, ob Hund oder Katze, ob treu gleich doof und so weiter, aber der Streit ist überflüssig, weil weder Mama noch Papa ein Haustier wollen.

Papa ist praktisch. „Wozu einen Hund?", fragt er. „Früher", fährt er fort, „hat man Hunde gebraucht. Zur Jagd und als Hirtenhund."

„Oder als Speisehund!", kräht Pit.

„Pfui Teufel!", ekelt sich Mira.

„Wieso Pfui Teufel? Du isst doch auch Schweine und Kühe. Andere essen eben Hunde."

„Heutzutage braucht man keine Hunde mehr", bekräftigt Papa noch einmal seine Theorie.

1 Vielleicht habt ihr etwas Ähnliches selbst schon einmal erlebt: Ihr wünscht euch ein Tier, eure Eltern sind aber dagegen. Tauscht eure Erfahrungen in der Klasse aus.

2 Mira schreibt einen Brief an ihren Freund Paul. Darin erzählt sie ihm von ihrem Problem: Sie hätte so gern einen Hund, kann aber ihre Eltern nicht überzeugen. – Schreibe diesen Brief für Mira.

Hallo Paul,
du möchtest wissen, wie es mir geht? Ehrlich gesagt: Im Moment bin ich ganz schön unglücklich …

3 Mira findet eine Lösung für ihr Problem, indem sie sich einen unsichtbaren Hund ausdenkt. Auf einmal wird der Hund lebendig und die beiden erleben lustige und spannende Abenteuer. – Schreibe die Geschichte weiter. Überlege dir,
- was mit einem unsichtbaren Hund alles passieren kann,
- ob er besondere Kunststücke beherrscht oder
- welche Streiche man mit ihm spielen kann.

Ein Papagei für zu Hause?

4 Stell dir folgende Situation vor: Jesco wünscht sich für sein Zimmer einen Papagei. Seine Eltern sind aber dagegen.
- Welche Gründe kann er für die Anschaffung des Vogels vorbringen?
- Welche Einwände könnten seine Eltern haben?

Lege im Heft eine Tabelle an, in der du Gründe für oder gegen die Haltung von Papageien als Haustiere sammelst:

Pro	Kontra
können mit einem sprechen	machen viel Dreck
...	

5 Vergleiche deine Ideen mit einem Partner. Schreibt dann gemeinsam ein Gespräch zwischen Jesco und seinen Eltern zu diesem Thema. Vielleicht finden sie eine Lösung, wenn sie miteinander sprechen ...
Benutzt für dieses Gespräch auch die Gründe, die ihr gesammelt habt.

Hinweise zum Rollenspiel findet ihr in der Werkstatt Theater (S. 165).

6 Übt eure Gespräche als Rollenspiele ein:
- Wie ist das Gespräch jeweils ausgegangen?
- Konnte Jesco seine Eltern überzeugen?
- Unter welchen Bedingungen haben sie zugestimmt?

7 Schreibe eine lustige Geschichte über Jesco und seinen Papagei.

Nistkästen helfen vielen Vogel- oder Fledermausarten. Vielleicht könnt ihr Nistkästen sogar selbst bauen.

Im Garten lässt sich ohne große Mühe eine Vogeltränke aufstellen. Hinterher macht es Spaß, die Vögel zu beobachten.

Mein Geburtstagswunsch

Markus Pöppke

Mein größter Wunsch war, ein Tier zu haben. Ein großes Tier konnte es nicht sein, weil unsere Wohnung klein ist. Meine Kusine hatte ein Meerschweinchen und ich dachte: Ich möchte auch ein Meerschweinchen. Damit kann man nämlich so schön kuscheln. Ich habe erst an ein Zwergkaninchen gedacht, aber das Meerschweinchen gibt Quiektöne und das Zwergkaninchen nicht. Ich habe schon viel davon gehört, wie man es pflegt und bürstet und wie man die Zehen knipst.

Mein Geburtstag kam bald und als Geburtstagsgeschenk bekam ich ein Meerschweinchen. Da war ich glücklich. Wenn ich nämlich traurig und wütend bin, kann ich das Meerschweinchen rausnehmen und wir sind dann beide glücklich.

1 Welches Tier würdest du gerne haben? Oder hast du schon ein Tier? Erzähle den anderen davon.
Wenn du ein Tier hast, könntest du auch ein Bild oder eine Videoaufnahme von ihm mitbringen, damit deine Mitschülerinnen und Mitschüler es sich besser vorstellen können.

2 Versuche einmal, dein Lieblings- oder Wunschtier mündlich zu beschreiben. Sicher hast du auch schon ungewöhnliche Tiere im Fernsehen oder im Zoo gesehen, die du den anderen beschreiben kannst.

Wie man Tiere genau und anschaulich beschreiben kann, erfährst du auf den nächsten Seiten.

Wenn du ein Tier willst, …

… dann solltest du dir folgende Fragen stellen:

- Ist es in eurem Haus erlaubt, ein Tier zu halten? Frage deine Eltern oder den Vermieter.
- Was sagen die anderen Familienmitglieder zu deinem Wunsch?
- Hast du genügend Zeit, um dich mit deinem Tier zu beschäftigen?
- Warum möchtest du ein Tier haben?
- Wer nimmt das Tier im Urlaub?

Aus Tierbüchern

Der … der Eskimos wiegt etwa 40 kg. Er hat ein kräftiges Gebiss und funkelnde Augen. Durch sein dichtes, warmes Fell kann er Kältegrade unter 50° Celsius aushalten …

Dieser Fisch wird zwanzig bis sechzig Zentimeter lang. Seine scharfen Zähne sind wie Rasierklingen. Sie können einen Daumen mit einem einzigen Biss abtrennen …

Der männliche, bis zu drei Metern große … hat meist ein prächtiges Schaufelgeweih …

Piranha
Eisbär
Bussard
Wal
Qualle
Schlittenhund
Uhu
Stachelschwein
Rehbock
Elch
Igel
Krake

Die acht langen Fangarme der … sind mit starken Saugnäpfen besetzt.
Die Arme sitzen direkt am Kopf …

Die auffälligsten Kennzeichen des …, des größten Eulenvogels, sind dic orangefarbenen Augen und die großen Federohren.

1 Sicher macht es dir Spaß, die Tiere zu erraten. Ein Tipp: Sie finden sich unter den Tieren, die auf dem blauen Zettel stehen.
Woran hast du erkannt, um welche Tiere es sich handelt?

2 Mit welchen Adjektiven und Nomen werden die Tiere näher gekennzeichnet? Schreibe so:

Schlittenhund: kräftiges Gebiss
funkelnde Augen
dichtes, warmes Fell

3 Suche aus Tierbüchern Bilder und Beschreibungen von Tieren und sammle Nomen und Adjektive, die zu diesen Tieren passen.

ein Gebiss
seine scharfen Zähne
funkelnde Augen
mit starken Saugnäpfen
…

→ Groß oder klein? Seite 213/214

Das Stinktier *Melanie*

Das Stinktier lebt in Nordamerika. Es wird ungefähr so groß wie eine Katze. Sein Schwanz sieht aus wie ______ . Er ist fast so lang wie der ganze Körper. Über den Rücken des Stinktiers laufen längs ______ . Stinktiere sind nachtaktive Räuber. Normalerweise sind sie scheu und leben zurückgezogen ______ , wo sie sich von ______ ernähren.

Man sollte die Tiere allerdings nicht reizen. Sie verfügen über eine Drüsenflüssigkeit, mit der sie Angreifer noch in drei Meter Entfernung treffen können. Diese Flüssigkeit riecht nicht nur widerlich, sondern verursacht auch ______ .

zwei weiße Streifen
in dichten Wäldern
schmerzhafte Verbrennungen
ein dichter Busch aus schwarzen und weißen Haaren
Eichhörnchen, Nagetieren, Vögeln, Eiern und Insekten

1 Lies den Text über das Stinktier und ergänze beim Lesen die fehlenden Wörter. Sie stehen auf dem grünen Zettel.

Der Buntspecht
kurze Beine
vier spitze Krallen an den Zehen
...
kräftiger Schwanz
...
schwarzweiß gestreifte Flügel
kurze, abgerundete Flügel
langer, keilförmiger Schnabel
lange, klebrige Zunge
...

2 Benutze die Stichwörter und schreibe einen kurzen Text über den Buntspecht. Du kannst weitere Merkmale von dem Foto ergänzen.

Ein Tipp: Beschreibe, wozu der Buntspecht Krallen, Schwanz, Zunge und Schnabel gebraucht, was er damit tut: sich am Stamm festklammern, sich abstützen, hacken, Insekten unter der Baumrinde hervorholen ...

3 Beschreibe nun ein Tier deiner Wahl auf die gleiche Weise. Lege zuerst eine Stichwörtersammlung an wie beim Buntspecht. Schreibe dann einen kurzen Text.

Mein Goldhamster *Leon*

Mein Goldhamster wird nachts immer munter. Dann läuft er durch den Käfig und sucht nach Futter. Und wenn er dann genug gefressen hat, läuft er zu seinem Laufrad. Und dann fängt er an, darin herumzulaufen. Das macht ganz schön Lärm. Und wenn mein Goldhamster müde ist, läuft er vom Rad herunter. Und dann putzt er sich. Und dann frisst er meist wieder. Mein Goldhamster läuft erst in sein Haus zurück, wenn ich aufstehe.

Wie man Schreibkonferenzen durchführt und Texte überarbeitet, erfahrt ihr auf den Seiten 193-196 der Werkstatt Schreiben.

Leon ist mit seiner Beschreibung nicht zufrieden. Ihr könnt ihm in einer **Schreibkonferenz** helfen, sie zu überarbeiten:

1 Bildet zwei Expertengruppen. Jede Gruppe liest den Text genau und markiert auf Folie die Stellen, die sie stören:

- **Gruppe 1:** Leon beginnt viele Sätze mit *und, und dann, und wenn …* Das klingt nicht gut. Überlegt, wie ihr einige Satzanfänge verändern könnt, damit der Text besser wird.
- **Gruppe 2:** Der Hamster bewegt sich ganz unterschiedlich, Leon verwendet aber immer nur das Verb „laufen". Kennt ihr weitere Wörter, die zum Wortfeld „laufen" gehören? Erprobt, welche von ihnen besser in Leons Text passen, und setzt sie ein.

2 Stellt den anderen eure Überarbeitungsvorschläge vor.

3 Jetzt überarbeitet jeder Leons Text. Am Anfang des Textes solltet ihr auch beschreiben, wie der Goldhamster aussieht. Seht euch dazu das Foto an.

4 Die Texte auf Seite 68 sind noch nicht so gut gelungen und können verbessert werden. Benutzt sie, um das Überarbeiten von Texten zu üben.

Für die Winterfütterung des Wildes könnt ihr Kastanien und Eicheln sammeln und in Tiergärten oder Förstereien abgeben.

wird
das Rad
genug
fängt an
...
→ Wörter mit b, d, g am Wortende Seite 211/212

Über Tiere kann man ganz unterschiedlich schreiben. Man kann sie beschreiben wie auf den Seiten 62–64. Man kann aber auch Tiergeschichten nach Bildern schreiben.

1 Schreibt auf Notizzettel, was für euch an der Geschichte interessant ist. Hängt die Notizzettel anschließend aus und seht euch an, was die anderen geschrieben haben.

2 Schreibt nun zu der Bildfolge eine Geschichte auf. So könnte sie anfangen:

Luise wollte schon immer ein eigenes Tier haben. An ihrem elften Geburtstag war es endlich so weit …

Auch zu der Bildfolge von S. 57 könnt ihr eine Geschichte aufschreiben!

3 Sicher habt ihr schon besondere Erlebnisse mit Tieren gehabt oder davon gehört.
- Ihr könnt davon mündlich erzählen.
- Ihr könnt eine Tiergeschichte schreiben.
- Oder ihr zeichnet das Erlebnis als Bildergeschichte.

Aus dem Tierschutzgesetz

Wer ein Tier hält, …

1. muss dem Tier angemessene artgemäße Nahrung und Pflege sowie eine verhaltensgerechte Unterbringung gewähren.
2. darf das artgemäße Bewegungsbedürfnis eines Tieres nicht dauernd und nicht so einschränken, dass dem Tier vermeidbare Schmerzen, Leiden oder Schäden zugefügt werden.

1 Im ersten Abschnitt des Textes steht, was man tun muss, im zweiten Teil, was man nicht tun darf.

Kannst du den Inhalt der Abschnitte mit eigenen Worten wiedergeben?

Was braucht zum Beispiel eine **Katze,** um sich wohl zu fühlen? Damit sollt ihr euch hier einmal näher beschäftigen.

2 Schneide ein DIN-A4-Blatt in Streifen und notiere darauf alles, was du zum Thema „Katze“ schon weißt. Schreibe auf breitere Papierstreifen, was du über dieses Tier und seine Bedürfnisse noch erfahren willst.

3 Lies nun die beiden folgenden Texte über Katzen.

Warum sind Katzen ideale Haustiere?

Im Gegensatz zum Hund ist die Katze noch weitgehend unverfälschtes Wildtier – eine Eigenschaft, die ihr die Sympathie und Liebe zahlloser Katzenfreunde unter den Menschen sichert. Katzen lassen sich ungern einsperren. Sie möchten kommen und gehen können, wann es ihnen beliebt. Manche Hausbesitzer haben daher an der Hintertür des Gebäudes eine „Katzentür“ anbringen lassen, durch die die Katze das Haus jederzeit ohne menschliche Hilfe betreten oder verlassen kann. Katzen sind ideale Haustiere. Sie sind weit weniger vom Menschen abhängig als Hunde, lieben aber menschliche Nähe und Berührung. Die Katze betrachtet ihren Besitzer nicht als „Herrchen“ oder Freund, sondern nur als „Partner“ in ihrem Revier, und das Haus oder die Wohnung, in der sie lebt, als „Eigenbezirk“.

So mag es meine Katze

Julian

Meine Katze ist ein richtiges Raubtier. Draußen fängt sie Mäuse, Frösche und Insekten. Trotzdem frisst sie auch gern Dosenfutter. Es ist in den verschiedensten Geschmacksrichtungen erhältlich, aber sie mag nur zwei Sorten – ein richtiger Feinschmecker. Sie braucht auch Gras, um die beim Putzen verschluckten Haare besser verdauen oder herauswürgen zu können. Das Katzengras wächst bei uns im Blumentopf. Meistens ist meine Katze sehr wachsam. Ihre Ohren drehen sich immer dahin, woher ein Geräusch zu hören ist. Sie interessiert sich für alles, was sich bewegt. Wenn es kalt ist oder regnet, bleibt die Katze lieber im Haus. Dann sucht sie sich ein warmes Plätzchen und verschläft sogar ganze Tage. Da lasse ich sie am besten in Ruhe.

4 Hast du in den beiden Texten etwas über Katzen erfahren, das du noch nicht gewusst hast? Notiere diese Informationen unter den Fragen, die du auf die Papierstreifen geschrieben hast.

5 Prüfe, ob du aus den Texten alles erfahren hast, was du über Katzen wissen wolltest.

6 Überlege, wo du noch mehr Informationen bekommen könntest:
- Frage bei Katzenliebhabern oder in Zoohandlungen nach.
- Tierschutzorganisationen schicken dir sicher gern eine Broschüre zu.
- In der Bücherei kann man in Sachbüchern nachschlagen.
- Auch im Internet findet man Informationen.

7 Ordne die Zettel mit den Informationen, die du zusammengetragen hast.

8 Diskutiert nun in der Klasse darüber, ob man Katzen z. B. im siebten Stock eines Hochhauses als Haustiere halten sollte.

Anregungen zur Weiterarbeit

- In Gruppen ein Tier aussuchen und überlegen, welches Verhalten für euer Tier charakteristisch ist: Schläft es tagsüber? Wie verhält es sich nachts? Was liebt es, was mag es überhaupt nicht? Wie ernährt es sich? Welche Dinge braucht man, um es als Haustier zu halten?
- Aufschreiben, was ihr alles über das Tier herausgefunden habt; daraus einen Steckbrief anfertigen wie für den Steinadler (S. 69) oder das Seepferdchen (S. 263), der die anderen Gruppen informieren soll.
- Die Steckbriefe vergleichen: Welche Gemeinsamkeiten entdeckt ihr? Achtet z. B. auf die Ernährung, Haltung und Pflege des Tieres.

Die drei Schülertexte auf dieser Seite sind ganz interessant, lustig oder spannend geschrieben. Dennoch kann man sie in dieser Form nicht veröffentlichen:

- Der erste Text ist ohne Punkt und Komma geschrieben: Finde die Satzgrenzen und setze beim Abschreiben die fehlenden Satzzeichen.

In der Werkstatt Sprache findest du dazu Hilfen (S. 251/252).

Geschichte des Haustiers

Vor 40 000 Jahren gab es nur Wildtiere auf der Erde erst vor 20 000 Jahren zähmte man die ersten Wildtiere vor 8000 Jahren begannen die Menschen Nutzvieh zu halten vor 4000 Jahren waren Tiere im alten Ägypten noch heilig erst seit etwa 500 Jahren leben immer mehr Tiere beim Menschen die Tiere sehen ganz anders aus als früher und verhalten sich auch anders sie bekommen ihr Futter jetzt von den Menschen

Sven

- Der zweite Text ist sehr unsauber geschrieben: Schreibe ihn sauber und gut leserlich auf. Du kannst ihn auch gestalten, zum Beispiel durch eine Zeichnung.

Felix im Matsch

An einem schönen Tag ist Felix [redacted], mein Kater [redacted] hinausgegangen. Er wollte seine [redacted] Freundin abholen, aber sie [redacted] war nicht da. [redacted] Plötzlich hatte [redacted] er [redacted] eine Idee: Er [redacted] wollte im Matsch [redacted] spielen. Gleich fand [redacted] er eine [redacted] Pfütze und sprang hinein [redacted]. Ich guckte [redacted] aus dem Fenster und [redacted] sah ihn im Matsch spielen [redacted]. Als ich [redacted] ihn rief, kam [redacted] er langsam rein. Ich sagte: „Jetzt bade ich dich." Aber Felix [redacted] wollte nicht. Er ist [redacted] in den Schrank gesprungen, da musste ich ihn erst rausholen. Als ich ihn auf dem Arm [redacted] hatte, jaulte er. Aber [redacted] ich habe ihn trotzdem ins Wasser [redacted] gesteckt. Danach war er [redacted] wieder sauber und wir konnten zusammen spielen und kuscheln. [redacted]

- Der letzte Text enthält einige Rechtschreibfehler: Überprüfe die gelb markierten Wörter und korrigiere sie beim Abschreiben des Textes.

Schreck am Morgen

Ich hatte zum Geburtstak ein Kaninchen bekommen. Der Kaninchenstal stand im Garten. Ich wollte meinem Kaninchen am nächsten Morgen trokenes Brot bringen. Ich öffnete die Tür, da sprang das Kanienchen heraus und lief in Nachbars Garten. Ich rief: „Mama, mein Kaninchen ist abgehauen!" Wir suchten, aber wir haben es nich gefunden. Ich war sehr traurik. Plötzlich rief Mama: „Christian, dein Kaninchen ist wieder da!" Ich lief gleich nach draussen und fing es wieder ein. Ich streichlte es im Stall und freute mich, dass es wieder bei mir war.

Christian

Ein **Plakat** gestalten: Texte sorgfältig aufschreiben und mitten auf ein Plakat kleben. Auf das Plakat Dinge malen, die im Text genannt werden.

Einen Text **in verschiedenen Farben** auf schönes Papier schreiben.

Einen **Kalender** für das nächste Jahr herstellen, auf jedes Monatsblatt einen Text und ein passendes Bild kleben.

DIE KOHLMEISE

Mitten in der Stadt kann es an einem Frühlingstag passieren, dass man plötzlich das „Zizida, zizida“ der Kohlmeise hört. An dem glänzend schwarzen Köpfchen mit den weißen Wangen ist sie unschwer zu erkennen. Ihr Bauch ist gelb mit einem schwarzen Längsstreifen, die Oberseite grünlich blaugrau. Sie ist die größte unserer Meisenarten und nistet an vielen Stellen, in Hecken und Gärten, in Löchern von Bäumen und Mauern. Mit ihrem spitzen Schnabel holt sie auch die kleinsten Insekten aus Ritzen und Spalten. Als Dank für ihre guten Dienste sollte ihr jeder über den Winter helfen, den sie bei uns verbringt.

APRIL

1	2	3	4	5	6	7	8	9	10
11	12	13	14	15	16	17	18	19	20
21	22	23	24	25	26	27	28	29	30

Texte auf **Papp- oder Tonpapierrollen** kleben, bemalen und aufstellen oder aufhängen.

Einen **Themenstern** auf ein großes Plakat kleben, drum herum Texte und Abbildungen.

Alles über den Steinadler

Größe: 90 cm
Flügelspannweite: 230 cm
Lebensraum: Skandinavien, Alpen, Schottland, Spanien,
Nahrung: (vorwiegend kranke) Murmeltiere, Hasen, Gamskitze und Wildhühner
Allgemeines: Der Steinadler ist der stärkste deutsche Greifvogel. In den europäischen Alpen leben heute nur noch etwa 20 Paare, deshalb ist er ganzjährig geschützt, in Deutschland seit 1952.

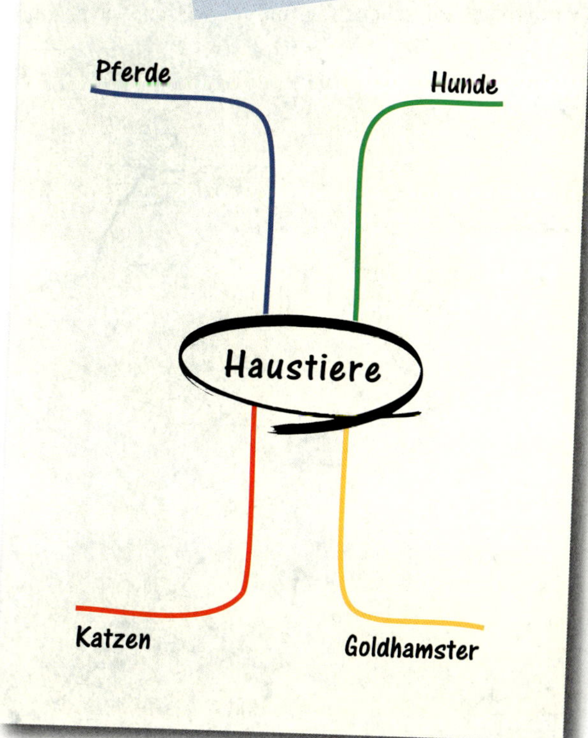

Aufregendes Erlebnis einer 5. Klasse

Hirtenhündin Andra hat eine Menge Freunde gewonnen

Münster. „Auf den Hund gekommen" ist die Klasse 5b der Fürstin-von-Gallitzin-Schule. Und das kam so: Schneespaziergang war angesagt statt des Sportunterrichts in der Halle, und so genossen die Kinder die „andere" Sportstunde, die dann aus Sicht der Kinder einen nahezu dramatischen Verlauf nahm.

Eine riesige, 62 kg schwere Hündin, eine kaukasische Hirtenhundrasse, lag schwer verletzt auf dem Spazierweg am Kanal. Sie hatte sich an einem scharfen Gegenstand so geschnitten, dass der blanke Knochen des Vorderbeins zu sehen war und das Tier stark blutend immer wieder zusammensackte bei seinen vorsichtigen Gehversuchen. Zu erahnen ist, welche Aufregung, welches Mitleiden diese Situation bei den Kindern auslöste, zumal sich das hilflos am Boden liegende Tier von vielen Händen streicheln und trösten ließ. Durch den Sportlehrer wurde schnell die Besitzerin ausfindig gemacht und die Hündin zugleich von einem vorbeikommenden Hundebesitzer zum Tierarzt gefahren, der sofort eine Operation vornahm.

Natürlich wollten die Schüler wissen, wie es „ihrer" Hündin ergangen ist, und so nahm die Geschichte ihren Verlauf. Gerührt vom Interesse und Mitleid der Kinder schickte die Hundebesitzerin eine Riesenschokolade in die Schule an die Adresse der 5b; die Kinder bedankten sich mit einem netten Brief mit den schönsten Genesungswünschen und mit vielen ausgeschnittenen Hundebildern versehen.

Und solch eine Geste wurde natürlich höchstpersönlich per Brief beantwortet von Andra, der kaukasischen Hirtenhündin.

Und dann stand sie wenig später plötzlich zur Riesenfreude der Kinder im Klassenzimmer zusammen mit der Frau, die das Tier damals ausgeführt hatte. Und als ob sie sie alle wiedererkannt hätte: Alle durften sie streicheln, sie beschnupperte Taschen und Stühle, und so manches Kind bekam einen liebevollen Hundekuss ab.

Und so sollte hoffentlich nachdenklich stimmen, was die liebenswerte Dame zu den Kindern, die doch so oft als egoistisch, unsensibel, cool eingeschätzt werden, sagte: „Mit solchem Mitgefühl und solcher Hilfe habe ich wirklich nicht gerechnet, liebe Kinder. Bleibt so, wie ihr es hier gezeigt habt!"

Liebe Klasse 5b,

bin fürchterlich in Eile, da ich gleich zum Spaziergang abgeholt werde. Doch ich möchte mich in aller Form für euer Interesse bedanken und euch mitteilen, dass ich wieder mit meinen fünf Beinen (könnten auch vier sein, ich kann leider nicht zählen) gut zu Fuß bin.
War ganz schön dramatisch mit mir. Die Ärztin musste mich narkotisieren, da ich wild um mich biss. Ich gestehe, ich hatte Angst und Schmerzen. Dieses große Loch an meiner Schulter sah verdammt gruselig aus. Ich konnte bis auf den Knochen sehen. Ja, die Ärztin flickte mich zusammen und mich erinnern heute nur noch ein paar Fäden an dieses Erlebnis. Die „Frau in Weiß" steckte mich nach der Operation in einen viel zu kleinen Käfig. Wusste die denn gar nicht, dass ich 62 kg wiege? Ich weiß, ist ein bisschen viel, aber Schappi ist so lecker.
Als ich erwachte, entdeckte ich Frank und mein Herrchen. Frank ist der Sohn meines Herrchens und ist 15 Jahre alt. Mein Herrchen ist groß und stark. Das nützte mir aber gar nichts, denn er konnte mich nicht allein tragen, da ich so schlapp und verletzt war. Es halfen ihm mindestens zehn Leute, könnten auch drei gewesen sein.
In der Nacht jammerte ich erst einmal gehörig rum. Sie kümmerten sich alle um mich, besonders Frank. Er legte mich vor sein Bett und streichelte mich fortwährend.
Morgens brachte man mir mein Schappi und ich fraß erst einmal tüchtig. Merkwürdigerweise hatte ich danach keine Schmerzen mehr, aber das Laufen machte mir Schwierigkeiten. Lauft ihr mal auf zwei Beinen (können auch drei gewesen sein)!
Ja, und jetzt geht's mir prima. Wartet mal, ich zähl mal. Eins, vier, drei, zwei - alle Beine funktionieren wieder. Falls ich euch mal treffe, streichelt mich ruhig. Man sagt mir nach, ich sei ein ganz lieber Hund. Im Vertrauen: Streicheln ist gut, aber Schappi ist besser.

Viele Grüße

Andra (übrigens bin ich ein echter Kaukase)

1 Einige von euch haben sicher schon von anderen Erlebnissen mit verletzten Tieren gehört oder waren sogar selbst dabei. Erzählt davon.

2 Der Brief von Andra ist besonders interessant, weil er aus der Sicht eines Tieres geschrieben ist. Das könnt ihr auch! Versetzt euch in ein Tier und schreibt aus seiner Sicht eine Geschichte:

- Jescos Papagei erzählt: Ich wohne jetzt seit zwei Wochen in Jescos Zimmer. Zuerst waren seine Eltern dagegen, aber dann …
- Leons Goldhamster erzählt: Immer wenn ich munter werde …
- Die Katze aus dem 7. Stock des Hochhauses erzählt: Und das nennen die dann artgemäße Haltung …
- Ein Tier deiner Wahl erzählt: …

1 Schau dir die Familienszenen auf den Fotos an. Suche dir ein Bild aus und erzähle davon.
Du kannst auch etwas über deine Familie berichten:
- Wen zählst du zu deiner Familie?
- Wer davon ist dir besonders wichtig?
- Gibt es Personen in deiner Umgebung, die nicht mit dir verwandt sind, dir aber trotzdem besonders wichtig sind?
- Wen vermisst du manchmal?

2 Ergänze die Fotos auf dieser Seite durch ein Bild deiner Familie oder ein Bild, das eine Aussage zum Thema „Familie“ macht, die für dich wichtig ist.

3 Schreibe jetzt einen kurzen Text über deine Familie oder über das Foto.

4 Besprecht eure ersten Entwürfe in der Schreibkonferenz und gebt euch untereinander weitere Tipps. Über den Ablauf einer Schreibkonferenz könnt ihr euch auf Seite 195/196 informieren.
Legt auch fest, wie ihr eure Ergebnisse vorstellen wollt.

So könnt ihr weiterarbeiten

- Zu lustigen und weniger lustigen Begebenheiten in der Familie kleine Geschichten schreiben. Ihr könnt sie euch auch im Stuhlkreis erzählen.
- Fotos von gemeinsamen Unternehmungen, Familienfeiern oder einer Urlaubsreise mit Fotoecken aufkleben und zu jedem Bild ein oder zwei Sätze aufschreiben.

Zu den gemeinsamen Erlebnissen in der Familie gehören die Feste. Da bei uns in Deutschland Menschen unterschiedlicher Herkunft leben, feiern die Kinder ganz verschieden. Mädchen und Jungen einer 5. Klasse berichten hier von Festen, die aus der Heimat ihrer Eltern stammen.

Für uns Iraner ist der schönste Feiertag im Jahr Newroz, das Neujahrsfest. Wir feiern allerdings nicht am 1. Januar, sondern am 21. März, also am Frühlingsanfang. Schon Wochen vorher gehen unsere Eltern mit uns Kindern neue Kleider kaufen, die wir dann zum ersten Mal am Neujahrsfest anziehen. Am Neujahrstag schmücken die Eltern in der Wohnung einen Tisch, auf dem sieben verschiedene Dinge stehen, die in der persischen Sprache Farsi mit dem Buchstaben S beginnen: ein Ei, ein Apfel, ein Spiegel, Geldstücke, ein Goldfisch, Samen und Gemüse. Alle diese Dinge sollen uns Gesundheit und Glück bringen. Viele Familien essen am Neujahrstag ein spezielles Fischgericht. Insgesamt feiert man 13 Tage lang. In dieser Zeit besuchen sich die Verwandten und Freunde, um sich gegenseitig ein frohes neues Jahr zu wünschen. Wir lachen und tanzen dabei sehr viel.

Assal

Mein Vater ist Amerikaner und erzählt mir oft von Halloween. Es wird am 31. Oktober in England, Irland und in den USA gefeiert. Aber auch hier in Deutschland wird es immer bekannter. Die Kelten, die vor langer Zeit in England und Frankreich gelebt haben, glaubten, dass in dieser Nacht Hexen und Geister ihr Unwesen treiben. Mit Feuer und allerlei Bräuchen versuchten sie sich zu schützen und die Geister zu vertreiben. Halloween ist ein lustiges Gruselfest, an dem die Kinder sich als Gespenster, Hexen und Gruselmonster verkleiden. Sie gehen am Abend von Haus zu Haus, erschrecken die Leute und hören erst auf, wenn sie etwas Süßes geschenkt bekommen haben. Viele Leute stellen eine gruselige Laterne ans Fenster oder in den Garten. Oft besteht sie aus einem ausgehöhlten Kürbis mit Furcht erregendem Gesicht.

Shaun

Das wichtigste Fest für uns Muslime ist das Zuckerfest. Es dauert drei Tage und wird am Ende des Fastenmonats Ramadan gefeiert. Am ersten Tag geht mein Vater morgens in die Moschee zum Beten. Nach dem Gottesdienst gratulieren sich die Familienmitglieder zum Fest. Die Jüngeren müssen den Älteren die Hand küssen und ihre Stirn auf die Hand legen. Die Kinder bekommen dafür entweder Geld oder Zucker (Bonbons, Schokolade oder andere Süßigkeiten). Während des Zuckerfests besucht man Verwandte, Freunde und Bekannte: am ersten Tag seine Familie und an den beiden anderen Tagen die Freunde. Man sitzt zusammen, trinkt Tee oder Kaffee und isst Baglava: ein süßes Blätterteiggebäck mit Nüssen und Honig.

Cemre

Zu Weihnachten besuchen wir immer meine Oma und meinen Opa in Polen. Am Heiligabend schmückt man den Tannenbaum, auch der Tisch wird festlich gedeckt. Unter die Teller legt man kleine Heubündel, die an die Geburtsstätte von Christus erinnern sollen. Einen Stuhl und ein Gedeck lässt man an diesem Tisch frei. Auf diese Weise denkt man an alle, die kein Zuhause haben. Das Festmahl abends wird mit einem alten Brauch begonnen. Dazu gehören Weihnachtsoblaten. Das sind rechteckige Backoblaten, auf denen meist ein Bild eingeprägt ist. Die Familie versammelt sich bei Kerzenschein um den gedeckten Tisch und liest die Weihnachtsgeschichte vor. Nach dem Gebet teilen alle ihre Backoblaten, um zu zeigen, dass die Familie weiterhin das Leben miteinander teilen will. Ich finde, das ist ein schöner Brauch. Erst danach beginnt das Festessen. Alle sind sehr hungrig, weil sie den ganzen Tag gefastet haben.

Violetta

1 Finde heraus, zu welchem der beschriebenen Feste die abgebildeten Dinge gehören.

2 Zu einem Text findest du hier keine Abbildung. Zeichne einen Gegenstand, der zu diesem Fest passt.

3 Macht euch Notizen zu jedem beschriebenen Fest. Ihr könnt es so machen wie auf dem Zettel und weitere Fragen ergänzen.

4 Erzählt von Festen, die ihr mit eurer Familie oder mit anderen Kindern gefeiert habt. Ihr könnt dazu Stichwörter aufschreiben.

5 Schreibt einen kleinen Text über ein typisches Fest aus eurer Heimat.

6 Vielleicht habt ihr zu Hause noch Fotos, Rezepte, Einladungen, Musik oder andere Erinnerungsstücke an diese Feste. Bringt sie mit und stellt sie in der Klasse oder eurer Schule aus.

Das Zuckerfest
- **Wo?** In der Türkei
- **Wann?** Am Ende des Fastenmonats Ramadan
- **Wie lange?** …
- **Wer nimmt teil?** …
- **Geschenke?** …
- …

Ideen zur Weiterarbeit

- In vielen Städten und Gemeinden gibt es Kalender, in denen nicht nur deutsche Festtage, sondern auch die Feste der ausländischen Mitbürger aufgenommen wurden. Fragt in eurer Stadt nach, ob so ein Kalender erschienen ist.

- Gestaltet gemeinsam einen Festkalender für eure Klasse. Ihr könnt euch für einen Wandkalender oder einen Abreißkalender mit zwölf Kalenderblättern entscheiden.

Kennt ihr das Spiel?

Die Kinder aus der 5b haben Pause. Sie sitzen auf der Tischtennisplatte, essen ihre Pausenbrote und beobachten die Kinder auf dem Schulhof der benachbarten Grundschule:

Maik: Guckt mal! Was spielen die denn?
Aylin: Meinst du die Kleinen da drüben? Die alle im Kreis sitzen?
Sven: Die sind bestimmt erst in der 2. Klasse. Jetzt läuft einer um den Kreis herum. Ich glaube, jetzt hat er etwas fallen lassen.
Aylin: Und jetzt versucht das Mädchen ihn zu fangen.
Yannick: Und ein Junge steht in der Mitte. Schön blöd!
Alex: Ich kenne das Spiel! Das haben wir früher auch gespielt. Es heißt …

1 Habt ihr das Spiel erkannt? Erzählt, wie es funktioniert.

Sven: Ach so, die spielen Plumpsack! Hab ich schon mal gehört. Wie spielt man das denn?
Alex: Ein Taschentuch wird zusammengeknotet. Dann wird – durch einen Abzählreim – ein Spieler zum Plumpsack bestimmt. Der bekommt das Taschentuch in die Hand und alle anderen setzen sich im Kreis hin – die Gesichter zueinander. Der Plumpsack läuft jetzt hinter dem Rücken der Mitspieler um den Kreis herum und sagt dabei: „Dreht euch nicht um, der Plumpsack geht um! Wer sich umdreht oder lacht, wird der Buckel blau gemacht!“
Aylin: Ach, das kenn ich. In der Türkei heißt das Spiel „Yag satarim“. Bei uns geht kein Plumpsack um den Kreis, sondern ein reisender Händler. Der Händler lässt einfach sein Taschentuch hinter dem Rücken irgendeines Spielers auf den Boden fallen. Er geht erst einmal ruhig weiter, als wäre nichts passiert. Wenn der betreffende Spieler das Taschentuch hinter seinem Rücken bemerkt, hebt er es auf und versucht den Plumpsack einzuholen.
Antonio: Das ist ja lustig, ich habe das Spiel in Spanien auch schon gespielt! Dort heißt es „Pantoffel hinter dir!“, man spielt es nämlich mit einem Schuh. Bei uns müssen die Kinder aber noch zusätzlich auf ein Kommando hin zur Decke und auf den Boden gucken.
Alex: Beim Laufen muss man sich natürlich beeilen. Wer von den beiden die entstandene Lücke zuerst erreicht, darf sich hinsetzen und hat diese Runde gewonnen. Der Langsamere wird in der nächsten Runde der Plumpsack.
Lata: In Indien ist das Spiel auch sehr bekannt. Sein Name ist „Dhamal Dhoko“. Wir nehmen ein Taschentuch und befestigen daran mit einem Faden eine Murmel, damit das Tuch schwerer wird.
Sven: Was passiert denn, wenn jemand gar nicht bemerkt, dass das Taschentuch hinter ihm liegt?
Alex: Dann muss er in die Kreismitte, „ins faule Ei“. Sitzt da schon jemand aus der vorherigen Runde, löst er denjenigen einfach ab.

früher
steht
sieht
der Schuh
…

→ Wörter mit silbentrennendem h Seite 202

2 Befragt eure ausländischen Mitschülerinnen und Mitschüler, ob das Spiel auch noch in anderen Ländern bekannt ist.

3 Kennt jemand von euch die Melodie zu dem Reim „Ein Plumpsack geht um"? Wenn nicht, fragt eure Eltern. Sie kennen das Lied ganz bestimmt.

So könnt ihr weiterarbeiten

- Geht auf die Suche nach Spielen für Kinder eurer Altersstufe, die auf der ganzen Welt gespielt werden. Denkt dabei auch an Brettspiele, Fangspiele, Ballspiele usw.

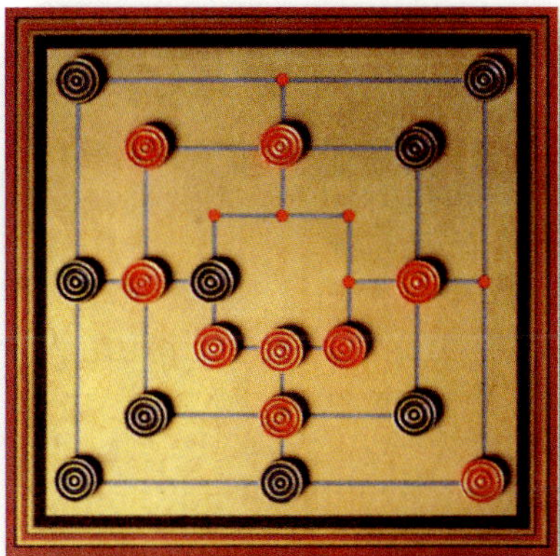

Deutsches Mühlespiel

Arabische Mühle

Afrikanische Mühle

- Vielleicht habt ihr Lust, Spiele aus aller Welt zu sammeln. Dazu könnt ihr eure Mitschüler oder eure Eltern befragen und euch Spielebücher aus der Bücherei ausleihen. Wie ihr eine Spielanleitung schreibt, erfahrt ihr in der Werkstatt Schreiben (S. 186–188).

- Die Spiele werden in den einzelnen Sprachen unterschiedlich benannt. So heißt Fußball in Nordamerika „soccer", in Italien „calcio", in der Türkei … Sucht weitere Bezeichnungen in anderen Sprachen.

- Wer fängt an? – Bei vielen Spielen muss zunächst das Kind, das anfängt, bestimmt werden. Hierzu dienen Abzählverse. Auch sie gibt es auf der ganzen Welt:

Türkei

bir iki kukla
ataman takla
yiyeman bakla
nokta

Deutschland

Ene mene minke tinke
wade rade rollke tollke
wiggel waggel weg.

Griechenland

abeboblom tu kithe blom
abeboblom tu kithe blom
biblom

Sammelt solche Abzählverse und schreibt sie auf lose Blätter. Hängt die Kopie einer Welt- oder Europakarte an die Wand und gruppiert die Blätter um die Karte.
Mit bunten Wollfäden könnt ihr auf die Herkunftsländer verweisen. Ihr könnt diese Verse auch zu einem kleinen Buch zusammenstellen.

Morgens zwischen sieben und acht

Teil 1

Erika Krause-Gebauer

Ich sitze in meinem Zimmer am Schreibplatz. Ich bin Kristians Mutter. Ich muss euch unbedingt mal beschreiben, wie das so läuft bei uns, morgens, zwischen sieben und acht.

Es ist sieben Uhr. Kristian muss aufstehen. Ich gehe runter in sein Zimmer. Ich bin selbst noch ziemlich müde und lustlos. Hoffentlich steht Kristian gleich auf! Er will natürlich nicht. Mürrisch wälzt er sich auf die andere Seite. Er wickelt sich ganz fest in die Bettdecke ein und knurrt gegen die Wand.

Ich mache einen weiteren Versuch, ohne Erfolg! Kristian mault. Ich merke, wie ich langsam sauer werde. Ein kampfgeladener Tag wird auf uns zukommen, befürchte ich. Mit erhobener Stimme verkünde ich dem Bettknäuel die Uhrzeit und stapfe nach oben in die Küche. Jeden Morgen dasselbe Theater!

Ich nehme mir vor, viel konsequenter zu werden und mich nicht mehr aufzuregen. Ich werde den Kristian wecken und dann seelenruhig zusehen, wie er zu spät in die Schule kommt. Soll er doch feststellen, wie das ist!

Er kommt rauf, lässt sich auf einen Küchenstuhl fallen und bleibt reglos sitzen. Der Uhrzeiger nähert sich bedenklich der Acht. Menschenskind, Kristian, beweg dich doch!

Der Kakao bleibt unberührt. Kristian stolpert wieder runter in sein Zimmer und sucht wild im Kleiderschrank rum.

Ich fasse Beschlüsse: Vieles muss anders werden! So geht es nicht weiter, so nicht!

Unten rumort es. Ich halte es nicht mehr aus. Kristian hockt vor dem Schrank, rechts neben ihm ein Bündel Hosen, links T-Shirts und Pullis, mit und ohne Kleiderbügel. Verflixt, wie oft habe ich ihm schon gesagt, er solle sich seine Klamotten am Abend heraussuchen!

Kristian zuckt ratlos mit den Schultern. Ich zerre eine Hose heraus, einen Pulli, ein Paar Strümpfe, klemme sie dem Kristian unter den Arm und schiebe ihn zur Tür hinaus, die Treppe hinauf bis ins Badezimmer.

Der Küchenuhrzeiger rückt langsam, aber unerbittlich vor. Diese Uhr, denke ich, diese gnadenlose Uhr! Sie passt nicht zu Kristian! Kristian passt nicht zu dieser Zeitmaschine!

Im Badezimmer poltert und johlt es. Kristian muss den Roboter entdeckt haben, der gestern Abend dort liegen geblieben ist.

Kristian, Kristiaaaan, du schaffst es nicht mehr!

Ich sinke auf eine Treppenstufe und weiß nicht weiter. Tausend Gedanken schwirren in meinem Kopf herum: Ordnung, Pünktlichkeit, Schule, Zeugnis, aufstehen

müssen – ausschlafen können, lernen – spielen, beeilen – Zeit haben, andere Eltern – andere Kinder …

Kristiaaaaan, es ist Viertel vor acht!

Kristian kommt runter, Hemd aus der Hose! Ich strecke ihm den Anorak entgegen. Kristian rennt in sein Zimmer und sucht die Utensilien für den Schulranzen aus allen Ecken zusammen. Der Füller ist weg. Kristian kann den Füller nicht finden.

Was soll ich machen? Lachen, weinen, schimpfen, schreien?

Kristian hat ihn. Auf dem Boden, unterm Drehstuhl liegt der Füller.

Kristian lacht, er lacht!

Ich stopfe ihm eine Banane in das Durcheinander des Schulranzens. Anorak an, der Reißverschluss klemmt. Was macht das jetzt schon noch?

Tschüss, Kristian, mach's gut, bis heute Mittag!

Kristian winkt, trifft einen aus seiner Klasse und zieht vergnügt los. Fünf Minuten vor acht. Wir haben es wieder einmal geschafft! So läuft das bei uns, morgens, zwischen sieben und acht.

1 In den Zeilen 10/11 steht: „Ein kampfgeladener Tag wird auf uns zukommen …"
Was will Kristians Mutter damit sagen?

2 Erzählt, was zwischen sieben und acht so alles passiert.

3 Einige Sätze im Text sind blau gedruckt. Aus diesen Sätzen könnt ihr eine kleine Szene machen.
Überlegt, wie die Mutter das gesprochen hat.

4 In welcher Stimmung ist Kristians Mutter? Sucht Textstellen, mit denen ihr eure Meinung begründen könnt. Markiert sie mit Folie und Folienstift.

Teil 2

Ich heiße Kristian. Ich will was dazu sagen. Das mit dem Aufstehen und Fertigmachen ist nämlich so:

Meistens bin ich schon wach, wenn meine Mutter runterkommt. Ich weiß selbst, dass ich um sieben aufstehen muss, aber ich habe keine Lust. Ich stehe schon auf, aber nicht, wenn jemand da rumsteht und unbedingt drauf wartet, nicht jetzt sofort, gleich.

Essen kann ich so früh nichts. Meine Mutter eigentlich auch nicht, das hat sie selbst gesagt.

Mein Vater hat es eilig. Er guckt beim Essen andauernd auf die Küchenuhr. Mein Bruder, der kleine Furzi, hat's gut! Der hat Zeit! Der Kindergarten fängt nicht so pünktlich an!

Das mit dem Kleiderschrankwühlen stimmt. Manchmal weiß ich nicht, was ich anziehen soll, aber ich würde schon was finden, wenn meine Mutter mich in Ruhe ließe.

Meine Klamotten kann ich gar nicht am Abend raussuchen, weil ich nach dem Abendessen immer noch eine Kassette hören will, und danach habe ich dann keine Zeit mehr, weil ich ins Bett muss.

Das mit dem Poltern und Johlen im Badezimmer ist zum Kichern. Ich spiele eben viel lieber als mich anzuziehen. Ordentlich anziehen finde ich nicht so wichtig. Mit dem Schulranzen ist das so: Wenn ich nachmittags die Schularbeiten fertig habe, muss ich unbedingt raus, nach draußen, Rennrad fahren. Dann habe ich keine Zeit mehr, den Schulranzen zu packen. Außerdem warten meine Freunde schon auf mich. Morgens werfe ich einfach alles rein, das reicht. Ich schaffe das alles schon irgendwie, auch ohne das Meckern!

Ich bin noch nie zu spät gekommen. Doch einmal, aber da hatten wir alle verschlafen.

5 „Mein Bruder, der kleine Furzi, hat's gut!" In welcher Zeile steht dieser Satz? Wie begründet Kristian seine Meinung?

6 Unterhaltet euch über die letzten zwei Sätze des Textes.

7 Kristian sieht einige Dinge anders als seine Mutter. Markiert die entsprechenden Textstellen mit Folie und Folienstift.
Und dann gibt es eine Stelle, wo er ihr Recht gibt. Findet auch sie heraus.

8 Untersucht beide Meinungen ausführlicher und stellt sie gegenüber:

Meinung der Mutter	Kristians Meinung
sofort aufstehen	hat keine Lust dazu
...	...

Liebe Tante,
lieber Kristian,

seit zwei Wochen bin ich nun schon zu Besuch. Es gefällt mir bei euch ganz gut, aber eines muss ich doch mal sagen ...

9 In der Familie ist Kristians Kusine Charlotte zu Besuch, weil ihre Mutter im Krankenhaus ist. Sie bekommt die Auseinandersetzungen zwischen Kristian und ihrer Tante jeden Morgen mit. Eines Abends hat sie genug davon und schreibt beiden einen kurzen Brief, in dem sie ihre Eindrücke aufschreibt und ihnen Tipps gibt.
Schreibe Charlottes Brief weiter.

10 Lest eure Briefe vor und sprecht über die Vorschläge, die darin gemacht werden.

1 Auf der Pinnwand findet ihr Probleme, die in Familien immer wieder auftauchen. Unterhaltet euch darüber!

2 Schreibt auf Karten, worüber ihr euch zu Hause ärgert. Heftet sie an eine Pinnwand.

3 Lest eure Äußerungen aufmerksam durch. Fragt euch gegenseitig, wenn ihr etwas nicht versteht.

4 Bringt Ordnung in eure Sammlung. Dazu müsst ihr einige Karten umhängen. Gleiche oder ähnliche Aussagen hängt am besten übereinander.

5 Findet passende Überschriften, schreibt sie auch auf Karten und ordnet sie zu.

6 Sprecht über eure „Ärgernissammlung“. Bedenkt auch, was eure Eltern dazu sagen.

Was passiert, …

- wenn jeder ein anderes Fernsehprogramm sehen will?
- wenn ich nicht auf meinen kleinen Bruder aufpassen will?
- wenn ich lieber faulenzen als spazieren gehen möchte?
- wenn sich Nachbarn beschweren, weil die Musik zu laut ist?
- wenn … ?

1 Einigt euch auf eine Streitsituation, zum Beispiel: Die Tochter will mehr Taschengeld. Spielt dann in Gruppen **Familienrat:**

Eltern und Kinder sitzen zusammen, um gemeinsam das Problem zu lösen. Ein Stuhl bleibt frei. Auf ihn kann sich ein Zuschauer setzen und sich in das Streitgespräch einmischen. Regel: Der Zuschauer muss sofort drankommen.

2 Überlegt vor dem Spiel:
- Welche Rollen kommen vor?
- Wie werden sie verteilt?
- Wie sind die Personen?
  Stellt euch einmal vor, die Personen verhalten sich so: der Vater will nicht, die Mutter ist unentschieden, die Tochter will unbedingt, dem Sohn ist es ganz egal.

Macht euch dazu Notizen.

3 Spielt nun das Rollenspiel mehrfach in verschiedenen Gruppen vor. Die Zuschauer beobachten das Spiel genau und notieren, was ihnen auffällt: zum Verhalten der Personen, zu den Argumenten …

Nach jedem Spiel sprecht ihr über den Verlauf und eure Eindrücke:
- Zuerst dürfen die Spieler sagen, wie sie sich gefühlt haben.
- Dann äußern die Zuschauer ihre Beobachtungen.

4 Vergleicht abschließend die einzelnen Rollenspiele miteinander: Welche Lösung gefällt euch am besten?
Begründet eure Meinung.

Immer wieder gibt es Streit

1 Erzählt, was passiert sein könnte.

2 Überlegt und schreibt auf, was in Ines' Brief stehen könnte.

3 Tauscht eure Briefe untereinander aus. Antwortet auf den Brief, den ihr erhalten habt, aus der Sicht von Dennis.

4 Lest einander eure Briefe vor:
- erst den Brief, den ihr von „Ines“ erhalten habt;
- dann eure Antwort darauf aus Dennis' Sicht.

5 Kennt ihr noch andere Möglichkeiten, einen Streit zu schlichten? Unterhaltet euch darüber.

Ein Elefant kommt selten allein

Marie-Thérèse Schins

Doro, 12 Jahre alt, lebt mit ihrem Vater, einem Journalisten, in Hamburg. Während der Ferien reisen sie zusammen durch Indien, wo er beruflich zu tun hat. Bei einem wichtigen Auftrag kann Doro ihn aber nicht begleiten. Saji, ein indischer Freund des Vaters, hat Doro deshalb eingeladen, ein paar Tage bei seiner Familie in einem kleinen Dorf zu verbringen.

Ankunft im Dorf

Vom Hotel am Meer sind wir erst durch eine hügelige Palmenlandschaft und dann eine steil ansteigende Straße hinaufgegangen. Links und rechts liegen jetzt Häuser und Hütten wie zufällig hingestreut.

In den Höfen und Gärten arbeiten Frauen und spielen Kinder, meckern zottelige Ziegen und gackern magere Hühner. In einigen Palmen hängt Wäsche zum Trocknen. Manchmal brennt vor den Häuschen ein kleines Feuer, über dem ein Topf hängt.

Aus ihren Gärten winken uns die Bewohner freundlich zu. Viele stehen neugierig an der Haustür, am Zaun oder vor ihrer Pforte. Es laufen wohl nicht jeden Tag weiße Europäer auf ihrer Dorfgasse an ihnen vorbei. Erst recht nicht solche Riesen wie mein Vater mit einem Seesack auf dem Rücken.

Mein T-Shirt ist klatschnass

Ich winke zurück und hoffe, dass sie mein klatschnasses T-Shirt nicht bemerken.

„Schwitzen die Menschen hier eigentlich nie?“, frage ich Saji.

„Doch, aber nicht so schnell wie Leute aus kälterem Klima. Wir sind die Hitze gewohnt.“

Sehr praktisch. Ich sehe garantiert aus, als käme ich gerade aus der Dusche. Trotzdem rieche ich bestimmt drei Meilen gegen den Wind.

Saji biegt in einen schmalen Sandpfad aus roter Erde ein. Nach einigen hundert Metern bleibt er vor einem Gartentor aus weiß gestrichenem Holz stehen. Er öffnet es und ich sehe wunderschön blühende Sträucher. Dann geht Saji vor uns her auf ein kleines Haus aus Lehm zu, dessen Dach aus geflochtenen Palmblättern ziemlich tief herabhängt. Vor der Tür steht eine kleine alte Frau mit faltigem Gesicht und grauen Haaren. Sie trägt einen weißen Sari und hält einen Blumenkranz in der Hand. Das bedeutet, dass sie Witwe ist. Sie kommt die Stufen herunter, begrüßt mich mit „Namaste, Doro“ und hängt mir die Blütenkette um. Vor Papa macht sie eine kleine Verbeugung mit dem Kopf.

Ich habe Angst vor dem, was kommen wird

„Namaste“, antworte ich mit einem Kloß im Hals. Ich habe Angst vor dem, was kommen wird. Hinter Sajis Mutter taucht ein richtig hübsches Mädchen auf. Es trägt ein dunkelblaues Kleid, das ihr bis auf die Knöchel reicht. Um ihre Schultern liegt ein hellblauer Schal. Ihr nach hinten gekämmtes Haar ist zu einem dicken Zopf geflochten. Sie kommt direkt auf mich zu und sagt auf Englisch:

„Hallo, Doro, herzlich willkommen. Ich freue mich, dass du unser Gast bist. Ich heiße Venita.“

Sie gibt mir wie bei uns die Hand und lächelt. Da muss ich einfach auch lächeln, obwohl mir eher zum Heulen zumute ist.

Saji hält mir eine *tender coconut,* eine frische Kokosnuss, hin.

„Aus unserem eigenen Garten“, sagt er, „gardenfresh.“

Das ist lieb gemeint, aber nur ein magerer Trost für mich.

Papa ist wieder neben mir und ich bin richtig froh, als er seinen Arm um mich legt. Vor Panik zittern mir die Knie.

„Willst du mich nicht doch lieber mitnehmen?“, versuche ich ihn noch einmal umzustimmen.

„Du bist hier bestens aufgehoben“

„Nein, Doro. Du bist hier bestens aufgehoben. Wir haben das nun oft genug besprochen, auch vor unserer Reise.“

„Du hast mir aber nicht gesagt, dass ich mitten im Urwald mit einem fremden Mädchen in einem Bett liegen muss.“

„Doro, ich verstehe, dass du Angst hast. Aber ich hätte dich nie in einem fremden Land allein gelassen, wenn ich vorher nicht bei Sajis Familie zu Besuch gewesen wäre. Alle werden dich hier gern haben, dich verwöhnen und sich rührend um dich kümmern. Da bin ich mir ganz sicher.“

Sajis Mutter, seine schöne Schwester und er sehen uns abwartend und gespannt an.

„Na gut, ich will es versuchen, aber nur, weil du es bist. Wenn das hier schlimm wird, verreise ich nie wieder mit dir!“

Mein Vater dreht sich noch einmal um und winkt. Dieses Winken, das ich sonst so liebe, macht mich jetzt sehr traurig.

Venita zerrt mich fast zurück zum Haus. Hier gibt es doch höchstens drei Räume, vermute ich, als wir eintreten. Irgendwo unter einem Fenster in einer Ecke steht ein dunkelbraunes Holzgestell, das aussieht wie ein Bett. Es gibt keine Matratze, dafür eine Liegefläche aus fein geflochtenem, hellem Rattan. Eine zusammengefaltete Decke aus bunt bedrucktem Stoff mit kleinen Elefanten liegt am Fußende.

„Das ist unser gemeinsames Bett“, sagt Venita. „Saji schläft vor dem Haus unter dem Vordach, im Garten oder bleibt bei seinen Kollegen im Hotel. Unsere Mama schläft nebenan, bei der Kochstelle.“

Plötzlich kriege ich die totale Krise

Plötzlich kriege ich die totale Krise. Ob es hier ein Klo gibt? Und wenn ich Durchfall bekomme wie in Afrika, was dann? Habe ich überhaupt genug Batterien für meine Taschenlampe? Ich sehe hier keine Lichtschalter, geschweige denn Lampen. Vor Schreck muss ich pinkeln. Das fängt ja gut an!

Im Hof gibt es einen Brunnen. Venita zeigt mir, wie ich mit einem Eimer Wasser hochziehen kann. Hinter dem Haus ist im Garten eine Art von Stehklo. Gut, dass das an der frischen Luft ist und nicht im Haus. Es gibt keine Papierrolle. Die Luxus-Toilette aus Dubai kommt mir vor wie eine Fata Morgana in einem sehr teuren Werbespot für Marmor und kuschelweiches WC-Papier aus meinem vorigen Leben. Venita kichert, als sie mein verdutztes Gesicht sieht, und tut so, als wenn sie auch mal muss. Sie macht mir vor, wie das Klohäuschen benutzt wird und geht ziemlich tief in die Hocke.

Und womit mache ich mich sauber?

„Und womit mache ich mich sauber?", wage ich nach einer langen Pause zu fragen.

„Papier kostet hier schrecklich viel Geld, das können wir uns nicht leisten. Du nimmst die linke Hand, reinigst dich und spülst sie immer wieder mit dem Wasser aus dem Eimer sauber. Dabei hältst du die Hand über das Loch, wäschst sie ab und fertig. Zur Not kannst du zum Abtrocknen noch ein paar Blätter von den Büschen nehmen."

Oje, oje. Was hat sich mein Vater dabei bloß gedacht? Na warte, den schicke ich hierher, wenn er wieder da ist, für sein großes Geschäft. Ha! Soll er mal sehen, wie er damit fertig wird, ohne Papier und fließendes Wasser.

Muss ich eigentlich noch? Venita ist nicht mehr da und ich versuche, ob es klappt. Tatsächlich, vor allem die Sache mit der linken Hand ist einfacher als ich dachte. Jetzt kapier ich: Deshalb darf man beim Essen diese Hand nie benutzen!

Venita zeigt mir ihre Kleider. Insgesamt besitzt sie drei. Das blaue Kleid ist ihre Schuluniform. Dann führt sie mir ein sonnengelbes Kleid vor, zu dem eine lange Hose aus dem gleichen Stoff gehört. Die zieht sie unter dem Kleid an, wenn sie in den Tempel geht oder auf Feste.

„Das dunkelgrüne Kleid ist für normale Tage. Ich habe zwei Paar Schuhe. In der Schule und auch sonst trage ich die braunen Sandalen, für den Weg zum Tempel die schwarzen mit den dünnen Riemchen und der kleinen Goldblume in der Mitte."

Venitas Zimmer

Auf einem Brett neben dem Fenster liegt ihre Unterwäsche, ordentlich gefaltet. Daneben stehen ihre Bücher, Hefte und einige Schreibstifte in einem Glas. Mit Reißzwecken hat Venita ihren Stundenplan unter dem Brett an die Wand gepinnt. Über dem Kopfende ihrer Schlafstelle hängt ein Bild von den drei Hauptgöttern Vishnu, Brahma und Shiva, genauso wie auf meinem Gedankenbuch. Und dann fällt mein Blick auf ein Bild vom Elefantengott Ganesha. Irgendwie beruhigt mich das.

Venitas Familie

„Saji bezahlt mein College", erzählt Venita, als wir auf der Bettkante sitzen.

„Unser Vater ist seit acht Jahren tot. Mein Bruder sorgt auch für Mama. Meine ältere Schwester ist schon verheiratet und hat ein Baby. Sie wohnt in Trivandrum. Ich bin die Jüngste und möchte nicht mit achtzehn Jahren schon heiraten wie sie. Ich will vorher studieren und mein eigenes Geld verdienen. Saji soll auch nicht für meine Hochzeit bezahlen. Er tut schon genug für uns."

Ich weiß, dass die Familie einer Braut in Indien alle Kosten für eine Hochzeit zahlen muss. Sajis Mutter ist Witwe und verdient kein Geld.

„Die meisten Familien hier im Dorf haben hohe Schulden wegen der Hochzeiten ihrer Töchter. Es kommen immer Gäste, auch viele, die gar nicht eingeladen sind. Die Kleider sind teuer, der Schmuck für die Braut, die Blumen, das Essen, die Getränke, die Musikkapelle, die Mitgift und was sonst noch dazugehört."

Ob ich heirate, weiß ich noch nicht

„Ich will auch studieren und ob ich heirate, weiß ich noch nicht", sage ich.

„Ich möchte wie mein Vater Journalist und Fotograf werden! Ich werde Reportagen über andere Kulturen und fremde Länder schreiben."

„Saji mag deinen Vater richtig gern, er ist für ihn so etwas wie ein Wunschvater, glaube ich, weil unser Papa nicht mehr lebt."

Ich gestehe Venita, wie sehr ich mir manchmal wünsche, dass meine Mama zurückkommt. Nur für einen einzigen Tag.

Das wäre schon viel. Ich möchte sie sehen und anfassen und ihre Stimme hören.

Venita legt ganz sanft ihren Arm um mich. Vor zwei Stunden kannte ich sie noch gar nicht und jetzt verrate ich ihr meine heimlichen Wünsche ...

„Mein Vater ist an einer Nierenkrankheit gestorben", sagt Venita leise.

„Damals hatten wir nicht das Geld für den Arzt und die teure Medizin, die er brauchte."

Einen Augenblick sitzen wir ganz still da

Einen Augenblick sitzen wir ganz still da. Dann erzählt Venita weiter.

„Saji ging noch zur Schule und hat nach dem Tod von Papa beschlossen, einen Beruf zu lernen, der Menschen wieder gesund macht oder gesund hält. Er ist jetzt Ayurveda-Masseur. Im Hotel gibt es ein kleines Gesundheitszentrum, wo er Gäste aus Europa behandelt. Mit Kräutern, Öl- und Pudermassagen und auch noch mit anderen Heilmitteln. Er ist froh, dass die Europäer deswegen nach Süd-Indien kommen. Ayurveda-Medizin hat hier im Süden unseres Landes ihren Ursprung und ist mehr als fünftausend Jahre alt! Wenn dein Vater in Indien ist, fliegt er manchmal nur für drei Tage zu Saji."

„Das hat er mir nie erzählt. Dann muss Saji bestimmt ein Spitzen-Masseur sein."

„Ist er auch!", betont Venita, und ihre Stimme klingt richtig stolz dabei.

Die Krähen krächzen den ganzen Tag

Wieder sagen wir eine Weile nichts. Dafür unterhalten sich die Krähen in den Palmen draußen um so lauter. Sie krächzen den ganzen Tag, egal wo man ist. Die Palmblätter klickern leise aneinander, in der Ferne höre ich Meeresrauschen. Es ist fast windstill.

„Meistens leben wir draußen, im Schatten der Bäume", erklärt Venita.

„Wir haben im Garten einen Mangobaum, viele Palmen, Bananenstauden und Papayasträucher. Saji bringt mit, was wir sonst noch brauchen: Reis, Gewürze, Hirse, Milchpulver, frisches Gemüse und Tee. Kräuter ziehen wir selbst."

„Ich darf nur gekochte Speisen essen und kein Wasser aus dem Brunnen trinken", sage ich und fühle mich dabei ziemlich blöd.

„Wir haben für dich Mineralwasser gekauft. Saji weiß aus dem Hotel, was Gäste aus Europa brauchen."

Wohnt ihr auch so?

Venita sieht mich prüfend an, genauso wie ihr Bruder vorhin auf der Hotelterrasse.

Was will sie von mir wissen?

„Im Kino gibt es Filme, in denen Häuser von Europäern gezeigt werden, mit vielen Teppichen, Bildern, Möbeln, Gardinen, Spiegeln, Badezimmern und so. Wohnt ihr auch so?“

Wie soll ich Venita unsere Wohnung in Hamburg erklären? Die vier Zimmer mit den großen Fenstern und den hohen Decken, den Stuck, die Holzdielen und die voll gestopften Bücherregale, die vielen Fotokisten von Papas Reisen und die Bilder an den Wänden?

Ich versuche es und erzähle so, dass es nicht angeberisch klingt. Trotzdem sagt Venita:

„Dann seid ihr ja richtig reich.“

„Wir sind anders reich“, antworte ich. „Ich finde, ihr seid irgendwie auch reich. Du wohnst mitten in der Natur, direkt am Meer. Bei uns ist es fast immer kalt und meistens regnet es. Bei euch scheint fast immer die Sonne. Und in den Familien hier sind die Menschen anscheinend glücklicher als bei uns.

Was ihr mit dem Text tun könnt

- Ihr erfahrt im Text eine Menge über Venitas indisches Zuhause:
  - Ihr könnt etwas davon zeichnen: die Landschaft, das Dorf, das Wohnhaus, den Hof oder den Garten.
  - Ihr könnt auch kurze Informationstexte über Venitas und Sajis Familie schreiben: über die einzelnen Familienmitglieder, ihre Kleidung, die Einrichtung des Hauses, das Essen, indische Bräuche und was euch sonst noch wichtig erscheint.

  Bilder und Texte könnt ihr anschließend auf Plakaten zusammenstellen.

- Doro besitzt ein Gedankenbuch, dem sie ihre Gedanken und Gefühle anvertraut. Am Morgen nach der Ankunft im Dorf schreibt sie:

> Mit dem Auto nach Kerala.
> Palmen, Gärten, kleine Häuser.
> Was für eine Hitze!
> Ich bin klatschnass geschwitzt.
> Endlich sind wir da. Ein kleines Haus aus Lehm mit geflochtenen Palmblättern. Sajis Mutter begrüßt uns …

Schreibe Doros Gedankenbucheintrag weiter.

- Stell dir vor, Venita kommt nach Deutschland, um Doro zu besuchen. Versetze dich in Venita: Was du für selbstverständlich hältst, ist für das indische Mädchen fremd. In einem Brief erzählt sie ihrem Bruder von ihren Erlebnissen. Setze ihn fort.

> Lieber Saji,
> du glaubst gar nicht, was ich hier alles erlebt habe. Schon als wir aus dem Flughafen kamen, habe ich einen Schreck gekriegt. So eine Kälte. Ich war natürlich viel zu dünn angezogen mit meinen Sandalen …

Meine Fernsehwelt

Spaß, Spannung, Information – all das gehört zum Fernsehen

Ihr kennt das bestimmt: Manchmal hängt man stundenlang vor der Glotze, schaltet von einem Programm in das nächste und hat danach das Gefühl, nur Zeit totgeschlagen zu haben.
Aber Fernsehen hat auch richtig viel Interessantes und Unterhaltsames zu bieten. Hier könnt ihr euch einmal darüber austauschen, was ihr am liebsten seht und warum. Jedenfalls kann man sich ein Leben ohne Fernsehen heute gar nicht mehr vorstellen, oder vielleicht doch?

Fernsehsendungen untersuchen

- Bringt von zu Hause Fernsehzeitschriften der vergangenen Woche mit. Entscheidet euch für einen Tag, den ihr genauer untersuchen wollt.

- Viele Sendungen werden in Wort und Bild vorgestellt. Suche dir eine Programmseite aus und schneide alle Text- und Bildberichte aus.

- Auf eurem Tisch liegen alle Sendungen durcheinander. Ordnet sie und findet Überschriften. Zum Beispiel:

Spielfime **Nachrichten** **Quiz**

Live dabei – Fernsehen holt die Welt ins Wohnzimmer.

- Schreibt eure Überschriften auf Zettel, die ihr an eine Pinnwand heftet. Dann nimmt sich jeder ein paar Ausschnitte vom Tisch und heftet sie zu der passenden Überschrift.

- Hängen alle Sendungen an der richtigen Stelle? Oder wollt ihr einige Zettel umhängen? Gibt es Sendungen, die unter keine Überschrift passen? Sprecht über eure Ergebnisse. Vielleicht braucht ihr noch weitere Überschriften.

Fernsehtagebuch führen

- Notiere drei Tage lang die Titel der Sendungen, die du dir angesehen hast. Schreibe so:

Wann?	Welcher Sender?	Welche Sendung?	Meine Meinung

- Werte dein Fernsehtagebuch zuerst selbst aus:
  - Wie lange hast du an den drei Tagen ferngesehen?
  - Zu welchen Zeiten?
  - Welche Sendungen siehst du immer wieder? Warum?

... war toll, weil ...

... hat mir nicht gefallen, weil ...

- Vergleicht eure Ergebnisse miteinander.

- Sprecht über Sendungen, die die meisten von euch gesehen haben. Was hat euch daran gefallen? Was fandet ihr nicht so gut? Sammelt eure Begründungen an der Tafel.

Meinungen erkunden

Mit einer Umfrage könnt ihr euch über eure eigenen Fernsehgewohnheiten und die eurer Mitschüler informieren. Dazu müsst ihr Fragen überlegen, die ihr euch selbst und den Schülerinnen und Schülern anderer Klassen stellen wollt.

- Wonach möchtet ihr fragen? Schreibt Stichworte auf.
- Welche Fragen möchtet ihr stellen? Formuliert sie.
- Überlegt: Wollt ihr ein Interview durchführen oder Fragebögen austeilen?

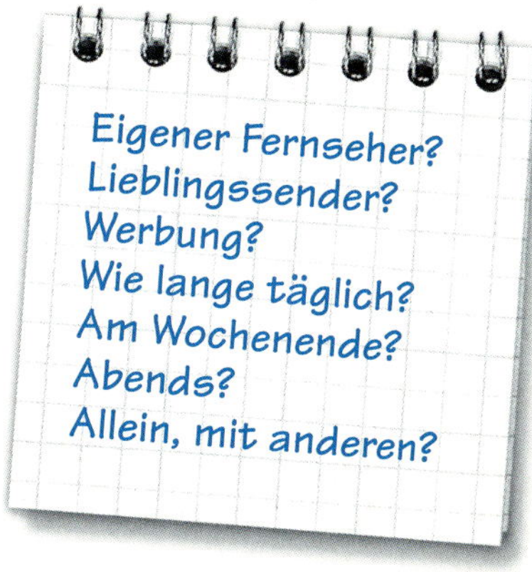

- Wie lange siehst du pro Tag im Durchschnitt fern?
- Träumst du manchmal von einer Fernsehsendung? (Beispiel nennen lassen)
- ...

Wenn ihr eine **mündliche Befragung**, ein **Interview**, durchführen wollt, macht euch vorher einen Plan:
- Fragen notieren,
- überlegen, wie ihr die Antworten festhalten wollt (Mitschrift, Kassettenrekorder).

Für eine **schriftliche Befragung** müsst ihr einen **Fragebogen** entwerfen; bei vielen Fragen kann man schon einige Antworten vorgeben, die dann nur angekreuzt werden müssen. So fällt später die Auswertung leichter!

- Hast du einen eigenen Fernseher in deinem Zimmer?

  ❑ ja ❑ nein
- Darfst du auch noch nach neun Uhr abends fernsehen?

  ❑ ja ❑ nein ❑ manchmal
- Wie findest du die Werbung?

  ____

- Sprecht über die Ergebnisse eurer Befragung:
  - Was habt ihr euch schon gedacht?
  - Was hat euch überrascht?
  - Was war für euch besonders wichtig?
  - ...

1 Stelle deinen Mitschülerinnen und Mitschülern zunächst einmal deine Lieblings-Fernsehserie vor oder ein Video, das dir gut gefällt.

Die Lieblingssendung unserer Klasse

Es macht Spaß, gemeinsam herauszufinden, welches die Lieblingssendung eurer Klasse ist. Jeder braucht dafür ein Kärtchen, auf das er seine Lieblingssendung schreibt.

2 Spielt euch zunächst einmal ein:

Anton: Meine Lieblingssendung heißt „Planet Kids“.
Bettina: Du sagst, „Planet Kids“ ist deine Lieblingssendung. Warum?
Anton: „Planet Kids“ ist meine Lieblingssendung, weil da immer viele verschiedene Trickserien hintereinander gesendet werden.
Bettina: Meine Lieblingssendung ist „Vampire, Piraten, Aliens“.
Christian: Du sagst, ... Begründe das!
Bettina: ...

Überlegt euch, wie ihr eure Lieblingssendung vorstellen wollt. Ihr könnt zum Beispiel ein Plakat gestalten und in der Klasse aufhängen.

3 Jetzt seid ihr fit für das eigentliche Spiel. Die Spielregeln findet ihr auf der nächsten Seite.

4 Unterhaltet euch darüber, wie ihr euch in der Gruppe und in der Klasse zueinander verhalten habt.
– Habt ihr einander zugehört?
– Seid ihr aufeinander eingegangen?
– Habt ihr eure Entscheidung begründet?

Ich bin für …
Wir sind für …

A Bildet Dreier-, Vierer- oder Fünfergruppen. Jede **Gruppe** wählt einen **Diskussionsleiter.** Die **Kärtchen** mit den Lieblingssendungen werden in die Mitte des Tisches gelegt.

B Jeder versucht nun, die anderen von **der eigenen Lieblingssendung** zu **überzeugen.** Wem eine der anderen Sendungen dann besser gefällt, der kann auch für sie sprechen.

C Am Ende des Gesprächs kommt es zur **Abstimmung.** Der Diskussionsleiter fragt. „Wer ist dafür, dass die Karte 1 der Klasse vorgeschlagen werden soll? Ich bitte um das Handzeichen!"

Achtung: Sollte sich für keine der Sendungen in der Gruppe **eine Mehrheit finden,** so scheiden sie aus. Die Gruppe muss sich dann für eine andere Sendung entscheiden. Kann man sich an einem Tisch überhaupt nicht einigen, so darf diese Gruppe der Klasse keinen Vorschlag machen.

D Die Vorschläge der einzelnen Gruppen werden an der Tafel gesammelt. Gleiche Vorschläge zählen nur einmal.

E Die **Sprecher der Tischgruppen diskutieren** nun noch einmal über ihre Vorschläge. Sie bemühen sich, ihrem Tischvorschlag die Stimmenmehrheit zu sichern.

F **Am Ende stimmt die ganze Klasse** über ihre Lieblingssendung **ab.** Das Ergebnis wird an der Tafel festgehalten.

Übrigens: Man kann sich mit dem Diskussionsspiel auch über andere Dinge einigen, zum Beispiel über die Sitzordnung in der Klasse oder das Ziel für den nächsten Wandertag.

In ihrem Buch erzählt Christine Nöstlinger eine komische Geschichte:
Anton ist viel allein. Deswegen sitzt er ständig vor dem Fernseher. Eines Tages hat er an der Fernbedienung einen blauen Knopf entdeckt. Wenn er ihn drückt, erscheint ein Mann auf dem Bildschirm. Der Mann heißt TV-Karl, und der kann mit einem reden. Er kann sogar den Bildschirm verlassen und zu einem herauskommen.
Karl hat seine Erlebnisse mit dem TV-Karl in seinem Tagebuch aufgeschrieben.

Hier ist ein Abschnitt vom Anfang des Buches:

Der blaue Knopf

Christine Nöstlinger

Bin komplett durcheinander! Habe bei mir im Zimmer ferngeschaut, habe vom ersten Programm, vom Tennis, aufs zweite, auf einen Liebesfilm, geschaltet, da ist plötzlich eine Biene um meinen Kopf herumgeflogen. Mitten im Winter eine Biene! Und eine gewaltig große noch dazu! Das Biest hat sich auf die Fernbedienung gesetzt, direkt neben meinen Daumen. Weil ich auf Bienengift allergisch bin, bin ich sehr erschrocken und habe die Fernbedienung weggeschleudert. Sie ist gegen die Wand gesaust, zu Boden gefallen und kaputt gegangen. Aber nur äußerlich. Die Deckplatte ist abgegangen und in viele Teile zerbrochen. Wo die Biene hingekommen ist, weiß ich nicht. Von der war nichts mehr zu sehen und zu hören.

Wie ich dann ausprobiert habe, ob die Fernbedienung auch ohne Deckplatte funktioniert, habe ich unten, wo sonst keine Tasten mehr sind, einen blauen Knopf entdeckt. Einen, für den im Deckel gar kein Loch gewesen ist.

Ohne mir viel zu denken, habe ich den blauen Knopf gedrückt. Die Tennisspieler sind vom Bildschirm verschwunden, es hat schwarzweiß geflimmert, es hat bunt geflimmert, dann ist ein Zimmer zu sehen gewesen. Mit einem Sofa darin. Darauf ist ein Mann gelegen, der hat in einem Buch gelesen.

„Gibt's ja nicht!“, habe ich gemurmelt, weil es technisch unmöglich ist, bei uns ein drittes Programm zu empfangen. Wir sind nicht verkabelt und haben auch keine Satellitenantenne.

Da hat der Mann auf dem Bildschirm das Buch zugeklappt und gesagt: „Ich bin der Karl.“ Und gleich darauf: „Ist doch netter, wenn Fernsehen keine so einseitige Angelegenheit ist.“ Und dann. „Bin ich froh, dass du endlich den blauen Knopf gefunden hast.“ Und schließlich: „Wenn du mich nicht haben willst, musst du bloß noch einmal drücken.“

Bei manchen Sendungen könnt ihr mitspielen.

Ich war so fix und fertig, dass ich den blauen Knopf gedrückt habe. Wieder ohne viel zu denken. Es flimmerte bunt, es flimmerte schwarzweiß, dann waren die Tennisspieler wieder da.

Nun hocke ich seit Stunden vor dem TV herum und versuche, den blauen Knopf noch einmal zu drücken. Aber irgendetwas in mir sträubt sich. Hundertmal habe ich es versucht, aber jedes Mal zuckt mein Finger zurück.

1 Was hat Anton eigentlich so durcheinander gebracht?
Welche der Antworten a) bis e) sind richtig? Achtung: Zwei Antworten sind falsch!

a) In der Fernbedienung von Anton gibt es einen Knopf, den der Junge noch nie bemerkt hatte.
b) Mit diesem Knopf kann man die Sportsendungen einschalten.
c) Damit kann man das Dritte Programm einschalten.
d) Mit diesem Knopf kann man Verbindung zu einem Mann aufnehmen.
e) Mit diesem Mann kann man sich unterhalten.

2 Der Mann im Fernseher sagt zu dem Jungen:
„Ist doch netter, wenn Fernsehen keine so einseitige Angelegenheit ist."
Was bedeutet das eigentlich?

a) Dass sich die Menschen im Fernsehen miteinander unterhalten?
b) Dass eine Person im Fernseher den Zuschauer anspricht?
c) Dass man als Zuschauer mit einer Person im Fernseher sprechen kann?
d) Dass eine Person im Fernsehen auf die Fragen eines Zuschauers antwortet?

Zwei Antworten sind richtig!

3 Zum Schluss des Textausschnitts heißt es:
„Aber irgendetwas in mir sträubt sich."
Warum „zuckt" der Finger des Jungen immer wieder „zurück"?
Ist dem Jungen das Ganze unheimlich? Hat er Angst? Und warum wohl?
Unterhaltet euch darüber.

4 Und nun stell dir einmal vor:
Du hast selbst einen solchen blauen Knopf entdeckt. Was würdest du tun?
Schreibe einen Drei-Sätze-Text:

1. Immer wenn ich …, würde ich …
2. Der Mann müsste …
3. Ich fände das …, weil …

5 Lest euch eure Sätze gegenseitig vor und sprecht in der Klasse darüber.

Paule, der „Glotzer“

Jan-Uwe Rogge

Abends beim Fernsehen

Pauls „absoluter Star“ heißt „Captain Future“, jener jugendliche Fernsehheld, der durch die Fernen des Weltalls nach „bösen Feinden jagt, die die guten Menschen fertig machen wollen“. Und auch Kriminalkommissare und Cowboy-Helden gehören zu seinen „Lieblingen“. Unbestrittene Nummer eins ist aber „Captain Future“. Ein großer Teil von Pauls Zimmer ist mit Alufolie verkleidet bzw. dekoriert. Ein Cousin hat Fernseh-Bilder von der Sendung fotografiert, sie zu Postern vergrößert. Auch die hängen an der Wand. Dazu hat sich Paul einen Steuerstand eingerichtet und zahlreiche Gegenstände, die Captain Future besitzt, nachgebaut. Wenn Paul allein im Haus ist, sitzt er entweder vor dem Fernsehapparat oder zieht sich in sein Zimmer zurück, „um bei Future zu sein. Dann passiert mir nichts. Das weiß ich. Dann kann kommen was will.“ Paul reagiert mit völligem Unverständnis darauf, dass man seine Sendung nicht mag. „Alle meckern darüber. Wenn du so was siehst, kannst du ja auch nicht gescheit werden.“

Paul kannte Sendungen, die viele seiner Klassenkameraden nicht mal dem Namen nach kannten; er vermochte Vor- und Nachteile verschiedener Krimis und Western zu beschreiben; er wusste genau, wann welche Sendungen ausgestrahlt wurden und wie er sich darauf einzustellen hatte. Und wenn er mit seinen Helden allein war, lebte, zitterte und litt er mit („Hinterher ist das ganz toll. Ich hab‘ dann was erlebt.“). Waren aber seine Eltern anwesend, nahm er sich in seinen Gefühlen zurück: „Die haben dann doch nur gesagt, der Paule spinnt mal wieder. Oder das ist eben nichts für ihn. Aber das hat mich doch beschäftigt, was ich da gesehen hab‘. Und mit den Eltern darüber reden konnte ich doch nicht. Nur in der Schule, mit Felix, Armin, Alfred oder so.“

Paul hat keine Geschwister und ist aufgrund der beruflichen Belastungen seiner Eltern sehr häufig allein im Hause. „Das macht aber nichts. Später bin ich auch mal allein, dann lern‘ ich das eben schon.“ Paul hat zwei Strategien, mit der Einsamkeit umzugehen, ihr zu begegnen: „seine“ Fernsehecke im Wohnzimmer und sein zur „Weltraumstation“ umgestaltetes Zimmer. [...]

Es ist etwas ganz anderes, ein Buch zu lesen oder den Film zu sehen, der danach gedreht wurde.

Morgens in der Schule

Vier Tische sind in der Pause in einem Klassenzimmer so gestellt, dass sie ein abgeschlossenes Rechteck bilden. In der Mitte steht Paul mit seinen beiden Freunden. Um die Tischgruppe herum stehen Einzeltische, auf denen jeweils ein Kind sitzt. Paul ist „Captain Future“. Er befindet sich in einem großen Raumschiff auf „Weltraumjagd“ und kommandiert eine „Flotte“ von „Satelliten“. Stefan hat keine Lust mehr und verlässt das Raumschiff. Als Paul das merkt, schreit er: „Hiergeblieben, das ist ein Befehl!“ Stefan zögert einen Moment, ist unschlüssig, macht dann aber doch Anstalten, den Klassenraum zu verlassen. Paul springt aus seinem „Raumschiff“ (und seiner Rolle) und zerrt Stefan zurück: „Los, bleib‘ hier, oder ich kleb‘ dir eine!“ Es kommt zu einem Wortwechsel.

1 In diesem Text berichtet der Verfasser über den Jungen Paul, aber an einigen Stellen lässt er Paul selbst zu Wort kommen. Findet im ersten Teil die Stellen heraus und unterstreicht sie (Folie) oder schreibt sie auf.
- Woran habt ihr sie erkannt?
- Warum schreibt der Verfasser wohl so?

2 Versucht gemeinsam, Paul zu beschreiben:
- Wie lebt er in seiner Familie?
- Was kann er alles?
- Warum ist Captain Future sein „absoluter Star“?

3 An einer Stelle im Text steht: „Paul hat zwei Strategien, mit der Einsamkeit umzugehen, ihr zu begegnen: …“
Sucht die Stelle im Text heraus und lest sie noch einmal ganz.
- Was erfahrt ihr in diesen Zeilen über Paul?
- Was meint ihr zu Pauls Strategien?

4 Wie findet ihr es, dass Paul sogar noch im Klassenraum den Captain Future spielt?

So könnt ihr weiterarbeiten:

- Stell dir vor, du bist Paul. Schreibe eine Tagebucheintragung über deine Einsamkeit und wie du damit umgehst.
- Nachts träumt Paul von seinen Abenteuern als Captain Future. Schreibe einen Traum auf.
- Im Klassenraum kommt es zu einem Wortwechsel zwischen Paul, Stefan und den anderen. Überlegt, wie der Wortwechsel verlaufen könnte, und spielt die Szene weiter.

Auch mal ohne Fernsehen auskommen?

- keine Folge verpassen
- käme kaum noch zum Fußballspielen
- nicht mitreden können
- ist immer spannend
- kann endlich mal ausgiebig für die Schwimmmeisterschaft trainieren
- Freunde sind weggefahren
- bekomme doch einen Budenkoller
- ...

sicherlich	Wenn man ...
bestimmt	Ich meine ...
besonders	hat den Vorteil ...
weil	Ich glaube ...
denn	
außerdem	
aber	
auch	

1 Bojana kann mit den Antworten von Florian nichts anfangen. Warum?

2 Schreibt das Gespräch so weiter, dass Bojana Florian versteht. Holt euch passende Hilfen von den Zetteln oder nehmt eure eigenen Ideen:

Florian: Ohne Fernsehen läuft bei mir nichts.
Bojana: ...

3 Florian könnte auch einen anderen Standpunkt vertreten.
Schreibt das Gespräch noch einmal auf.
Welche Argumente benutzt er jetzt?

Toll, bald sind Ferien! Da habe ich Zeit und kann wieder mal was draußen unternehmen.

Willst du dann gar nicht fernsehen?

In den Ferien auf der Bude hocken und fernsehen? Bloß nicht!

4 Sammelt aus euren Gesprächstexten alle Gründe und ordnet sie:

Auch mal ohne Fernsehen auskommen?

Gründe dafür (Pro)	*Gründe dagegen (Kontra)*

5 Was haltet ihr von der Forderung, einen „fernsehfreien Tag" im Monat oder in der Woche einzuführen?
- Bildet euch dazu eure eigene Meinung und führt eine Diskussion.
- Devor ihr anfangt, überlegt genau, welche Gesprächsregeln ihr beachten wollt:
  zuhören, ausreden lassen, nicht dazwischen rufen, andere Meinung nicht lächerlich machen ...

fernsehen
Zimmer
Ferien
musst
draußen
...

→ Rechtschreibgespräch Seite 197

Der beste Tipp zum Schluss: Auch mal abschalten und etwas anderes machen!

Um einen Film zu planen und zu drehen, braucht man viel Zeit und Übung. Stattdessen könnt ihr mit einem Fotoapparat Geschichten und Situationen aus eurem Alltag in Bildern umsetzen.

Der Magnetisator

Morgens zu spät am Bus – zu dieser alltäglichen Situation ist die folgende kleine Fotogeschichte in vier Bildern entstanden, die eine überraschende Wendung nimmt.

①
- Großer Wecker
- Junge: erschrecktes Gesicht, zerzaustes Haar
- Denkblase: Ach du Schreck! Verschlafen!

②
- Junge: halb angezogen, mit offenem Rucksack, rennt zur Haltestelle
- Rufblase: Halt, nicht abfahren!

③

④

1 Findet heraus, was eine solche Fotogeschichte von einem Film und einem Comic unterscheidet.

2 Könnt ihr erkennen, wie die Fotogeschichte entstanden ist? Sprecht darüber!

3 Schreibt auf, was auf den beiden leeren Zetteln neben Bild 3 und 4 stehen könnte.

4 Entwickelt eigene Fotogeschichten. Dazu könnt ihr aus folgenden Ideen auswählen oder auch eure eigenen nehmen. Legt fest, wer welche Aufgabe übernehmen soll.

Ideen für kurze Alltagsgeschichten

Urlaubsfahrt – Stau – Superhöhengang einschalten

Mathe-Klassenarbeit – Arbeitsheft vergessen – Brieftaube überbringt es

Lange Computer gespielt – Hunger – Pizza aus Diskettenschacht

Sportturnier – großer Rückstand – Superfranzie wird eingewechselt

So entstehen Fotogeschichten in vier Bildern:

1. Geschichten ausdenken, sich für eine Geschichte entscheiden
2. Geschichte in vier Szenenbilder zerlegen
3. Die Fotos planen und Material besorgen
4. Fotografieren – mehrere Versuche
5. Die besten Fotos aussuchen
6. In die Fotos Denk-, Sprechblasen und Zeichnungen einmontieren
7. Fotos aufkleben
8. Eine interessante Überschrift finden

Marc, Janina und Kristin unterhalten sich

Marc: Den Film über Harry Potter – fand ich super!

Janina: Echt? Ich fand das Buch besser. Hast du das Buch überhaupt gelesen?

Marc: Viel zu dick! Lesen dauert so lange! Ist mir auch zu anstrengend.

Janina: Ich finde Lesen gemütlicher. Und da kannst du dir alles so richtig vorstellen!

Kristin: Ich habe im Auto die Hörkassette gehört. Toll! Da kann man sich richtig reindenken – und auch noch aus dem Fenster gucken.

Marc: Und den Film? Hast du den nicht gesehn?

Kristin: Erst das Buch, dann den Film, dann die Kassette.

Janina: Und was fandest du am besten?

Kristin: Den Film fand ich ja ganz gut. Aber wenn du erst das Buch gelesen hast, dann hast du dir alles anders vorgestellt. Im Film ist auch manches nicht so genau. Aber die Kassette fand ich am besten. Wenn dir da einer was vorliest, – das find ich echt klasse!

Marc: Kannst du mir die Kassette mal leihen? Dann kann ich die immer hören – beim Inline-Skaten.

Janina: Kannst du haben. Bei Harry Potter musst du aber aufpassen, dass du nicht hinkrachst!

1 Und wie ist eure Meinung dazu? Unterhaltet euch doch einmal darüber:
- Wer hat zuerst den Film gesehen und dann das Buch gelesen? Und wie war das?
- Wer hat es umgekehrt gemacht? Ob das wohl anders ist?
- Und wie ist eure Meinung zu einer Hörkassette? Findet ihr das auch so toll wie Kristin?

2 Sprecht auch über den Unterschied zwischen Bücher lesen, Film sehen, Kassette hören.

MAGAZIN

Mit Büchern ins Land der Fantasie

Jedes Buch, das wir lesen, ist wie eine Einladung zu einer Reise ins Land der Fantasie. Wir können uns von den Geschichten, die in den Büchern erzählt werden, verzaubern lassen und mit unseren Gedanken die Buchfiguren bei ihren Erlebnissen und Abenteuern begleiten.
Wer Bücher liest, lernt nicht nur besser zu lesen, sondern erfährt auch viel über die Welt, über sich selbst und über das Land der Fantasie.
In diesem Lesemagazin findet ihr Auszüge aus den Büchern „Die unendliche Geschichte“ und „Ronja Räubertochter“.

Die unendliche Geschichte

Michael Ende

Bastian hat eine Leidenschaft – und das sind die Bücher. Eines Tages gerät er auf der Flucht vor seinen Klassenkameraden in einen geheimnisvollen Buchladen. Der Besitzer, Herr Koreander, der gerade in einem Buch liest, gibt ihm zu verstehen, dass er keine Bücher für Kinder habe, und will ihn wegschicken.
Vom Klingeln des Telefons wird er in einen Nebenraum, das Kabinett, gerufen und Bastian bleibt allein im Laden zurück. Er nähert sich langsam dem Ledersessel, auf dem Herr Koreander das Buch abgelegt hat …

Bastian findet ein rätselhaftes Buch

Er hob das Buch hoch und betrachtete es von allen Seiten. Der Einband war aus kupferfarbener Seide und schimmerte, wenn er es hin und her drehte. Bei flüchtigem Durchblättern sah er, dass die Schrift in zwei verschiedenen Farben gedruckt war. Bilder schien es keine zu geben, aber wunderschöne, große Anfangsbuchstaben. Als er den Einband noch einmal genauer betrachtete, entdeckte er darauf zwei Schlangen, eine helle und eine dunkle, die sich gegenseitig in den Schwanz bissen und so ein Oval bildeten. Und in diesem Oval stand in eigentümlich verschlungenen Buchstaben der Titel:

Die unendliche Geschichte

Es ist eine rätselhafte Sache um die menschlichen Leidenschaften, und Kindern geht es damit nicht anders als Erwachsenen. Diejenigen, die davon befallen werden, können sie nicht erklären, und diejenigen, die nichts dergleichen je erlebt haben, können sie nicht begreifen.
(…)

Wer niemals ganze Nachmittage lang mit glühenden Ohren und verstrubbeltem Haar über einem Buch saß und las und las und die Welt um sich her vergaß, nicht mehr merkte, dass er hungrig wurde oder fror –

Wer niemals heimlich beim Schein einer Taschenlampe unter der Bettdecke gelesen hat, weil Vater oder Mutter oder sonst irgendeine besorgte Person einem das Licht ausknipste mit der gut gemeinten Begründung, man müsse jetzt schlafen, da man doch morgen so früh aus den Federn sollte –

Wer niemals offen oder im Geheimen bitterliche Tränen vergossen hat, weil eine wunderbare Geschichte zu Ende ging und man Abschied nehmen musste von den Gestalten, mit denen man gemeinsam so viele Abenteuer erlebt hatte, die man liebte und bewunderte, um die man gebangt und für die man gehofft hatte und ohne deren Gesellschaft einem das Leben leer und sinnlos schien –

Wer nichts von alledem aus eigener Erfahrung kennt, nun, der wird wahrscheinlich nicht begreifen können, was Bastian jetzt tat.

Dieses Buch muss er unbedingt haben

Er starrte auf den Titel des Buches und ihm wurde abwechselnd heiß und kalt. Das, genau das war es, wovon er schon oft geträumt und was er sich, seit er von seiner Leidenschaft befallen war, gewünscht hatte: Eine Geschichte, die niemals zu Ende ging! Das Buch aller Bücher!

Er musste dieses Buch haben, koste es, was es wolle!

Koste es, was es wolle? Das war leicht gesagt! Selbst wenn er mehr als die drei Mark und fünfzehn Pfennig Taschengeld, die er bei sich trug, hätte anbieten können – dieser unfreundliche Herr Koreander hatte ja nur allzu deutlich zu verstehen gegeben, dass er ihm kein einziges Buch verkaufen würde. Und verschenken würde er es schon gar nicht. Die Sache war hoffnungslos.

Und doch wusste Bastian, dass er ohne das Buch nicht weggehen konnte. Jetzt war ihm klar, dass er überhaupt nur wegen dieses Buches hierher gekommen war, es hatte ihn auf geheimnisvolle Art gerufen, weil es zu ihm wollte, weil es eigentlich schon seit immer ihm gehörte!

Bastian lauschte auf das Gemurmel, das nach wie vor aus dem Kabinett zu hören war.

Bastian haut ab – mit dem Buch

Ehe er sich's versah, hatte er plötzlich ganz schnell das Buch unter seinen Mantel gesteckt und presste es dort mit beiden Armen an sich. Ohne ein Geräusch zu machen ging er rückwärts auf die Ladentür zu, wobei er die andere Tür, die zum Kabinett, ängstlich im Auge behielt. Vorsichtig drückte er auf die Klinke. Er wollte verhindern, dass die Messingglöckchen Lärm machten, deshalb öffnete er die Glastür nur so weit, dass er sich gerade eben durchzwängen konnte. Leise und behutsam schloss er die Tür von draußen.

Erst dann begann er zu rennen.

Die Hefte, die Schulbücher und der Federkasten in seiner Mappe hüpften und klapperten im Takt seiner Schritte. Er bekam Seitenstechen, aber er rannte weiter.

Der Regen lief ihm übers Gesicht und hinten in den Kragen hinein. Kälte und Nässe drangen durch den Mantel, doch Bastian fühlte es nicht. Ihm war heiß, aber nicht nur vom Laufen.

Der Schriftsteller Michael Ende wurde am 12. Oktober 1929 in Garmisch-Partenkirchen geboren. Als er zwei Jahre alt war, zog seine Familie nach München, wo er auch zur Schule ging. Nach der Schulzeit besuchte er zunächst eine Schauspielschule, bevor er 1954 sein erstes Buch „Jim Knopf und Lukas der Lokomotivführer“ veröffentlichte. Etwas später erschien Teil 2 „Jim Knopf und die wilde 13“. Weitere bekannte Bücher sind „Momo“ (1973), „Die unendliche Geschichte“ (1979) und „Der Wunschpunsch“ (1989). Michael Ende lebte abwechselnd in Deutschland und in Italien. Am 28. August 1995 starb er in Stuttgart.

Bastian hat Angst

Sein Gewissen, das sich vorher in dem Buchladen nicht gemuckst hatte, war nun plötzlich aufgewacht. All die Gründe, die so überzeugend gewesen waren, erschienen ihm plötzlich völlig unglaubwürdig, sie schmolzen dahin wie Schneemänner im Atem eines Feuer speienden Drachen.

Er hatte gestohlen. Er war ein Dieb!

Was er getan hatte, war sogar schlimmer als gewöhnlicher Diebstahl. Dieses Buch war bestimmt einmalig und unersetzlich. Sicher war es Herrn Koreanders größter Schatz gewesen. Einem Geigenspieler seine einzigartige Violine stehlen oder einem König seine Krone, war noch etwas anderes als Geld aus einer Kasse nehmen.

Und während er so rannte, presste er das Buch unter seinem Mantel an sich. Er wollte es nicht verlieren, wie teuer auch immer es ihn zu stehen kommen würde. Es war alles, was er auf dieser Welt noch hatte.

Denn nach Hause konnte er jetzt natürlich nicht mehr.

Er versuchte, sich seinen Vater vorzustellen, wie er in dem großen Zimmer saß, das als Labor eingerichtet war, und arbeitete. Um ihn her lagen Dutzende von Gipsabgüssen menschlicher Gebisse, denn der Vater war Zahntechniker. Bastian hatte sich noch nie überlegt, ob der Vater die Arbeit eigentlich gern tat. Es kam ihm jetzt zum ersten Mal in den Sinn, aber nun würde er ihn nie mehr danach fragen können.

Wenn er jetzt nach Hause ging, würde der Vater in seinem weißen Kittel aus dem Labor kommen, vielleicht mit einem Gipsgebiss in der Hand, und würde fragen: „Schon zurück?“ – „Ja“, würde Bastian sagen. – „Keine Schule heute?“ – Er sah das stille, traurige Gesicht seines Vaters vor sich und er wusste, dass er ihn unmöglich würde anlügen können. Aber die Wahrheit konnte er ihm erst recht nicht sagen. Nein, das Einzige, was er tun konnte, war, fortzugehen, irgendwohin, weit weg. Der Vater sollte nie erfahren, dass sein Sohn ein Dieb geworden war. Und vielleicht würde er ja nicht einmal merken, dass Bastian nicht mehr da war. Dieser Gedanke hatte sogar etwas Tröstliches.

Bastian hatte aufgehört zu rennen. Er ging jetzt langsam und sah am Ende der Straße das Schulhaus liegen. Ohne es zu merken, war er seinen gewohnten Schulweg gelaufen. Die Straße kam ihm geradezu menschenleer vor, obwohl da und dort Leute gingen. Aber für einen, der viel zu spät kommt, erscheint die Welt rings um die Schule herum ja immer wie ausgestorben. Und Bastian fühlte bei jedem Schritt, wie die Angst in ihm zunahm. Er hatte sowieso Angst vor der Schule, dem Ort seiner täglichen Niederlagen, Angst vor den Lehrern, die ihm gütlich ins Gewissen redeten oder ihren Ärger an ihm ausließen, Angst vor den anderen Kindern, die sich über ihn lustig machten und keine Gelegenheit ausließen, ihm zu beweisen, wie ungeschickt und wehrlos er war. Die Schule war ihm schon immer vorgekommen wie eine unabsehbar lange Gefängnisstrafe, die dauern würde, bis er erwachsen war, und die er einfach stumm und ergeben absitzen musste.

Findet er ein Versteck zum Lesen?

Aber als er jetzt durch die hallenden Korridore ging, in denen es nach Bohnerwachs und nassen Mänteln roch, als die lauernde Stille im Haus plötzlich seine Ohren verstopfte wie Wattepfropfen, und als er schließlich vor der Tür seines Klassenzimmers stand, die in der gleichen Farbe von altem Spinat gestrichen war wie die Wände ringsum, da wurde ihm klar, dass er auch hier von nun an nichts mehr verloren hatte. Er musste ja doch fort. Dann konnte er auch gleich weggehen.

Aber wohin?

Bastian hatte in seinen Büchern Geschichten gelesen von Jungen, die sich auf einem Schiff anheuern ließen und in die weite Welt hinausfuhren, um ihr Glück zu machen. Manche wurden auch Piraten oder Helden, andere kehrten viele Jahre später als reiche Männer in ihre Heimat zurück, ohne dass jemand erriet, wer sie waren.

Aber so etwas traute Bastian sich nicht zu. Er konnte sich auch nicht vorstellen, dass man ihn als Schiffsjungen überhaupt annehmen würde. Außerdem hatte er nicht die geringste Ahnung, wie er in eine Hafenstadt kommen sollte, wo es geeignete Schiffe für solche kühnen Unternehmungen gab.

Wohin also?

Und plötzlich fiel ihm der richtige Ort ein, der einzige Ort, wo man ihn – vorläufig wenigstens – nicht suchen und nicht finden würde.

Was ihr mit dem Text machen könnt:

- *einen Satz, den ihr wichtig findet, heraussuchen und dazu eure Meinung aufschreiben;*
- *den Text weiterschreiben;*
- *das geheimnisvolle Buch zeichnen*
- *und natürlich das Buch ausleihen und lesen.*

Ronja Räubertochter

Astrid Lindgren

In der Nacht, in der Ronja als Tochter des Räuberhauptmanns Mattis und seiner Frau Lovis geboren wird, gibt es ein schreckliches Gewitter mit lautem Donnerknallen und fürchterlichen Blitzen. Am nächsten Morgen stellen die Räuber fest, dass ihre Mattisburg in zwei Teile geteilt worden ist. Den Abgrund dazwischen nennen sie Höllenschlund.
Der Räuberhauptmann ist sehr stolz auf seine Tochter. Als sie älter geworden ist, darf sie trotz der vielen Gefahren frei im Mattiswald herumlaufen.
Am Höllenschlund hat sie eines Tages ein überraschendes Erlebnis …

Warnung vor dem Höllenschlund

Oft hatte sie davon gehört, wie die Mattisburg in jener Nacht zerbarst, als sie geboren wurde. Mattis wurde es nie leid, davon zu erzählen.

„Potz Pestilenz, was für ein Mordsknall! Den hättest du hören sollen, ach, den hast du ja gehört, du kleines, neugeborenes Würmchen, das du damals warst. Einfach rums! und da hatten wir zwei Burgen statt einer und einen Abgrund dazwischen. Aber vergiss nie, was ich dir gesagt habe. Hüte dich davor, in den Höllenschlund zu fallen!“

Und sich davor hüten, genau das hatte Ronja vor. […]

Sie war schon oft beim Höllenschlund gewesen, aber noch nie dem gefährlichen Abgrund nahe gekommen, der sich dort jäh und ohne schützende Mauerkrone auftat. Jetzt kroch sie auf dem Bauch bis zum Rand vor und äugte hinab in die Tiefe. Hu, das war grausiger, als sie gedacht hatte!

Sie griff nach einem der losen Steine, die dort am Rand lagen, und ließ ihn hinabfallen. Und als sie dann den Aufschlag tief unten hörte, schauderte ihr. Es klang so dumpf und klaftertief, ja, dies war wirklich ein Schlund, vor dem man sich hüten musste! Aber so besonders breit war die Kluft, die die beiden Burghälften trennte, eigentlich nicht. Mit einem tüchtigen Sprung müsste man wohl hinüberkommen? Doch so verrückt war wohl keiner! Nein, vielleicht wäre es aber trotzdem gerade die richtige Art, sich wie gewohnt zu hüten und zu üben. Wieder spähte sie in die Kluft hinab, hu, welche Tiefe! Dann sah sie sich um, um festzustellen, von wo aus man den Sprung am besten wagen könnte. Und da sah sie etwas. Vor lauter Verblüffung wäre sie fast in den Höllenschlund gefallen.

Ein wenig entfernt, jenseits der Kluft, saß jemand. Jemand, der etwa so groß war wie sie selber, und er baumelte mit den Beinen über dem Höllenschlund.

Ronja wusste, dass sie nicht das einzige Kind auf der Welt war. Nur auf der Mattisburg war sie es und im Mattiswald. Aber Lovis hatte ihr gesagt, dass es anderswo viele Kinder gab, und von zweierlei Art, solche, die zu Mattisen wurden, wenn sie groß waren, und solche, die zu Lovisen wurden. Ronja selbst würde eine Lovis werden. Und irgendwie spürte sie, dass der dort drüben, der die Beine über dem Höllenschlund baumeln ließ, ein Mattis werden würde.

Noch hatte er sie nicht entdeckt. Ronja schaute ihn sich an, wie er dort saß, und sie lachte leise, weil es ihn gab.

Erste Begegnung mit Birk Borkasohn

Da sah er sie und lachte auch.

„Ich weiß, wer du bist“, sagte er. „Du bist die Räubertochter, die immer im Wald rumrennt. Ich hab dich da mal gesehen.“

„Wer bist du denn?“, fragte Ronja. „Und wie um alles in der Welt bist du hierhergekommen?“

„Ich bin Birk Borkasohn und ich wohne hier. Wir sind heute Nacht hier eingezogen.“

Ronja starrte ihn an.

„Wer wir?“

„Borka und Undis und ich und unsere zwölf Räuber.“

Es dauerte eine Weile, bis sie das Unerhörte begriff, das er da gesagt hatte. Schließlich sagte sie: „Willst du etwa behaupten, dass die ganze Nordburg voller Hosenschisser ist?“

Er lachte.

„Nein, hier gibt es nur rechtschaffene Borkaräuber. Aber da drüben, wo du wohnst, da ist es knüppelvoll von Hosenschissern, das hat man ja immer gehört.“

So, also das hatte man immer gehört! Was für eine unglaubliche Unverschämtheit! Es begann in ihr zu kochen. Aber es sollte noch schlimmer kommen.

Die Borkafeste

„Im Übrigen“, sagte Birk, „ist das hier nicht länger die Nordburg. Von heute Nacht an heißt sie die Borkafeste. Versuch dir das zu merken!“

Ronja schnappte nach Luft, so fuchsteufelswild war sie. Die Borkafeste! Das war doch wahrhaftig, um daran zu ersticken! Was für Schurken sie waren, diese Borkaräuber! Und dieser Lümmel, der dort saß und grinste, war einer von ihnen!

„Potz Pestilenz!“, rief sie. „Wart nur, bis das Mattis zu Ohren kommt, dann fahren alle Borkaräuber mit einem Furz zum Donnerdrummel!“

„Das glaubst du!“, sagte Birk.

Aber Ronja dachte an Mattis und ihr grauste. Sie hatte ihn schon vor Wut ganz von Sinnen erlebt und wusste, wie das war. Doch diesmal würde die Mattisburg wohl noch einmal zerbersten, das war ihr klar. Und sie wimmerte bei dem Gedanken daran.

„Was ist los mit dir?“, fragte Birk. „Geht's dir nicht gut?“

Ronja antwortete nicht. Sie hatte jetzt genug, genug von dem Lümmelgeschwätz und den Frechheiten. Jetzt musste gehandelt werden. Bald würden die Mattisräuber heimkommen und dann, potz Pestilenz, würde auch der letzte kleine Hosenschisser von einem Borkaräuber schneller aus der Mattisburg verschwinden, als er reingekommen war!

Sie stand auf und wollte gehen. Doch da sah sie, was Birk vorhatte. Wirklich und wahrhaftig, dieser Lümmel machte Anstalten, über den

Gefährliche Sprünge

Höllenschlund zu springen! Er stand dort ihr gegenüber auf der anderen Seite und jetzt nahm er einen Anlauf. Da schrie sie:

„Kommst du her, dann hau ich dir eine aufs Maul, dass dir die Nase abfliegt!“

„Haha!“, rief Birk und mit einem Satz war er über die Kluft hinweg. „Mach’s nach, wenn du’s kannst“, sagte er mit einem kleinen Grinsen.

Das hätte er nicht sagen dürfen, das war zu viel. Es reichte, dass er und seine Hosenschisser sich eine Feste in der Mattisburg verschafft hatten, aber kein Borkaräuber sollte hier irgendwelche Sprünge machen, die ein Mattisräuber nicht nachmachen konnte!

Und sie tat es. Sie wusste selbst nicht recht, wie es zuging, aber plötzlich flog sie über den Höllenschlund und landete auf der andern Seite.

„Du bist gar nicht so ungelenk“, sagte Birk und sprang ihr sofort nach. Aber Ronja wartete nicht auf ihn. Mit einem neuen Sprung flog sie zurück über die Kluft. Da konnte er stehen und ihr nachglotzen, so viel er wollte!

„Du wolltest mir doch eine aufs Maul hauen, warum tust du es denn nicht?“, rief Birk. „Jetzt komme ich!“

„Das seh ich“, sagte Ronja. Und er kam wirklich. Aber auch diesmal wartete sie nicht auf ihn. Wieder sprang sie und springen würde sie, um ihm zu entkommen, so lange, bis ihr der Atem ausging.

Danach sagte keiner von beiden mehr etwas. Sie sprangen nur. Verbissen und wie besessen sprangen sie über den Höllenschlund hin und her.

Außer ihrem Keuchen war nichts zu hören. Nur die Krähen, die auf den Zinnen hockten, krächzten ab und zu. Sonst war alles schauervoll still. Es war, als halte die ganze Mattisburg auf ihrem Berg den Atem an vor etwas Grauenvollem und Entsetzlichem, das gleich geschehen würde.

Ja, gleich landen wir wohl im Höllenschlund, wir beide, dachte Ronja. Aber dann hat dieses ewige Gehopse wenigstens ein Ende!

Wieder kam Birk ihr über die Schlucht entgegengeflogen und wieder setzte auch sie zum Sprung an. Zum wievielten Mal, wusste sie nicht. Ihr war, als hätte sie nie etwas anderes getan als über Abgründe springen, um Borkalümmeln zu entkommen.

Birk stürzt in den Abgrund

Da sah sie, wie Birk, gerade als er aufsetzte, auf einem Stein ausrutschte, der lose am Rande lag. Und sie hörte seinen Aufschrei, bevor er in der Tiefe verschwand.

Danach hörte sie nur noch die Krähen. Sie schloss die Augen und wünschte, diesen Tag hätte es nie gegeben. Sie wünschte, diesen Birk hätte es nie gegeben! Und sie wünschte, dass sie beide nie gesprungen wären.

Schließlich kroch sie bäuchlings bis an den Rand vor und spähte hinab in die Schlucht. Und da sah sie Birk. Er stand unmittelbar unter ihr auf einem Stein oder Balken oder was es nun war, das aus der geborstenen Mauer ragte. Nur gerade so weit, dass seine Füße dort Platz fanden, aber auch nicht mehr. Dort stand er, den tiefen Höllenschlund unter sich, und seine Hände suchten verzweifelt nach einem Halt, nach irgendetwas, woran er sich festhalten konnte, etwas, das ihn davor bewahrte, in den Abgrund zu stürzen. Und er wusste, und auch Ronja wusste es, dass er ohne Hilfe nicht herauskommen konnte. Er würde dort stehen müssen, bis seine Kräfte versagten, das wussten beide, und danach würde es keinen Birk Borkasohn mehr geben.

„Bleib da stehen!", rief Ronja und er antwortete mit einem kleinen Grinsen:

„Ja, was anderes kann man hier schlecht tun!"

Aber Angst hatte er, das sah sie ihm an.

Ronja rettet Birk

Ronja riss sich den geflochtenen Lederriemen ab, den sie stets zu einem Knäuel zusammengerollt am Gürtel trug. Er hatte ihr in ihrem Waldleben bei allem Klettern und Hangeln oft gute Dienste getan. Jetzt machte sie eine große Schlinge in das eine Ende des Riemens und knotete sich das andere um den Leib. Danach ließ sie den Riemen zu Birk hinab und sie sah es in seinen Augen aufleuchten, als die Schlinge zu ihm hinuntergebaumelt kam. Ja, der Riemen reichte gerade so weit, wie es nötig war, stellte sie fest, und das war ein rechtes Glück für diesen Borkalümmel.

„Streif dir die Schlinge über, wenn du kannst", sagte sie. „Aber klettre erst los, wenn ich rufe. Nicht früher!"

Der Blitz, der in jener Nacht ihrer Geburt eingeschlagen hatte, hatte auch einen Steinblock aus der Mauerkrone gerissen. Nun lag dieser Brocken recht günstig nur ein kleines Stück vom Rand der Schlucht entfernt. Ronja warf sich dahinter platt auf den Bauch und dann rief sie:

„Los jetzt!"

Gleich darauf spürte sie, wie sich der Riemen um ihren Bauch schnürte. Es tat weh. Jeder Ruck am Riemen, wenn Birk höher kletterte, ließ sie aufstöhnen.

Bald breche ich wohl mittendurch wie die Mattisburg, dachte sie und biss die Zähne zusammen, um nicht zu schreien.

Plötzlich ließ der Druck nach und da stand Birk und sah auf sie hinunter. Sie war liegen geblieben, um auszuprobieren, ob sie noch atmen konnte. Er sagte:

„Aha, hier liegst du also!"

„Ja, hier liege ich", sagte Ronja. „Bist du jetzt fertig mit dem Gehopse?"

„Nein, einmal muss ich noch springen. Um auf die richtige Seite zu kommen. Ich muss ja heim in die Borkafeste, ist doch klar!"

„Nimm aber erst meinen Lederriemen ab", sagte Ronja und sprang auf. „Mit dir will ich nicht länger als unbedingt nötig zusammengebunden sein."

Er schlüpfte aus der Schlinge.

„Nein, versteht sich", sagte er. „Aber von jetzt an bin ich vielleicht trotzdem an dich gebunden. Auch ohne Riemen."

„Rutsch mir doch den Buckel runter", schrie Ronja. „Du mitsamt deiner Borkafeste! Scher dich zum Donnerdrummel!"

Sie ballte die Faust und schlug zu, genau auf seine Nase.

Er lächelte.

„Mach das nicht noch mal, das rat ich dir! Aber dass du mir das Leben gerettet hast, war nett von dir. Nimm dafür meinen Dank!"

„Scher dich zum Donnerdrummel, hab ich gesagt!", schrie Ronja und lief davon, ohne sich umzuschauen.

Doch gerade als sie an der Steintreppe angekommen war, die von der Mauerkrone zur Mattisburg hinabführte, hörte sie Birk rufen: „Du, Räubertochter, wir sehen uns wohl mal wieder!"

Sie drehte den Kopf und sah, wie er einen Anlauf zu seinem letzten Sprung nahm. Da schrie sie:

„Hoffentlich fällst du wieder rein, du Hosenschisser!"

Ideen zur Weiterarbeit mit dem Text:

Im Text heißt es: „... und sie lachte leise, weil es ihn gab." (Z. 48)
„Da sah er sie und lachte auch." (Z. 49).

- *die Gedanken aufschreiben, die Ronja und Birk haben könnten, als sie sich zum ersten Mal begegnen;*
- *aufschreiben, was Ronja später ihrer Mutter oder ihrem Vater von dem Erlebnis am Höllenschlund erzählt;*
- *eine Situation ausdenken, in der Ronja und Birk wieder zusammentreffen: Was könnte sich ereignen?*
- *einen Abschnitt aus dem Text aussuchen und nachspielen: pantomimisch (d.h. ohne Worte) oder mit euren eigenen Worten; ihr könnt euer Spiel auch mit Geräuschen oder Musikinstrumenten untermalen oder eine kleine Hörspielszene gestalten;*
- *und natürlich das Buch ausleihen und lesen.*

Astrid Lindgren ist – wie viele sagen – die wohl bekannteste Kinderbuchautorin der Welt. Sie wurde am 14. November 1907 auf Näs, einem Pfarrhof in der Nähe der kleinen Stadt Vimmerby im schwedischen Småland geboren, wo sie mit ihren drei Geschwistern eine sehr glückliche Kindheit verbrachte. Ihr Vater war Landwirt und der Pfarrhofpächter von Näs. Später zog sie nach Stockholm und wurde Sekretärin. Ihre zwei Kinder, Lars und Karin, wollten immer etwas erzählt bekommen und ihre damals siebenjährige Tochter Karin hat Pippi Langstrumpf erfunden, als sie mit Lungenentzündung krank im Bett lag und unbedingt eine neue Geschichte hören wollte.

Astrid Lindgren ist am 28. Januar 2002 im Alter von 94 Jahren in Stockholm gestorben. Für mehr als siebzig Bilder-, Kinder- und Jugendbücher, die in etwa 80 Sprachen übersetzt worden sind, wurde sie mit vielen Ehrungen und Preisen ausgezeichnet. Ihre bekanntesten Buchfiguren sind „Pippi Langstrumpf", „Michel aus Lönneberga", „Die Kinder aus Bullerbü", „Madita", „Die Brüder Löwenherz" und „Ronja Räubertochter".

Weitere Bücher von Astrid Lindgren:

Kalle Blomquist,
Band 1: Meisterdetektiv Blomquist
Band 2: Kalle Blomquist lebt gefährlich
Band 3: Kalle Blomquist, Eva-Lotte und Rasmus

Rasmus und der Landstreicher

Rasmus, Pontus und der Schwertschlucker

Mio, mein Mio

Karlsson auf dem Dach

Ferien auf Saltokran

Astrid Lindgren über das Schreiben:

„Das ist harte Arbeit, aber es ist das Herrlichste, was es gibt. Ich schreibe morgens, und abends denke ich: Ach, wenn es doch schon wieder Morgen wäre und ich weiterschreiben könnte."

„Man muss für Kinder genauso viel investieren wie für Erwachsene – nur noch ein bisschen mehr."

„Ich will nichts mit meinen Büchern sagen. Ich schreibe, weil es solchen Spaß macht und weil ich das Kind, das ich einmal gewesen bin, unterhalten will.

… **und über das Lesen:**

„Das grenzenloseste aller Abenteuer, das war das Leseabenteuer. Als ich zum ersten Mal ein eigenes Buch bekam, erwachte mein Lesehunger und ein besseres Geschenk hat das Leben mir nicht beschert."

WERKSTATT

GEDICHTE

Ein Gedicht ergänzen

Wenn ich ein Haus hätte,
müsste es ???????????? sein.
????????????????????? Häuser
sind ?????????? in der Dürre.
????????????????????? Häuser
sind ??????????? im Schnee.
In ????????????????? Häusern
wohnen ???????????? Leute.
Wenn ich ein Haus hätte,
müsste es ???????????? sein.

1 In diesem Gedicht von Arthur Steiner fehlen einige Wörter. Dafür stehen dort Fragezeichen.
Setze beim Aufschreiben für die Fragezeichen Wörter ein, die deiner Meinung nach hineinpassen. Wie viele du nimmst, bleibt dir überlassen.
Baue dir so dein eigenes Haus zusammen.
Gib dem Gedicht auch eine Überschrift.

2 Lest euch eure Haus-Gedichte gegenseitig vor.

3 Schaut auf Seite 128 nach, was der Dichter Arthur Steiner geschrieben hat. (Aber tut das nicht vorher! Sonst habt ihr keinen Spaß an dem Spiel!)

Ein Gedicht ergänzen

Der Nebel

Wolfgang Bächler

Der Nebel ist un
Er Bäume, die
die parkenden Autos,
die Sterne, den

der Nebel näher,
un ge
wird dicker und
drückt gegen die Mauer,
leckt an der
mit feuchter Zunge,
mit
alles,
ich

1 Dieses Gedicht ist im Nebel halb verschwunden. Kannst du einfügen, was der Nebel verdeckt hat? Setze in die Lücken Wörter ein, von denen du meinst, dass sie hineinpassen.

2 Lest euch eure Gedichte dann vor.

3 Vergleicht sie mit dem Nebelgedicht von Wolfgang Bächler auf Seite 128. (Aber nicht vorher nachschauen! Dann macht das Ganze keinen Spaß!)

Wörter für ein Gedicht auswählen

Septembermorgen

Eduard Mörike

Im Nebel ruhet noch … **die Natur,** **die Welt,** **das Land,**

Noch träumen Wald und … **Wiesen:** **Feld:** **Berge:**

Bald siehst du, wenn der Schleier … **sich hebt,** **fällt,** **sich auflöst,**

Den blauen Himmel … **klar und hell,** **über dir,** **unverstellt,**

Herbstkräftig die gedämpfte … **Welt** **Natur** **Landschaft**

In warmem Golde … **glühen.** **fließen.** **leuchten.**

Dies ist ein Gedicht über den Augenblick, in dem sich an einem Herbsttag der Nebel auflöst und die Sonne durchkommt.

1 Hier ist dieses Gedicht so abgedruckt, dass du dir aus den Wörtern, die am Ende der Verse stehen, jeweils eins aussuchen kannst. Welches du wählst, ist ganz allein dir überlassen. Lies dir aber das ganze Gedicht erst einmal genau durch! Es ist nämlich nicht gleichgültig, welches Wort du nimmst. Manches Wort passt vom Inhalt her besser, manches vom Reim her und manches von seinem Rhythmus. Überlege dir also die Auswahl gut! Und schreibe dann deinen Text auf.

2 Lest euch eure Gedichte gegenseitig vor. Was hast du anders gemacht als andere?

3 Vergleicht am Ende eure Gedichte mit dem Originalgedicht von Eduard Mörike (S.128). Habt ihr es ähnlich gemacht oder anders? Und was genau hast du anders gemacht?

Ein Gedicht „übersetzen"

avenidas

Eugen Gomringer

avenidas
avenidas y flores

flores
flores y mujeres

avenidas
avenidas y mujeres

avenidas y flores y mujeres y
un admirador

Dieses Gedicht von Eugen Gomringer ist in spanischer Sprache geschrieben. Die letzten beiden Verse heißen in der Übersetzung:

Straßen und Blumen und Frauen und ein Bewunderer.

1 Du solltest einmal eine eigene „Übersetzung" des Textes versuchen.

Die Regel lautet:
Für jedes spanische Wort suchst du dir ein deutsches, für immer dasselbe spanische Wort natürlich immer dasselbe deutsche. Und dann schreibst du alles genauso auf, wie Eugen Gomringer es gemacht hat.

Hier das Beispiel eines Schülers:

Rinde
Rinde und Ast

Ast
Ast und Baum

Rinde
Rinde und Baum

Rinde und Ast und Baum und
eine Säge

Clemens

So könntest du ein Frühlings- oder Herbstgedicht gestalten – oder ein ganz anderes.

Eine Gedichtstrophe schreiben

Ich träume mir ein Land *Erika Krause-Gebauer*

Ich träume mir ein Land,
da wachsen tausend Bäume,
da gibt es Blumen, Wiesen, Sand
und keine engen Räume.
Und Nachbarn gibt's, die freundlich sind,
und alle haben Kinder,
genauso wild wie du und ich,
nicht mehr und auch nicht minder.

Ich träume mir ein Land,
da wachsen tausend Hecken,
da gibt es Felsen, Büsche, Strand
und kleine, dunkle Ecken.
Und Nachbarn gibt's, die lustig sind,
und alle feiern Feste,
genauso schön wie deins und meins,
und keines ist das beste.

Ich träume mir ein Land,
da wachsen tausend Bilder,
da gibt es Rot und Grün am Rand
und viele bunte Schilder.
Und Nachbarn gibt's, die langsam sind,
und alles dauert lange,
genauso wie bei dir und mir,
und keinem wird dort bange.

Ich träume mir ein Land,
da ___
da ___
und ___
Und Menschen gibt´s, die ___
und ___
___
und alles lebt in Frieden.

Verstand
Hand
Brand
Stand
Wand
verschieden
geschieden
Süden
ermüden
schmieden

1 In diesem Gedicht erträumt sich ein Mensch ein Land, das er sich wünscht: ein Land mit freundlichen Nachbarn, mit vielen Kindern, mit schöner Natur und einigen anderen Dingen. – Kannst du sie nennen?

Denke daran: Was du dazwischen aufschreibst, muss sich nicht reimen!

2 Nun hast du sicher noch einige andere Vorstellungen, wie ein solches Land aussehen könnte. Diese Wünsche kannst du in einer vierten Strophe ausgestalten. Dazu sind dir einige Hilfen vorgegeben: Reimwörter, aus denen du auswählen kannst, und Anfang und Schluss dieser Strophe.

Ein Gedicht in Versen aufschreiben

Bewaffneter Friede

Wilhelm Busch

Ordre
▶ Befehl, Verordnung

Ganz unverhofft, an einem Hügel, sind sich begegnet Fuchs und Igel. „Halt“, rief der Fuchs, „du Bösewicht! Kennst du des Königs Ordre nicht? Ist nicht der Friede längst verkündigt, und weißt du nicht, dass jeder sündigt, der immer noch gerüstet geht? – Im Namen Seiner Majestät, geh her und übergib dein Fell!“ Der Igel sprach: „Nur nicht so schnell! Lass dir erst deine Zähne brechen, dann wollen wir uns weitersprechen.“ Und alsogleich macht er sich rund, schließt seinen dichten Stachelbund und trotzt getrost der ganzen Welt, bewaffnet, doch als Friedensheld.

1 Das Gedicht von Wilhelm Busch ist so geschrieben, dass man auf den ersten Blick gar nicht merkt, dass es ein Gedicht ist. Wenn ihr aber auf die Reimwörter achtet, wird es euch nicht schwer fallen, es in Versen als Gedicht aufzuschreiben. Das Gedicht besteht nur aus einer einzigen Strophe.

2 Vergleicht dann eure Fassung mit dem Gedicht von Wilhelm Busch. Es steht auf Seite 128. (Aber nicht vorher nachschauen! Sonst macht es keine Freude!)

Klanggedichte schreiben

Hanna stark
Max schwach
Arm kalt
Hals klar
Krach schlapp
... ...

schnarcht
wacht
macht da an
sagt dann wann
packt ...
kratzt bah! ach!
knarrt ja ...
...

ottos mops *Ernst Jandl*

ottos mops trotzt
otto: fort mops fort
ottos mops hopst fort
otto: soso

otto holt koks
otto holt obst
otto horcht
otto: mops mops
otto hofft

ottos mops klopft
otto: komm mops komm
ottos mops kommt
ottos mops kotzt
otto: ogottogott

1 Das Gedicht *ottos mops* ist ein sehr bekanntes Gedicht von Ernst Jandl. Darunter steht das Gedicht einer Schülerin. Lies die beiden Gedichte einmal so richtig gefühlvoll vor.

2 Das Gedicht von Claudia Thoms kannst du weiterschreiben. Einige Wörter, die du gebrauchen kannst, sind daneben abgedruckt.

3 Aus den A-Wörtern kannst du selbst ein Gedicht schreiben. Aber denke daran: Es dürfen keine anderen Vokale in dem Gedicht vorkommen!

fix

mich
dich
Vieh
Tier
Mist
krieg'
schick
trink
ich mix dir
liegt
...

Timmi frisst nicht *Claudia Thoms*

Ich: Friss, Timmi, friss!
Timmi will nichts!
Ich: Lieb, Timmi, lieb!
Timmi ist nicht lieb.
Ich: Hier, Timmi, nimm!
Timmi nimmt nichts.
Ich: Hier, Timmi, sieh!
Timmi sieht nichts.
Ich: Ich bitt' dich, Timmi!
Timmi nimmt nichts.
Timmi frisst nichts.
Timmi ist nicht lieb.
Ich: Biest! Biest!
Timmi ...

Spurensuche – Zu einem Gedicht zeichnen

Es gibt ein kleines Gedicht von Bertolt Brecht, das geht etwa so:

> **Das kleine Haus unter Bäumen am See.**
> **Vom Dach steigt Rauch.**
> **Fehlte er**
> **Wie wären dann**
> **Haus, Bäume und See?**

1 Bevor ihr über das Gedicht sprecht, zeichnet es einmal. Das ist gar nicht so schwer. Im Gedicht sieht man ja fast schon, wie das Bild aussehen müsste. Es sind nur ganz wenige Dinge.

Aber: Die einen sollten das Häuschen mit Rauch zeichnen, der aus dem Schornstein steigt, die anderen ohne Rauch.

2 Seht euch jetzt die Zeichnungen an. – Ihr müsst nicht darüber sprechen, ob sie alle gut gelungen sind. Achtet nur auf den Unterschied zwischen einem Haus mit und einem Haus ohne Rauch.

3 Schreibt jetzt alle eine letzte Zeile zu diesem Gedicht. Darin soll eine Antwort stehen auf die letzte Frage: *Wie wären dann …?* Eure Antwort kann aus einem oder zwei Wörtern bestehen, jedenfalls soll sie ganz kurz sein.

4 Notiert eure Antworten an der Tafel und sprecht darüber.

5 Auf S. 128 steht das Gedicht so, wie Brecht es wirklich geschrieben hat. Geht jetzt einmal auf „Spurensuche" und befragt es etwas genauer:
Das Gedicht hat eine Überschrift und es enthält ein merkwürdiges Wort, das wahrscheinlich noch nicht an der Tafel steht.

Und jetzt solltet ihr gemeinsam diese Fragen beantworten:

- Eine Überschrift ist doch etwas sehr Wichtiges für ein Gedicht. Passt diese Überschrift eigentlich besonders gut dazu? Und warum?
- Was bedeutet das merkwürdige Wort eigentlich? Könnt ihr es euch gegenseitig erklären?
- In dem Gedicht wird ein Wort überhaupt nicht ausgesprochen. Und doch ist es eigentlich das Wichtigste in dem ganzen Gedicht. Sicher kommt ihr darauf, wenn ihr daran denkt, wie sich der Dichter gefühlt haben mag, als er dieses Haus in der Einsamkeit von fern sah.

Spurensuche – Fragen an ein Gedicht stellen

Die Vögel *Bertolt Brecht*

1
Ich bin der Sperling.
Kinder, ich bin am Ende.
Und ich rief euch immer im vergangenen Jahr
Wenn der Rabe wieder im Salatbeet war.
Bitte um eine kleine Spende.
Sperling, komm nach vorn.
Sperling, hier ist dein Korn.
Und besten Dank für die Arbeit!

2
Ich bin der Buntspecht.
Kinder, ich bin am Ende.
Und ich hämmere die ganze Sommerzeit.
All das Ungeziefer schaffe ich beiseit.
Bitte um eine kleine Spende.
Buntspecht, komm nach vurn.
Buntspecht, hier ist dein Wurm.
Und besten Dank für die Arbeit!

3
Ich bin die Amsel.
Kinder, ich bin am Ende.
Und ich war es, die den ganzen Sommer lang
Früh im Dämmergrau in Nachbars Garten sang.
Bitte um eine kleine Spende.
Amsel, komm nach vorn.
Amsel, hier ist dein Korn.
Und besten Dank für die Arbeit!

1 Ein Gedicht ist nicht immer gleich beim ersten Lesen zu verstehen. Man muss auf Spurensuche gehen, damit man es durchschaut. Hier sind einige Fragen und Aufgaben, die dir auf die Sprünge helfen können:
- Die Überschrift ist noch nicht vollständig. Wie könnte sie lauten? Denke daran: Wann könnten die Vögel so sprechen? Wann sind sie „am Ende"? Und wo mag sich das Ganze abspielen?
  Schreibe einen vollständigen Satz als Überschrift auf.
- Alles in diesem Gedicht ist wörtliche Rede. Es fehlen aber die Anführungszeichen. Wer spricht hier eigentlich alles? Und an welchen Stellen in den einzelnen Strophen spricht wer?
- Die Vögel sagen, was sie geleistet haben. – Wann haben sie das alles eigentlich getan? Kann man das wirklich bei allen dreien als Arbeit bezeichnen? Und haben sie dafür alle tatsächlich eine Spende verdient?
- Die drei Vögel behaupten, dass sie den Menschen geholfen haben. Welcher Menschenberuf auf dem Zettel würde zu welchem Vogel passen? Achtung: Einer passt nicht!

– Musiker, der die Menschen erfreut
– Polizist, der die Menschen warnt und beschützt
– Tischler, der Möbel baut
– Gärtner, der das Unkraut ausreißt

2 Lest jetzt das Gedicht mit verteilten Rollen vor. Macht mit der Stimme deutlich, dass die Vögel „am Ende" sind und die Kinder sich bedanken. Natürlich könnt ihr das Gedicht dazu auch auswendig lernen.

Die Gedichte

Grün *Arthur Steiner*

Wenn ich ein Haus hätte,
müsste es grün sein.
Grüne Häuser
sind grün in der Dürre.
Grüne Häuser
sind grün im Schnee.
In grünen Häusern
wohnen grüne Leute.
Wenn ich ein Haus hätte,
müsste es grün sein.

Septembermorgen *Eduard Mörike*

Im Nebel ruhet noch die Welt,
Noch träumen Wald und Wiesen:
Bald siehst du, wenn der Schleier fällt,
Den blauen Himmel unverstellt,
Herbstkräftig die gedämpfte Welt
In warmem Golde fließen.

Der Rauch *Bertolt Brecht*

Das kleine Haus unter Bäumen am See.
Vom Dach steigt Rauch.
Fehlte er
Wie trostlos dann wären
Haus, Bäume und See.

Die Überschrift zu dem Gedicht von Bertolt Brecht auf Seite 127 lautet:
Die Vögel warten im Winter vor dem Fenster

Bewaffneter Friede *Wilhelm Busch*

Ganz unverhofft, an einem Hügel,
Sind sich begegnet Fuchs und Igel.
„Halt“, rief der Fuchs, „du Bösewicht!
Kennst du des Königs Ordre nicht?
ist nicht der Friede längst verkündigt,
Und weißt du nicht, dass jeder sündigt,
Der immer noch gerüstet geht? –
Im Namen Seiner Majestät,
Geh her und übergib dein Fell!“
Der Igel sprach: „Nur nicht so schnell!
Lass dir erst deine Zähne brechen,
Dann wollen wir uns weitersprechen.“
Und alsogleich macht er sich rund,
Schließt seinen dichten Stachelbund
Und trotzt getrost der ganzen Welt,
Bewaffnet, doch als Friedensheld.

Der Nebel *Wolfgang Bächler*

Der Nebel ist unersättlich.
Er frisst alle Bäume, die Häuser,
die parkenden Autos,
die Sterne, den Mond.
Der Nebel rückt näher,
unförmig gemästet,
wird dicker und dicker,
drückt gegen die Mauer,
leckt an den Fenstern
mit feuchter Zunge,
mit grau belegter,
frisst alles,
frisst dich.

WERKSTATT Geschichten

In dieser Werkstatt geht es um Märchen und Sagen. Ihr erfahrt etwas über ihre typischen Merkmale, ihre Herkunft und darüber, was sie mit Menschen und ihren Lebenswegen zu tun haben.
Wer sich für Märchen und Sagen interessiert, wird sicher mehr lesen wollen. Vielleicht habt ihr eigene Märchen und Sagenbücher, die ihr mitbringen wollt.
Noch mehr Lesestoff findet ihr in jeder Bücherei.

Ein Märchen lesen und umschreiben

Die Bienenkönigin

Brüder Grimm

Zwei Königssöhne gingen einmal auf Abenteuer und gerieten in ein wildes, wüstes Leben, sodass sie gar nicht wieder nach Hause kamen. Der jüngste, welcher der Dummling hieß, machte sich auf und suchte seine Brüder; aber wie er sie endlich fand, verspotteten sie ihn, dass er mit seiner Einfalt sich durch die Welt schlagen wollte, und sie zwei könnten nicht durchkommen und wären doch viel klüger. Sie zogen alle drei miteinander fort und kamen an einen Ameisenhaufen. Die zwei ältesten wollten ihn aufwühlen und sehen, wie die kleinen Ameisen in der Angst herumkröchen und ihre Eier forttrügen, aber der Dummling sagte: „Lasst die Tiere in Frieden, ich leid's nicht, dass ihr sie stört."

Da gingen sie weiter und kamen an einen See, auf dem schwammen viele, viele Enten. Die zwei Brüder wollten ein paar fangen und braten, aber der Dummling ließ es nicht zu und sprach: „Lasst die Tiere in Frieden, ich leid's nicht, dass ihr sie tötet."

Endlich kamen sie an ein Bienennest, darin war so viel Honig, dass er am Stamm herunterlief. Die zwei wollten Feuer unter den Baum legen und die Bienen ersticken, damit sie den Honig wegnehmen könnten. Der Dummling hielt sie aber wieder ab und sprach: „Lasst die Tiere in Frieden, ich leid's nicht, dass ihr sie verbrennt."

Endlich kamen die drei Brüder in ein Schloss, wo in den Ställen lauter steinerne Pferde standen, auch war kein Mensch zu sehen, und sie gingen durch alle Säle, bis sie vor eine Tür ganz am Ende kamen, davor hingen drei Schlösser; es war aber mitten in der Türe ein Lädlein, dadurch konnte man in die Stube sehen. Da sahen sie ein graues Männchen, das an einem Tisch saß. Sie riefen es an, einmal, zweimal, aber es hörte nicht; endlich riefen sie zum dritten Mal, da stand es auf, öffnete die Schlösser und kam heraus. Es sprach aber kein Wort, sondern führte sie zu einem reich besetzten Tisch; und als sie gegessen und getrunken hatten, brachte es einen jeglichen in sein eigenes Schlafgemach. Am andern Morgen kam das graue Männchen zu dem ältesten, winkte und leitete ihn zu einer steinernen Tafel, darauf standen drei Aufgaben geschrieben, wodurch das Schloss erlöst werden könnte.

Die erste war: In dem Wald unter dem Moos lagen die Perlen der Königstochter, tausend an der Zahl, die mussten aufgesucht werden, und wenn vor Sonnenuntergang noch eine einzige fehlte, so ward der, welcher gesucht hatte, zu Stein.

Ein Märchen lesen und umschreiben

Der älteste ging hin und suchte den ganzen Tag, als aber der Tag zu Ende war, hatte er erst hundert gefunden; es geschah, wie auf der Tafel stand, er ward in Stein verwandelt. Am folgenden Tag unternahm der zweite Bruder das Abenteuer: Es ging ihm aber nicht viel besser als dem ältesten, er fand nicht mehr als zweihundert Perlen und ward zu Stein. Endlich kam auch an den Dummling die Reihe, der suchte im Moos, es war aber so schwer, die Perlen zu finden, und ging so langsam.

Da setzte er sich auf einen Stein und weinte.

Und wie er so saß, kam der Ameisenkönig, dem er einmal das Leben erhalten hatte, mit fünftausend Ameisen, und es währte gar nicht lange, so hatten die kleinen Tiere die Perlen miteinander gefunden und auf einen Haufen getragen.

Die zweite Aufgabe aber war, den Schlüssel zu der Schlafkammer der Königstochter aus der See zu holen. Wie der Dummling zur See kam, schwammen die Enten, die er einmal gerettet hatte, heran, tauchten unter und holten den Schlüssel aus der Tiefe.

Die dritte Aufgabe aber war die schwerste; aus den drei schlafenden Töchtern des Königs sollte die jüngste und die liebste herausgesucht werden. Sie glichen sich aber vollkommen und waren durch nichts verschieden, als dass sie, bevor sie eingeschlafen waren, verschiedene Süßigkeiten gegessen hatten, die älteste ein Stück Zucker, die zweite ein wenig Sirup, die jüngste einen Löffel voll Honig. Da kam die Bienenkönigin von den Bienen, die der Dummling vor dem Feuer geschützt hatte, und versuchte den Mund von allen dreien; zuletzt blieb sie auf dem Mund sitzen, der Honig gegessen hatte, und so erkannte der Königssohn die rechte. Da war der Zauber vorbei, alles war aus dem Schlaf erlöst und wer von Stein war, erhielt seine menschliche Gestalt wieder. Und der Dummling vermählte sich mit der jüngsten und liebsten und ward König nach ihres Vaters Tod; seine zwei Brüder aber erhielten die beiden andern Schwestern.

Ein Märchen lesen und umschreiben

Viele Märchen beginnen damit, dass sich Märchenfiguren in einer schwierigen Lebenssituation befinden. In dem Märchen „Die Bienenkönigin" sind zwei Königssöhne in ein „wildes, wüstes Leben" geraten. Der Dummling will ihnen helfen, im Leben wieder zurechtzukommen, aber die beiden verspotten ihn. Das Märchen zeigt, dass sie ihm damit Unrecht tun.

Genau lesen

1 Sucht aus dem Text heraus, was ihr über den Dummling erfahrt.

2 Natürlich geht das Märchen gut aus, aber vorher sind schwierige Aufgaben zu lösen. Der Märchenheld kann sie allein nicht lösen.
- Welche Helfer stehen ihm zur Seite?
- Warum helfen sie ihm?

3 Die Zahl Drei ist in dem Märchen mehrmals von Bedeutung. Findet heraus, was alles dreimal vorkommt, und denkt darüber nach, warum das so ist.

4 Sicher habt ihr bemerkt, dass die Verwandlung eine große Rolle spielt. Auch das ist häufig in Märchen so. Was wird in diesem Märchen alles verwandelt und wie gelingt die Erlösung?

Umschreiben

Versetzt euch in den Dummling und schreibt einen Teil des Märchens aus seiner Sicht. Euer Text könnte so beginnen:

Eines Tages zog ich aus, um meine älteren Brüder zu suchen. Denn ich hatte gehört, dass sie ...

Ihr könnt euch auch in das alte, graue Männlein versetzen. Es spricht nicht – aber was mag es denken? Schreibt aus seiner Sicht. So könnt ihr beginnen:

Eines Abends standen drei Männer vor meiner Tür. Sie riefen: „Lass uns herein!". Erst hatte ich keine Lust aufzustehen. Aber als sie zum dritten Mal riefen, habe ich doch die Tür geöffnet ...

Auf der nächsten Seite erfahrt ihr, wie man dieses Märchen als Körperschattenspiel darstellen kann.

Ein Märchen inszenieren

Körper-schattenspiel

Das Märchen „Die Bienenkönigin" (Seite 130/131) enthält viele Bilder:
- ein kleines, graues Männchen öffnet die Schlösser;
- unter dem Moos liegen die Perlen der Königstochter;
- die Königssöhne werden in Stein verwandelt; ...

Diese Bilder werden noch lebendiger, wenn ihr sie darstellt.

- Ihr braucht eine Leinwand (z. B. Silofolie aus dem Baumarkt), die ihr von Wand zu Wand befestigt. Die Leinwand wird mit dem Tageslichtprojektor beleuchtet. Auf den Projektor legt ihr die Schablonen, die auf der Leinwand als Schatten erscheinen.

- Bildet Kleingruppen. Legt fest, mit welchen Handlungsabschnitten ihr euch beschäftigen wollt.

- Wie lassen sich die Bilder darstellen: von Spielern hinter der Leinwand oder mit Schablonen auf dem Tageslichtprojektor?
  - Schloss, Ameisenhaufen und andere Gegenstände könnt ihr aus Tonpapier ausschneiden. Auf den Tageslichtprojektor gelegt erscheinen sie vergrößert auf der Schattenwand.
  - Ihr könnt Farbfolien als Schablonen benutzen oder Folien mit Transparentfarben bemalen. Probiert auch Naturmaterialien aus, z. B. Moos.
  - Suchende Ameisen erhaltet ihr, wenn ihr sie – winzig klein aus Tonpapier ausgeschnitten – auf Folienstreifen klebt und auf dem Projektor unsichtbar bewegt.
  - Besonders interessant ist die Verwandlung in Stein:
    Der Körper erstarrt im Zeitlupentempo: ein Bein wird leblos, das zweite, dann ein Arm, der andere, der Kopf ist nicht mehr zu bewegen ...
    Probiert die Wirkung vor der Schattenwand aus.

- Nun braucht ihr noch einen Erzähler, der euer Spiel begleitet.
  So wird es zur **Erzählpantomime**.

Aus der Sicht einer Märchenfigur erzählen

Zottelhaube

Norwegisches Märchen

Das Märchen erzählt davon, dass ein König und eine Königin sich sehnlichst ein Kind wünschten, aber keines bekommen konnten. Schließlich geraten sie an eine alte Frau, die der Königin sagt, was sie tun muss: Sie soll am Abend zwei Schüsseln Wasser in ihr Schlafzimmer bringen lassen, sich waschen und dann das Wasser unter ihrem Bett ausschütten. Am anderen Morgen wären dort zwei Blumen gewachsen, eine schöne und eine hässliche. Die schöne soll sie essen – aber auf keinen Fall die hässliche!
Die Königin tat, was ihr die Frau geraten hatte. Weil ihr die schöne Blume so gut geschmeckt hatte, aß sie gleich auch noch die hässliche mit auf …

Nach einer Weile brachte die Königin ein Mädchen zur Welt, das hatte einen Rührlöffel in der Hand und ritt auf einem Bock; es war hässlich und garstig und kaum war es auf der Welt, so rief es: „Mama!"

„Gott helfe mir, wenn ich deine Mama sein soll", sagte die Königin.

„Mach dir keine Sorgen deswegen, es kommt gleich noch eines, das ist schöner", sagte das, das auf dem Bock ritt. Und darauf brachte die Königin noch ein Mädchen zur Welt, das war so schön und lieblich, dass man nie ein so schönes Kind gesehen hatte; und man kann sich vorstellen, dass die Königin sich darüber besonders freute. Die Älteste nannten sie Zottelhaube, weil sie so schlampig und hässlich war und eine Kappe hatte, die ihr in Zotteln ums Gesicht hing; die Königin wollte nichts von ihr wissen und die Zofen versuchten sie in ein anderes Zimmer einzusperren. Aber das half nichts; wo die Jüngste war, wollte sie auch sein und sie waren durchaus nicht zu trennen.

Wie sie beide halbwüchsig waren, geschah es am Weihnachtsabend, dass sich ein ganz fürchterlicher Lärm und Trubel auf dem Hausgang vor der Stube der Königin erhob. Zottelhaube fragte, was das sei, das auf dem Gang so knurre und poltere.

„Das ist der Mühe nicht wert, dass du fragst", sagte die Königin. Aber Zottelhaube gab nicht nach, sie wollte endlich Bescheid darüber und so erzählte ihr die Königin, das seien die Trollweiber, die da draußen ihre Julfeier hielten. Zottelhaube sagte, sie wolle hinaus und sie jagen; und wie sie auch baten, sie möchte das doch nicht tun, das half gar nichts, sie wollte und musste hinaus, um die Trollweiber zu jagen. Nur bat sie, die Königin sollte alle Türen wohl verriegelt halten, sodass nicht eine einzige auch nur angelehnt sei, sagte sie. Damit ging sie hinaus mit ihrem Rührlöffel und machte sich daran, die Trollweiber zu jagen und zu hetzen, und da war ein solcher Lärm auf dem Hausgang, wie ihr niemals einen gehört habt; es knarrte und krachte, als ob das Haus aus allen Fugen gehen wollte. Aber wie es nun gekommen

Aus der Sicht einer Märchenfigur erzählen

sein mochte, die eine Türe stand nur angelehnt; jetzt wollte die Schwester hinausschauen und sehen, wie es Zottelhaube ging, und steckte den Kopf durch den Türspalt. Ratsch, da kam eine Trollhexe, riss ihr den Kopf ab und setzte ihr stattdessen einen Kalbskopf auf und stracks ging die Prinzessin hinein und brüllte. Als Zottelhaube wieder hineinkam und die Schwester erblickte, da zankte sie und wurde böse, dass man nicht besser auf sie aufgepasst hatte, und fragte, ob sie es für schön hielten, dass die Schwester in ein Kalb verwandelt worden sei. „Aber ich will doch sehen, ob ich sie nicht erlösen kann“, sagte sie. Sie verlangte vom König ein Schiff, wohl ausgerüstet und reisefertig, aber einen Steuermann und Mannschaft wollte sie nicht haben, sie wollte mit ihrer Schwester ganz allein fortgehen und schließlich mussten sie ihr den Willen lassen.

Zottelhaube fuhr fort und steuerte gleich auf das Land zu, wo die Trollhexen wohnten, und als sie in den Hafen gekommen war, sagte sie ihrer Schwester, sie solle auf dem Schiff bleiben und sich ganz still verhalten; aber Zottelhaube selbst ritt auf ihrem Bock hinauf zum Schloss der Trollhexen. Wie sie hineinkam, war ein Saalfenster offen und da sah sie den Kopf ihrer Schwester auf dem Fensterbrett stehen; da ritt sie in vollem Schwung in den Hausgang, packte den Kopf und machte sich mit ihm davon. Die Trollhexen waren hinterdrein und wollten den Kopf wiederhaben und sie kamen so dicht in ihre Nähe, dass es nur so schwärmte und schwirrte, aber der Bock knuffte und stieß mit den Hörnern und sie selbst schlug und hieb mit dem Rührlöffel drein und so musste der Trollschwarm sich besiegt geben. Zottelhaube kam zum Schiff zurück, nahm der Schwester den Kalbskopf ab und setzte ihr ihren eigenen Kopf wieder auf, sodass sie wieder ein Mensch wurde wie vorher. Und so fuhren sie weit, weit fort in ein fremdes Königreich.

Der König dort war ein Witwer und hatte nur einen einzigen Sohn.

Wie er das fremde Schiff zu Gesicht bekam, sandte er Leute an den Strand, um zu hören, wo es her sei und wem es gehöre. Aber als sie an den Strand hinunterkamen, sahen sie keine lebende Seele auf dem Schiff außer Zottelhaube, sie ritt auf dem Deck hin und her auf ihrem Bock, dass die Haarsträhnen ihr um den Kopf flogen. Die Leute vom Hof waren höchst verwundert über den Anblick und fragten, ob denn sonst niemand an Bord sei. Doch, sie hätte eine Schwester bei sich, sagte Zottelhaube. Da wollten die Leute sie sehen, aber Zottelhaube sagte Nein: „Es bekommt sie keiner zu sehen außer dem König“, sagte sie und ritt auf ihrem Bock herum, dass das Deck dröhnte.

Wie nun die Diener wieder zum Schloss kamen und berichteten, was sie von dem Schiff gesehen und gehört hätten, da machte sich der König stracks auf den Weg, um die zu sehen, die da auf dem Bock ritt. Als er kam, führte Zottelhaube ihre Schwester heraus und sie war so schön und lieblich, dass der König sich sogleich auf der Stelle in sie verliebte. Er nahm sie beide mit auf sein Schloss und die Schwester wollte er zu seiner Königin machen, aber Zottelhaube sagte, der König könne ihre Schwester auf gar keinen Fall bekommen, wenn nicht der Königssohn sie, die Zottelhaube, nehme. Begreiflicherweise wollte der Königssohn höchst ungern einen so hässlichen Kobold wie Zottelhaube heiraten, aber der König und alle im Schloss redeten ihm so lange zu, bis er endlich nachgab und versprach, er werde sie zur Frau nehmen, aber er tat es nur gezwungen und war sehr traurig. Nun wurde die Hochzeit vorbereitet mit Backen und Brauen und als alles fertig war, sollten sie zur Kirche ziehen; aber der Prinz empfand das als schwersten Kirchgang, den er je in seinem Leben getan hatte. Zuerst fuhr der König mit seiner Braut; sie war so wunderschön, dass alle Leute stehen blieben und ihr nachsahen, so lange sie sie noch erspähen konnten. Dahinter kam der Prinz geritten neben Zottelhaube, die auf ihrem Bock dahertrabte mit dem Rührlöffel in der Faust, und er sah mehr danach aus, als ob er zu einem Leichenbegängnis sollte als zu seiner eigenen Hochzeit. So betrübt war er und sprach nicht ein Wort.

„Warum sagst du denn nichts?“, fragte Zottelhaube, als sie ein Stück Wegs geritten waren.

„Was soll ich denn sagen?“, antwortete der Prinz.

„Du kannst ja fragen, warum ich auf dem hässlichen Bock reite“, sagte Zottelhaube.

„Warum reitest du auf dem hässlichen Bock?“, fragte der Königssohn.

„Ist das ein hässlicher Bock? Das ist das schönste Pferd, auf dem eine Braut je geritten ist!“, sagte Zottelhaube und in dem Augenblick verwandelte sich der Bock in ein Pferd, wie der Königssohn seiner Lebtag kein prächtigeres gesehen hatte.

Jetzt ritten sie wieder ein Stück, aber der Prinz war ganz gleich traurig und konnte kein Wort herausbringen. Da fragte Zottelhaube noch einmal, warum er nicht rede, und als der Prinz zur Antwort gab, dass er nicht wisse, wovon er reden solle, da sagte sie: „Du kannst ja fragen, warum ich mit dem hässlichen Kochlöffel in der Hand reite?“

„Warum reitest du mit dem hässlichen Kochlöffel?“, fragte der Prinz.

„Ist das ein hässlicher Kochlöffel? Das ist der schönste Silberfächer, den eine Braut nur haben kann“, sagte Zottelhaube und zugleich wurde er in einen Silberfächer verwandelt, so prächtig, dass es nur so blitzte.

So ritten sie noch ein Stück, aber der Königssohn war ebenso traurig und sprach kein Wort. Bald fragte Zottelhaube ihn wieder, warum er nicht rede, und diesmal sagte sie, er solle fragen, warum sie die hässliche graue Haube aufhabe.

Aus der Sicht einer Märchenfigur erzählen

„Warum hast du die hässliche graue Haube auf?“, fragte der Prinz.

„Ist das eine hässliche Haube? Das ist ja die blankste Goldkrone, die eine Braut nur haben kann“, gab Zottelhaube zur Antwort und in dem gleichen Augenblick geschah die Verwandlung.

Nun ritten sie wieder eine lange Weile und der Prinz war so traurig, dass er dasaß, ohne ein einziges Wort zu mucksen, wie vorher; da fragte ihn seine Braut wiederum, warum er nicht rede, und nun sollte er fragen, warum sie so grau und hässlich von Angesicht sei?

„Ja, warum bist du so grau und hässlich von Angesicht?“, fragte der Königssohn.

„Bin ich hässlich? Du meinst, meine Schwester sei schön, aber ich bin noch zehnmal schöner“, sagte die Braut und als der Königssohn sie ansah, fand er, es könne kein ebenso schönes Frauenzimmer mehr geben in der Welt. Also ist es begreiflich, dass der Prinz seinen Mund wieder fand und nicht länger den Kopf hängen ließ. So feierten sie Hochzeit schön und lange und dann zogen der König und der Prinz, jeder mit seiner jungen Frau, zum Vater der Königstöchter und da feierten sie aufs Neue Hochzeit, sodass das Fest kein Ende nehmen wollte. Lauf geschwind aufs Schloss, da ist immer noch ein Tropfen vom Brautbier übrig.

1 „Zottelhaube“ ist ein Märchen von zwei ungleichen, aber unzertrennlichen Zwillingsschwestern. Schreibt einmal auf, wie sie beschrieben werden:

Zottelhaube	die jüngere Schwester
hässlich reitet auf einem Bock Rührlöffel in der Hand ...	...

2 Sicher ist euch aufgefallen, dass über Zottelhaube viel mehr gesagt wird als über ihre Schwester. Sie ist die Hauptfigur in diesem Märchen.
- Sprecht über ihre Eigenschaften.
- Lasst dann Zottelhaube selbst zu Wort kommen. Sie erzählt, wie sie ihre Schwester findet und warum sie sich so für sie einsetzt.

3 Auch in diesem Märchen geht es um Verwandlung und Erlösung. Schreibt auf, wer verwandelt und erlöst wird.

4 Achtet jetzt besonders auf Zottelhaube:
- Warum ist der Prinz auf seiner Hochzeit zuerst so traurig?
- Wie wird Zottelhaube erlöst?
- Warum muss dieses mutige Mädchen erlöst werden?

Märchen aus aller Welt

Märchen sammeln und erzählen

- Sammelt Märchen aus aller Welt, die euch besonders gut gefallen.
- Stellt eure Lieblingsmärchen den anderen vor. Werdet dabei zu Märchenerzählern, die so lebendig erzählen, dass ihre Zuhörer gebannt zuhören und Märchenbilder vor ihrem inneren Auge entstehen. Das muss natürlich geübt werden!
- Stellt mit Texten und Bildern ein internationales Märchenbuch zusammen.

Vogelmärchen

Indianermärchen

Eskimomärchen

Meermädchen und Wassermänner

Märchen der Brüder Grimm

Türkische Märchen

Andersens Märchen

Polnische Märchen

Dschungelmärchen

Märchenbilder ausfantasieren

- Auf Seite 129 findet ihr kleine Abbildungen zu sechs bekannten Märchen. Erkennt ihr sie wieder? Erzählt sie den anderen oder lest sie nach.
- Märchen enthalten viele Bilder. Man kann sie malen, man kann sie sich aber auch vorstellen, wenn man ein Märchen liest oder (noch besser!) hört. Probiert das einmal auf folgende Weise aus:
  - Lest euch ein Märchen gegenseitig vor. Am besten beginnt ihr mit eurem Lieblingsmärchen. Der Vortragende liest langsam und macht immer wieder Pausen. Die Zuhörer haben die Augen geschlossen. Sie folgen den Bildern des Märchens.
  - Wenn ihr ein langes Märchen habt, könnt ihr es in zwei Teilen vorlesen.
  - Dann fordert ihr eure Zuhörer nach dem ersten Teil oder am Schluss des Märchens auf, sich noch einmal auf das Bild zu konzentrieren, das sie sich am deutlichsten vorstellen können. Sie bekommen ein bis zwei Minuten Zeit, sich dieses Bild innerlich anzuschauen und dazu eine kleine Geschichte, einen inneren Film zu erfinden.
  - Anschließend erzählen sich die Zuhörer ihre Geschichten gegenseitig oder schreiben sie auf.
  - Genauso könnt ihr mit dem zweiten Teil eures Märchens verfahren.

Ein Märchen – was ist das?

Märchen werden schon seit Jahrtausenden mündlich erzählt und immer weitererzählt. Es gibt sie bei allen Völkern der Erde, von den Chinesen bis zu den Indianern, von den Inuit bis zu den Eingeborenen in den Urwäldern. Viele dieser Märchen sind miteinander verwandt und haben einen ähnlichen oder sogar den gleichen Inhalt. Ein alttürkisches Märchen erzählt zum Beispiel von einem männlichen Dornröschen. Das griechische Märchen von dem Mann aus Zucker, das ihr auf Seite 141 findet, stimmt zum Teil mit dem deutschen Märchen „Der Brunnen" der Brüder Grimm überein. Aschenputtel, das es weltweit in über 300 Abwandlungen gibt, ist in Schweden ein Aschenpeter. Das Märchen „Frau Holle" gibt es sogar in 900 Abwandlungen!

Märchen sind einfache Geschichten aus alten Zeiten. Deswegen beginnen manche mit „Es war einmal …" Fast immer befinden sich Märchenfiguren am Anfang in einer schwierigen Lebenssituation: Ein Vater ist todkrank; die Mutter ist gestorben; der Vater nimmt eine neue Frau, die dann die böse Stiefmutter wird und ihre eigenen Kinder bevorzugt; es fehlt das Geld zum Leben … Die Personen sind stets gegensätzlich: gut – böse, klug – dumm, arm – reich usw. Daraus entwickelt sich die Handlung. Eine besondere Rolle spielen auch Zahlen (drei Wünsche, sieben Söhne …), Sprüche oder Verse und Zauberformeln, mit denen die Menschen verzaubert oder erlöst werden. Am Ende siegt in den Märchen meist das Gute, eine schwierige Lebenszeit ist gemeistert. Aber bis dahin müssen die Märchenhelden schwierige Aufgaben lösen und Gefahren überwinden: Sie begegnen Hexen, Drachen oder Riesen, die sie verderben wollen, aber auch Zauberwesen, Feen, alten, weisen Frauen oder steinalten, kleinen Männlein, die ihnen helfen und gute Ratschläge geben. Die Schlussformel lautet oftmals: „ … und sie lebten vergnügt bis an ihr Ende".

Woher kommen die Märchenbücher, die wir haben? Die bekannteste deutsche Märchensammlung, die „Kinder- und Hausmärchen", stammt von den Brüdern Jacob und Wilhelm Grimm. Eine Märchenerzählerin in einem Dorf bei Kassel, die Bäuerin Dorothea Viehmann, erzählte ihnen viele Geschichten. Die Brüder Grimm schrieben die Märchen erst einmal so auf, wie sie sie mündlich gehört hatten. Später haben sie die Märchen oft noch mehrere Male überarbeitet. Inzwischen gehören die Märchen der Brüder Grimm zu den berühmtesten Geschichten in der ganzen Welt.

Märchen findet ihr heute nicht nur in Büchern, es gibt sie auch auf Hörkassetten und CDs, als Verfilmungen und als Comics. Am besten könnt ihr euch aber in die Bilderwelt der Märchen hineinversetzen, wenn sie, wie früher, einfach erzählt werden.

Jacob und Wilhelm Grimm nach einer Radierung ihres dritten Bruders Ludwig Emil Grimm

Märchenmerkmale zum Schreiben verwenden

Besondere Dinge und Wesen
- Goldener Schlüssel, Spiegel, Spindel, Lebenswasser, Federn, Zauberblume, Brunnen, Haselstrauch, Glasberg, gläserner Sarg ...
- Goldesel, Schwäne, Ameisen, Fische ...
- Feen, Drachen, Zwerge, Kobolde, Riesen, Hexen, Räuber, Zauberer, Kräuterfrauen ...

Übernatürliche Kräfte
Die braucht der Märchenheld, um sein Ziel zu erreichen: ein Zauberpferd, einen fliegenden Teppich, Siebenmeilenstiefel, eine Tarnkappe, einen Zauberring ...

Wege
Märchen beginnen häufig damit, dass der Märchenheld sich auf eine Wanderung begibt, auf der er Aufgaben lösen und Gefahren bestehen muss, ehe er sein Ziel erreicht. Sein Weg führt z. B.
- durch einen Zauberwald,
- ans Ende der Welt über Sonne, Mond und Sterne,
- vor das Tor des Himmels oder zum Eingang der Hölle.

Märchenanfänge
Vor Zeiten waren ein König und eine Königin ...
Ein Brüderchen und ein Schwesterchen spielten an einem Brunnen ...
In den alten Zeiten, als das Wünschen noch geholfen hat, wurde ein Prinz von einer Hexe verwünscht ...

Zaubersprüche
Bäumchen, rüttel dich und schüttel dich, wirf Gold und Silber über mich!

Aufgaben
Gewöhnlich gibt es für den Märchenhelden drei unlösbare Aufgaben:
- drei goldene Haare vom Haupte des Teufels holen
- das Wasser des Lebens, das Wasser der Schönheit und das Buch der Jugend holen
- in drei Tagen einen richtigen Namen herausfinden ...

Er kann sie nur lösen, weil ihm gute Helfer begegnen: Tiere, Feen ...

Zahlen
Drei Königssöhne, drei Schwestern, drei Wünsche, drei Blutstropfen ...
Sieben Raben, sieben Jahre, sieben Zwerge ...
Zwölf Feen, zwölf Kinder ...

Gegensätze
Gut und böse, arm und reich, klug und dumm, schön und hässlich, tapfer und feige, stark und schwach, faul und fleißig ...

Märchenschlüsse
... Und da wurde die Hochzeit in aller Pracht gefeiert und sie lebten vergnügt bis an ihr Ende.
... und waren sie also für ihre Bosheit und Falschheit mit Blindheit ihr Lebtag gestraft.

Du kannst auch ein Märchen zu der großen Illustration von Seite 129 schreiben!

1 Wähle einen Märchenanfang aus und schreibe dein eigenes Märchen. Es sollen einige Märchenmerkmale vorkommen, z. B. eine Zahl mit besonderer Bedeutung; besondere Dinge; eine Verzauberung durch ein böses Märchenwesen; ein Helfer taucht auf: die Erlösung durch ein gutes Zauberwesen (hier kannst du Zaubersprüche einsetzen).

Den Mittelteil eines Märchens erfinden

Der Mann aus Zucker

Griechisches Märchen

Vor langer Zeit lebte ein König, der hatte eine Tochter. Viele wollten sie zur Frau haben, aber sie wies alle ab, weil keiner ihr gefiel.

Sie beschloss, sich selbst einen Mann zu machen. Sie nahm ein Kilo gestoßene Mandeln, ein Kilo Zucker und ein Kilo Grießmehl, mischte alles untereinander, knetete daraus einen Mann und stellte ihn vor das Heiligenbild des Hauses. Dann kniete sie nieder und begann zu beten. Vierzig Tage und vierzig Nächte betete sie und nach vierzig Tagen wurde er zum Leben erweckt und sie nannte ihn den Zuckermann. Er war wunderschön und bald wurde er in der ganzen Welt berühmt.

Eine Königin aus einem fernen Königreich hörte auch von ihm und beschloss, hinzufahren und den Zuckermann zu rauben. Sie baute ein goldenes Schiff mit goldenen Segeln und fuhr zu der Stadt, in der er wohnte …

Der Mann aus Zucker gerät in gefährliche Situationen.

Die Farbe Gold hat eine besondere Bedeutung.

Die Zahl Drei spielt eine wichtige Rolle.

… Als die Königin erfuhr, dass der Zuckermann geflohen war, weinte sie, aber was sollte sie tun?

Sie sprach: „Auch ich werde mir einen Mann machen!“

Sie befahl den Dienern, Mandeln zu stoßen und den Zucker mit Grießmehl zu mischen. Daraus knetete sie sich einen Mann. Sie kniete nieder, aber statt der Gebete sprach sie Flüche und nach vierzig Tagen war der Mann verfault und sie musste ihn wegwerfen.

Die Königstochter erreichte mit dem Mann aus Zucker ihr Königreich und sie lebten gut und immer besser.

1 Hier sind Anfang und Schluss eines griechischen Märchens abgedruckt. Der Mittelteil fehlt. Du kannst ihn selbst erfinden.
- In blauer Schrift steht, woran du beim Schreiben denken solltest.
- Achte auf den Unterschied zwischen Königin und Königstochter!
- Der letzte Satz des Märchens enthält einen wichtigen Hinweis für die Handlung im Mittelteil.

Ein Märchen modernisieren

Prinzessin Mäusehaut *Brüder Grimm*

Ein König hatte drei Töchter; da wollte er wissen, welche ihn am liebsten hätte, ließ sie vor sich kommen und fragte sie. Die älteste sprach, sie habe ihn lieber als das ganze Königreich; die zweite, als alle Edelsteine und Perlen auf der ganzen Welt; die dritte aber sagte, sie habe ihn lieber als das Salz. Der König war aufgebracht, dass sie ihre Liebe zu ihm mit einer so geringen Sache vergleiche, übergab sie einem Diener und befahl, er solle sie in den Wald führen und töten. Wie sie in den Wald gekommen waren, bat die Prinzessin den Diener um ihr Leben; dieser war ihr treu und würde sie doch nicht getötet haben, er sagte auch, er wolle mit ihr gehen und ganz nach ihren Befehlen tun. Die Prinzessin verlangte aber nichts als ein Kleid von Mäusehaut, und als er ihr das geholt, wickelte sie sich hinein und ging fort. Sie ging geradezu an den Hof eines benachbarten Königs, gab sich für einen Mann aus und bat den König, dass er sie in seine Dienste nehme. Der König sagte es zu und sie solle bei ihm die Aufwartung haben. Abends musste sie ihm die Stiefel ausziehen, die warf er ihr allemal an den Kopf. Einmal fragte er, woher sie sei. „Aus dem Lande, wo man den Leuten die Stiefel nicht um den Kopf wirft." Der König ward da aufmerksam, endlich brachten ihm die andern Diener einen Ring; Mäusehaut habe ihn verloren, der sei zu kostbar, den müsse er gestohlen haben. Der König ließ Mäusehaut vor sich kommen und fragte, woher der Ring sei. Da konnte sich Mäusehaut nicht länger verbergen, sie wickelte sich von der Mäusehaut los, ihre goldgelben Haare quollen hervor, und sie trat heraus, so schön, aber auch so schön, dass der König gleich die Krone von seinem Kopf abnahm und ihr aufsetzte und sie für seine Gemahlin erklärte.

Zu der Hochzeit wurde auch der Vater der Mäusehaut eingeladen, der glaubte, seine Tochter sei schon längst tot, und erkannte sie nicht wieder. Auf der Tafel aber waren alle Speisen, die ihm vorgesetzt wurden, ungesalzen, da ward er ärgerlich und sagte: „Ich will lieber nicht leben als solche Speise essen!" Wie er das Wort ausgesagt, sprach die Königin zu ihm: „Jetzt wollt Ihr nicht leben ohne Salz, und doch habt Ihr mich einmal wollen töten lassen, weil ich sagte, ich hätte Euch lieber als Salz!" Da erkannte er seine Tochter und küsste sie und bat sie um Verzeihung, und es war ihm lieber als sein Königreich und alle Edelsteine der Welt, dass er sie wiedergefunden.

1 Versucht einmal, „Prinzessin Mäusehaut" in ein Märchen unserer Zeit umzuschreiben. Dabei wird aus dem König zum Beispiel ein reicher Mann, aus dem Königreich eine große Villa, aus Perlen und Edelsteinen ein Modellkleid aus Frankreich … die dritte Tochter wird nicht in den Wald gebracht, sondern in ein Internat geschickt …

2 Sicher ist euch aufgefallen, dass in diesem Märchen häufig die indirekte Rede und nur an wenigen Stellen die direkte Rede verwendet wird. Schreibt das Märchen so um, dass ihr die indirekte in direkte Rede umsetzt. Ihr könnt diese Stellen auch ausgestalten und das Märchen dann spielen.

Sagen

Unglaubliche Geschichten aus früheren Zeiten

Unheimliche, spannende Geschichten interessierten Erwachsene, Jugendliche und Kinder seit jeher. Besonders dann, wenn darin Dinge passierten, für die man keine vernünftige Erklärung finden konnte: eine Naturkatastrophe, eine Hungersnot oder das Verschwinden von Menschen. In früheren Zeiten hatte man noch kein so großes Wissen über die Welt wie heutzutage. Deshalb gab es für außergewöhnliche Geschehnisse oft nur eine Erklärung: Übernatürliche Kräfte, Wesen oder Götter mussten am Werk gewesen sein. Wenn z. B. eines Tages Menschen verschwanden, mussten sie wohl irgendetwas Unrechtes getan haben und waren deshalb von geheimnisvollen Mächten bestraft und in Erdhöhlen oder in finstere Wälder verschleppt worden. Auf diese Weise entstanden die Sagen. Auf den folgenden Seiten geht es um solche Geschichten.

Wie Andernach gerettet wurde …

Sagen ergänzen und umformen

Wie der Nebel nach Vreden kam

Vor langer Zeit lebte ein Bürger in der westfälischen Stadt Vreden, der sich stets über das Wetter beklagte. Ja, er haderte mit dem heiligen Petrus, denn einmal waren ihm die Frühjahrstemperaturen zu niedrig, dann war es zu heiß zur Sommerszeit. Im Winter froren ihm die Finger bei der Feldarbeit steif und er schimpfte auf den himmlischen Wettermacher, dass dies kein rechter Winter sei. Doch schickte Petrus Schnee, so klagte der Mann, die Flocken seien zu dick oder der auf dem Boden liegende Schnee werde zu schnell matschig. Im Herbst verspürte er Gliederreißen und machte auch dafür, wie für viele andere Krankheiten, den Petrus verantwortlich.

Das wurde schließlich auch dem geduldigen Petrus zu viel und eines Tages stieg er die Himmelsleiter herab, um den unzufriedenen Bürger zu besuchen. Er klopfte an dessen Türe, trat ein, als ihm geöffnet wurde, und stellte dem verdutzten Mann einen großen, weißen Sack vor die Füße. „Guter Mann“, sprach Petrus, „da du's nie zufrieden bist, bringe ich dir hier den Wettersack. Von nun an sollst du für die Menschen das Wetter machen!“ Der heilige Mann drehte sich um und war im Nu verschwunden. Da stand der unzufriedene Bürger nun mit dem prall gefüllten Wettersack, in dem Sonnenschein, Regen, Schnee und Wind enthalten waren.

Die Kunde, dass es in ihrer Stadt einen Wettermacher gäbe, verbreitete sich rasch, und es dauerte nicht lange, da kam schon ein schweißtriefendes Bäuerlein angerannt, klopfte und trat aufgeregt in die Stube des Wettermannes. „Lieber Freund“, sprach es, „du kannst doch das Wetter machen. Lass‘ es bitte sogleich regnen, denn meine Felder stehen in voller Frucht und bei dieser Trockenheit brauchen sie viel Wasser!“ Der Wettermacher lächelte und öffnete den weißen Sack, um den Regen herauszulassen. Im nächsten Augenblick platschten dicke Tropfen vom Himmel und das Bäuerlein strahlte über das ganze Gesicht. Es bedankte sich und lief wieder nach Hause zurück. Aber schon eine Minute später flog die Tür erneut auf und herein stürzte die Frau des Nachbarn.

Sie schlug dem erstaunten Manne ein nasses Hemd um die Ohren und stampfte mit dem Fuß auf, bis der Regen wieder im Sack verschwunden war und der Sonnenschein das Land in strahlendes Licht tauchte. Da kam ein Gärtner gelaufen,

Sagen ergänzen und umformen

_____ Der Wettermacher runzelte die Stirn, tat aber, was der Gärtner wollte.

„Was für eine Wettermacherei“, erbosten sich die Bauern. „Unser Heu _____ Also holte der Mann die Wolken zurück in den Sack und ließ erneut die Sonne heraus. Jetzt aber kamen die Kinder gelaufen und riefen: _____ Sie hatten ihre Schlitten schon mitgebracht und strahlten den verwirrten Mann so sehr an, dass er tatsächlich den Schnee aus dem Sack ließ. Da aber kamen die Bauern ins Haus gestürmt und schlugen den armen Mann windelweich. „So eine närrische Wettermacherei hat es noch niemals gegeben!“

Nun hatte der Mann aber wirklich genug. Er sah ein, dass es unmöglich war, das Wetter für jeden recht zu machen …

1 Füllt gemeinsam die Lücken in dieser Sage.

2 Findet ihr auch einen Schluss für die Geschichte? Denkt dabei an den Titel der Sage.

Die Andernacher Bäckerjungen

Einst dachten die Linzer einen Hauptstreich gegen ihre alten Feinde, die Andernacher, zu führen und rückten in aller Frühe gegen die Stadt, denn sie wussten ja, die Andernacher lagen dann noch in den Federn. Nur die Bäcker mussten schon bei der Hand sein, denn die Bürger wären entrüstet gewesen, wenn sie nicht beim Frühstück schon ihre warmen Schößchen gehabt hätten. Die Linzer waren schon ganz nahe und die Überrumpelung wäre ihnen sicher geglückt, wenn nicht zwei Bäckerjungen mit dem Semmelkorb schon pfeifend durch die Straßen gezogen und, da sie vergebens an alle Türen geklopft hatten, zum Zeitvertreib einmal auf den Torturm am Rhein geklettert wären. Da sahen sie, wie die Linzer angerückt kamen. Die Jungen, nicht faul, nehmen die Bienenkörbe, die auf der Torbrüstung standen, werfen sie den Angreifern auf den Kopf, rennen dann zur Sturmglocke und reißen dermaßen daran, dass im Nu ganz Andernach aufwacht und bald Mann bei Mann zur Abwehr bereitsteht. Aber die Gefahr war schon vorüber, denn die wütenden Bienen stachen, dass kein Linzer mehr standhielt, sondern alles davonlief. Zwei roh in Stein gehauene, überlebensgroße Figuren, Knaben in Kitteln, die am Rheintor zu sehen sind, nennt man noch heute die Bäckerjungen von Andernach.

3 Könnt ihr euch vorstellen, was die Bäckerjungen miteinander besprachen, als sie die Linzer heranschleichen sahen?
Schreibt einen Dialog, den die Bäckerjungen führen.

Eine alte Sage in unserer Sprache nacherzählen

Der Mäuseturm zu Bingen

1 Bereitet die Sage „Der Mäuseturm zu Bingen“ (S. 147/148) zum Nacherzählen vor:

- Unterstreicht wichtige Textstellen (Folie).
- „Übersetzt“ manche Ausdrücke in die heutige Sprache, damit sie besser zu verstehen sind.

Worauf ihr beim Lesen einer Sage achten solltet:

- Wo und wann spielt die Sage?
- Was ist das Besondere an den beteiligten Personen: Sind sie ungerecht, herrschsüchtig, schlau, mutig? Befinden sie sich in einer außergewöhnlichen Situation?
- In welchem Augenblick und wo geschieht etwas Besonderes?
- Wie reagieren die beteiligten Personen?
- Was wird heute noch davon erzählt?
- Ist heute noch etwas von der Sage zu sehen: Felsen, Berge, Figuren, ein See?

Und worauf ihr beim Nacherzählen achten solltet:

- Lasst nichts Wichtiges weg.
- Fügt aber auch nichts Unwichtiges hinzu.
- Sagen sind oft in einer alten Sprache geschrieben. Erzählt sie in eigenen Worten nach, sodass die anderen in der Klasse gern lesen, was ihr geschrieben habt.
- Sagen stehen in der Vergangenheitsform (Präteritum). An spannenden Stellen wechseln sie aber oft ins Präsens wie die Sage „Die Andernacher Bäckerjungen“ So solltet ihr es auch machen!
- Haltet die Reihenfolge der Ereignisse ein.
- Gebraucht hin und wieder wörtliche Rede.

Eine alte Sage in unserer Sprache nacherzählen

Der Mäuseturm zu Bingen

Es begab sich einst[1], dass das gesegnete Rheinland von einer schweren Hungersnot heimgesucht wurde. Die anhaltende Hitze des Sommers hatte die Felder versengt, danach unaufhörlicher Regen auch den Rest der Ernte noch vernichtet und so stieg die Not auf eine unsägliche Höhe[2]. Bischof Hatto fühlte davon nichts, seine Speicher waren bis unter die Dächer gefüllt und er betrachtete die allgemeine Not nur wieder als ein Mittel, Geld zu erpressen, denn er öffnete zwar seine Speicher, aber nur, um den schändlichsten Kornwucher zu treiben.[3] Dabei wurde so über alle Maßen hart verfahren, dass sich das hungernde Volk endlich zusammenrottete und eine allgemeine Empörung ausbrach. Der Bischof lachte dazu, denn als Regent des Landes war es ihm leicht, eine starke Söldnerschar kommen zu lassen, und so wurde der Aufstand ohne große Mühe niedergeschlagen. Die Söldner brachten noch eine Menge Gefangener ein, die sich besonders rebellisch gezeigt hatten, und als diese vor den Bischof gebracht wurden, entschied dieser in seinem wütenden Zorn: „Sie haben nach meinem Korn gestrebt, so sperre man sie dort in die leere Scheune!“ Dann ließ er in unerhörter Grausamkeit die Scheune anzünden und das Wehegeschrei[4] der Unglücklichen, die in Rauch und Flammen jämmerlich umkommen mussten, soll ihm nur den grausamen Hohn entlockt haben: „Hört ihr, wie dort die Kornmäuse pfeifen?“

Die Strafe des Himmels folgte aber der entsetzlichen Freveltat auf dem Fuße. Als er sich nach einem herrlichen Abendschmause in sein Schlafgemach zurückgezogen hatte und in dem Prachtbett seine Glieder streckte, hörte er es plötzlich überall in dem Zimmer unheimlich rascheln und von allen Seiten durchdringend pfeifen. Entsetzt richtete er sich auf, da lief es auch schon über die Bettdecke und über seine Hände. Er sprang aus dem Bett, schellte nach den Dienern, und als diese mit Lichtern herbeigestürzt kamen, wimmelte das Gemach von Mäusen, die alle an dem Erzbischof in die Höhe strebten und an seinen Beinen und dem Nachtzeug emporkletterten. Auch Diener, welche mit den Füßen, mit Stöcken und was sie sonst aufgriffen, dazwischenschlugen, wurden von dem Ungeziefer wütend angefallen, sodass sie entsetzt davonflohen und ihren Herrn im Stiche ließen.

Diesem blieb nichts übrig, als ebenfalls zu entfliehen. Er warf sich aufs Pferd, sprengte mit einem Trupp Knechte rheinabwärts und hielt in dem wilden Ritt nicht eher inne, als bis er seine Burg Ehrenfeld, gegenüber von Bingen, erreichte. Hier hatte er Ruhe. Aber was geschah? Nach drei Tagen zeigten sich auch hier pfeifende Mäuse, und nach vierundzwanzig Stunden wimmelte die ganze Burg davon, und hier trieben sie ihr Unwesen womöglich noch ärger.

Nun erwachte freilich das Gewissen des Mannes, der den Christen hätte ein Vorbild sein müssen, und er glaubte durch Gebet seine Freveltat sühnen zu können. Aber dazu mochte es zu spät sein, denn die

1 vor langer Zeit
2 die Not war unerträglich
3 um die Leute zu betrügen
4 Angstschreie

- schwere Hungersnot im Rheinland
- Bischof Hatto erpresste die Leute (volle Speicher)
- das Volk war wütend, Aufstand
- Bischof lachte sie aus
- ...

Eine alte Sage in unserer Sprache nacherzählen

Mäuse wichen nicht. Da dachte er denn das Wasser zwischen sich und die entsetzliche Plage zu bringen und dadurch in Sicherheit zu gelangen. Er ließ sich nach dem Zollturm auf der Rheininsel übersetzen, aber die Mäuse schwammen hinterdrein. Nun wurde sein Bett zwar in Ketten aufgehängt, aber es half alles nichts, und da sollen ihn denn, wie die Sage meldet, die Mäuse buchstäblich aufgefressen haben.

Seit der Zeit wurde der Zollturm bei Bingen allgemein nur der Mäuseturm genannt und so heißt er noch bis auf den heutigen Tag. Fragt ihr aber die Rheinschiffer, die nicht minder abergläubisch sind wie die Matrosen auf dem Meere, so könnt ihr sie versichern hören, dass der Geist des Erzbischofs Hatto wie ein grauer Schatten um den Mäuseturm schwebe, besonders wenn der Sturm die Wogen darum her peitscht, dass sie hoch aufspritzen.

2 Hört euch verschiedene Nacherzählungen der Sage an:
- Hat etwas Wichtiges gefehlt? Wurde etwas hinzuerfunden?
- Ist spannend erzählt worden? An welchen Stellen? Wie ist dies gelungen?
- Was war bei der einen Nacherzählung anders als bei der anderen?
- Welche Nacherzählung hat euch besonders gefallen? Weshalb?

3 Bereitet andere Sagen aus der Werkstatt Geschichten oder aus Sagensammlungen zum Nacherzählen vor und stellt sie vor.

Eine Sage nach einer Inhaltsangabe schreiben

Inhaltsangabe: Der Rattenfänger zu Hameln

Die Sage erzählt, wie früher einmal die Stadt Hameln von einer Rattenplage heimgesucht wurde. Der Rat der Stadt weiß sich nicht mehr zu helfen. Eines Tages kommt ein seltsam gekleideter Mann in die Stadt und macht den Ratsherren das Angebot, sie gegen einen angemessenen Lohn von der Rattenplage zu befreien. Er lockt die Ratten mithilfe einer Pfeife in kurzer Zeit in die Weser, wo sie ertrinken. Als er seine Belohnung abholen will, verweigern die Ratsherren ihm aber das Geld. Daraufhin lockt er an einem Sonntag, als alle Erwachsenen in der Kirche sind, die Kinder der Stadt mit seiner Pfeife auf den Marktplatz. Von dort aus zieht er mit der riesigen Kinderschar aus der Stadt hinaus in die Berge. Die Kinder der Stadt Hameln sind nie wieder gesehen worden.

In der Sage wird das Geschehen natürlich ganz anders dargestellt als in dieser Inhaltsangabe. Schließlich geht es um unglaubliche Ereignisse und diese müssen auch entsprechend erzählt werden.

So könnte die Sage beginnen:

Der Rattenfänger zu Hameln

Große Aufregung herrschte seit längerer Zeit in Hameln an der Weser. Mäuse und Ratten bevölkerten in solch großer Zahl die Stadt, dass den Bewohnern angst und bange wurde. Kaum einer traute sich noch auf die Straße und selbst in den Kellern der Häuser raschelte und fiepte es Tag und Nacht. Die Hamelner Bürger wussten sich nicht mehr zu helfen.

Da erschien eines Tages …

1 Schreibe die Sage weiter. Auf Seite 150 findest du Hinweise, wie eine Sage aufgebaut ist und worauf es beim Erzählen ankommt. Achte beim Erzählen auf die Vergangenheitsform!

2 Unterhaltet euch darüber, wie die ursprüngliche Sage möglicherweise entstanden ist. Was könnte wirklich passiert sein, was ist eher der Fantasie entsprungen?

3 Wie beurteilt ihr die Verhaltensweise der Beteiligten?
Ist das Verhalten des Rattenfängers zu rechtfertigen?
Gibt es heute Situationen, auf die man diese Geschichte übertragen könnte?

Eine Sage erfinden

Informationstext: Sagen

Meist beginnt eine Sage mit der Schilderung einer ganz gewöhnlichen Alltagssituation, in der sich eine oder mehrere Personen befinden.
Der Ort und die Zeit des Geschehens werden genannt. Dabei können ein unheimliches Gewitter mit krachendem Donner und zuckendem Blitz, plötzlich einsetzende Unwetter, besondere Plätze in der Natur wie Höhleneingänge und Felsspalten, Burgen und Schlösser, seltsam aussehende Bäume oder Steine eine wichtige Rolle spielen. Oft treten Menschen auf, die etwas Gemeines getan haben, die ungerecht oder undankbar gegenüber anderen waren, oder Menschen, die sich in einer Notlage befinden.
Vollkommen unerwartet greift etwas Übernatürliches, Unerklärliches in das Geschehen ein. Die Menschen geraten ins Staunen oder werden in Angst und Schrecken versetzt. Manchmal helfen ihnen diese magischen Kräfte oder sie werden für ihr gemeines Verhalten bestraft. Davon können auch Unschuldige betroffen sein. Häufig versucht die Sage das Scheitern oder das Glück eines Menschen zu erklären. Manchmal wendet sich das Geschehen auch zum Guten, wenn eine ungewöhnliche List angewandt wird.
Damit die Sage wie eine wahre Begebenheit wirkt, wird oft am Schluss auf etwas hingewiesen, das heute noch zu beobachten ist: z. B. eine versteinerte Fußspur, eine Gedenktafel oder eine Skulptur.

Auf dem Weg zum Hochsitz

in Nottuln, Dezembermorgen 1998

Hochsitz im Wald

fanatischer Jäger, der alles Wild abschießt

So bekam er seine Strafe …

Wenn die älteren Bewohner von Nottuln heute … dann … immer noch …

Schülerinnen und Schüler haben sich aus dem Informationstext Anregungen zum Schreiben einer Sage herausgeholt und neben dem Text notiert.

1 Erfinde eine eigene Sage. Dazu kannst du die Notizen der Schülerinnen und Schüler verwenden und mit deinen eigenen Ideen vervollständigen.

Der Schluss der Sage „Wie der Nebel nach Vreden kam“:

Und er bat den Petrus, seinen Sack wieder abzuholen. In seiner Verwirrung hatte er jedoch den Wettersack nicht fest verschnürt und so entglitt beim Transport etwas, das nicht Regen und nicht Sonne war, sondern ein bleichgraues Gemisch, das sich sogleich über das ganze Land legte. Dieses Überbleibsel von den Versuchen der Wettermacherei des Vredener Bürgers kann man noch heute in der Gegend erleben.

Heldensagen lesen

Aus Griechenland stammen viele berühmte Sagen, die auch heute noch gern gelesen werden. Von dem griechischen Helden Odysseus berichtet die „Odyssee“. Sie gilt als die älteste Sage Europas und wurde von dem blinden Dichter Homer aufgeschrieben. In ihr werden Odysseus' Irrfahrten auf dem Meer geschildert, seine Abenteuer mit dem einäugigen Riesen Polyphem und seine List, mit der er die feindlichen Trojaner mit einem hölzernen Pferd täuschte. Auch die folgende Sage über Daidalos und Ikaros gehört zu den griechischen Sagen.
Im 5. Jahrhundert n. Chr. spielt die wohl berühmteste germanische Heldensage, das so genannte „Nibelungenlied“. Aufgeschrieben wurde sie etwa im Jahr 1200. Sie erzählt vom Mut und der Tapferkeit des Helden Siegfried, von seinem Kampf mit dem Drachen, in dessen Blut er sich badete, um unverletzlich zu werden. Der Fehler, den er dabei machte, sollte sein trauriges Schicksal besiegeln. Davon könnt ihr auf Seite 153–156 lesen.

Daidalos und Ikaros

Nacherzählt von Johannes Graf

Eine Jahreszahl weiß die Sage nicht, so lange ist es schon her. Auf der Insel Kreta herrschte der König Minos, und Daidalos, der Tausendkünstler, war sein Gefangener. Denn der König wollte den geschickten Mann nicht mehr gehen lassen, von dem man sagte, er habe Axt, Bohrer und Wasserwaage erfunden, und der aus Holz und Quecksilber sogar künstliche Menschen sollte geschaffen haben, die sich bewegen und auch reden konnten.

Eines Morgens saß Daidalos, wie schon so oft, am Strand und schaute einem Vogel nach, der mit langsamen Flügelschlägen über dem Meer dahinsegelte. „Willst du eine haben?“, hörte er da seinen kleinen Sohn rufen und sah, dass Ikaros beide Hände voll Vogelfedern gesammelt hatte. „Nicht nur eine“, antwortete Daidalos und stand auf. „Ich brauche alle, die du finden kannst.“ Und er dachte: Minos ist König über das Land und König über das Meer. Aber die Luft ist frei. Dort oben führt ein Weg fort von dieser Insel, den uns Minos nicht versperren kann. Machen wir es also den Vögeln nach!

Er legte die Federn, die Ikaros gebracht hatte, der Größe nach nebeneinander in den Sand, zeigte seinem Sohn, was für Federn ihm noch fehlten, und während die Sonne immer höher stieg, vollendete Daidalos seine kühnste Erfindung.

Aus seinem Gewand zupfte er Fäden und knüpfte die Federn zu dichten Schwingen zusammen – ein Paar für sich, ein kleines für den Sohn. „Sieh dort das verlassene Bienennest“, sagte er zu Ikaros. „Bring mir die Wabe!“ Er erweichte das Wachs am Feuer und verschmolz die Federkiele so miteinander, dass die Schwingen, als das Wachs wieder kalt und fest war, gewölbt blieben und die Winde unter sich auffangen konnten.

Heldensagen lesen

Jetzt stand die Sonne am höchsten und jetzt war das Wunderwerk fertig. Mit den Riemen seiner Sandalen schnürte er Ikaros das Schwingenpaar an die Arme, zog seine eigenen Flügel ebenso an und sagte: „Folge nur immer mir nach, genau in der Mitte zwischen Himmel und Meer! Denn kommst du zu nahe ans Wasser, fassen die Wellen nach deinen Flügeln und ziehen dich in die Tiefe; kommst du der Sonne zu nahe, verbrennt ihre Glut deine Flügel und du fällst aus der Höhe herab. Halte dich in der Mitte wie ich!“

Leicht erhoben sich beide in die Luft, leicht flogen sie beide dahin. Inseln zogen unter ihnen vorüber wie Schiffe – Paros und Naxos links drüben, Kalymnos rechts drunten, schon tauchte vor ihnen Samos auf. Da vergaß Ikaros die Worte seines Vaters – zu herrlich war das Gefühl, fliegen zu können wie ein Vogel. Höher und höher schwang er sich empor.

In der Nähe der Sonne aber schmolz das Wachs seiner Flügel, die Federn verloren den Halt, flatternd im flüchtigen Wind, und die Bewegung der Arme trug den Körper nicht mehr.

Im Fall rief Ikaros noch: „Vater, ich stürze!“ Doch der Wind trug seine Worte davon und das Wasser, in das er versank, verschloss ihm den Mund. Als Daidalos um sich blickte, war der Himmel leer. „Ikaros!“, rief er. „Ikaros! Wohin bist du geflogen?“ Dann sah er drunten im Meer die Federn schwimmen. Er senkte sich auf die nächste Insel nieder und stand dort am Ufer, bis die Wellen den toten Sohn ans Land spülten. Nach Ikaros heißt das Wasser, in dem er ertrank, das Ikarische Meer und Ikarien heißt noch heute die Insel, auf der ihn sein Vater begrub.

1 Mache dir auf einer Kopie des Textes oder auf Folie Notizen und erzähle die Sage von Daidalos und Ikaros nach. Bedenke dabei, wie sorgenvoll der Vater spricht und wie leichtsinnig und überheblich sein Sohn reagiert.

2 Ein Körnchen Wahrheit steckt in jeder Sage. Vielleicht könnt ihr euch vorstellen, wie diese Sage entstanden sein könnte. Überlegt genau, was sich hier zwischen Vater und Kind abspielt.

Vorschlag zur Weiterarbeit

- Die griechischen Sagen sind immer wieder nacherzählt worden, z. B. von Gustav Schwab (Sagen des klassischen Altertums) oder von Willi Fährmann (Das Feuer des Prometheus). Wenn ihr Lust habt, mehr über Odysseus und andere griechische Sagenhelden zu erfahren, dann könnt ihr euch diese Geschichten erzählen, sie den anderen aus Sagenbüchern vorlesen oder aus dem Gedächtnis nacherzählen.

Heldensagen lesen

Wie Siegfried erschlagen ward

Aus der Nibelungensage

Der Held und Ritter Siegfried ist ein treuer Freund des Königs Gunther. Dieser lernt eines Tages die Königstochter Brunhild kennen. Er verliebt sich in sie und möchte sie heiraten. Doch Brunhild besitzt die Kraft von vier Männern und will nur den zum Ehemann nehmen, der sie im Kampf bezwingen kann. In dieser Situation hilft Siegfried seinem König Gunther. Siegfried besitzt eine Tarnkappe, die ihm übermenschliche Kräfte verleiht und ihn im Kampfe unsichtbar macht. So kämpft König Gunther mithilfe des unsichtbaren Siegfried gegen Brunhild. Er gewinnt diesen Kampf und heiratet die Königstochter. Siegfried erhält als Belohnung Gunthers Schwester Kriemhild zur Frau. Eines Tages geraten die beiden Frauen in Streit und Kriemhild verrät Brunhild das Geheimnis der Tarnkappe. Diese Schmach kann Brunhild nicht ertragen und so verlangt sie die Ermordung Siegfrieds. Den Mord will der getreue Hagen für sie ausführen. Siegfried soll auf der Jagd getötet werden. Leichtsinnigerweise erzählt Kriemhild dem Ritter Hagen, an welcher Stelle Siegfried verwundbar ist: Siegfried hatte einen Drachen im Kampf besiegt und in dessen Blut gebadet. Dadurch wurde er unverwundbar. Er hatte aber nicht bemerkt, dass ein kleines Lindenblatt zwischen seinen Schulterblättern lag und das Drachenblut nicht an diese Körperstelle gelangen konnte. Genau in Höhe dieser Stelle näht Kriemhild ihrem Mann ein kleines Kreuz auf sein Gewand, nicht ahnend, dass sie damit sein Todesurteil gezeichnet hatte …

Das Pirschgerät[1] war schon aufgeladen und die Pferde standen gesattelt, als Siegfried Kriemhild am nächsten Morgen zum Abschied küsste. „Gott lass mich dich gesund und froh wiedersehen, liebe Frau“, sagte er und reichte ihr die Hand. Unter Tränen suchte sie ihn zurückzuhalten. „Lass heute die Jagd“, bat sie, „ich hatte in der Nacht einen schrecklichen Traum. Zwei wilde Keiler[2] sah ich auf der Heide hinter dir herstürmen und die Blumen wurden rot von deinem Blut. Ich fürchte, Verräter trachten dir nach dem Leben.“

Siegfried lachte ihrer schlimmen Ahnung. „Weit und breit habe ich keinen Feind. Deine Brüder und ihre Recken[3] sind meine Freunde. Wessen Verrat soll ich da fürchten?“

„Und doch droht dir Unheil“, entgegnete sie unter neuen Tränen: „In einem andern Traum sah ich, wie zwei Berge über dir zusammenstürzten, dass du nicht mehr zu sehen warst. Es zerreißt mir das Herz, wenn du jetzt von mir gehst.“

Doch Siegfried ließ sich nicht halten, so sorglos war sein Sinn. „Bald bin ich wieder zurück“, versprach er, schloss Kriemhild in die Arme und küsste sie. Wie hätte ihm der Gedanke kommen können, dass er es zum letzten Mal tat, dass es ein Abschied war für immer!

1 Geräte für die Jagd
2 Eber, männliche Schweine
3 heldenhafte Krieger

Heldensagen lesen

Frohen Mutes ritten die Jagdgesellen, Gunther und Siegfried an der Spitze, über den Rhein. Gar stattlich[4] war ihre Schar, denn niemand wollte das Weidwerk[5] versäumen. Nur Gernot und Giselher waren in der Burg zurückgeblieben. Saumtiere[6] trugen Wein und Speise nach, wie es bei einer Königsjagd Brauch war.

So gelangten sie an den grünen Saum des Waldes und Hagen schlug vor, jeder solle allein das Jagdglück versuchen, damit man sehe, wem der Preis zukomme. Siegfried zog mit einem alten Jäger und einem Spürhunde in den Tann. Was der Hund da im Dickicht aufstöberte, wurde von Siegfrieds Hand zur Strecke gebracht. Ein Wisent, ein Elch und vier Auerochsen waren bald seine Beute, dazu viele Hirsche und Hinden[7]. Ein wilder Eber setzte sich zur Wehr und nahm wütend den Verfolger an, doch ein einziger Schwerthieb streckte ihn nieder. Wer hatte je solch reiche Jagdbeute gesehen! Die andern Jäger kamen herbei und baten: „Lasst doch einen Teil des Wildes für uns, Herr Siegfried! Wenn Ihr so weitermacht, räumt Ihr heute fürwahr noch den ganzen Tann."

Nach einiger Zeit ließ Gunther die Jagd abblasen. Die Weidgesellen sollten sich auf dem Lagerplatz vor dem Walde zum Imbiss einfinden. Auch Siegfried wandte das Ross und ritt zurück. Da brach plötzlich ein Bär, den der Schall des Hornes aufgestört hatte, durch das Geäst. „Der soll mit zum Lager, das gibt lustige Kurzweil[8]!", rief Siegfried und sprengte ihm nach bis zu einer engen Schlucht, wo das Tier sich geborgen wähnte. Aber Siegfried sprang aus dem Sattel, drang zu Fuß in die Kluft ein und band den Bären, dass er sich nicht mehr zu regen vermochte. Dann schaffte er ihn auf seinem Ross zum Lagerplatz, wo alles herbeieilte, um das Untier zu bestaunen. Mit ein paar Griffen löste Siegfried ihm die Fesseln und von den wütenden Hunden verfolgt, suchte der Braune waldwärts zu entkommen. Nun gab es die Kurzweil, die Siegfried sich ausgedacht hatte. Das Tier geriet auf seiner Flucht in die Küche und warf Kessel und Pfannen um, dass manch köstliche Speise in die Asche fiel und die Küchenknechte erschreckt davonsprangen. So wild tobte der Bär umher, dass die Jäger ihn mit der Waffe angingen, aber niemand vermochte ihn einzuholen als Siegfried, der ihn mit dem Schwert niederstreckte. Da erklang aus aller Munde sein Lob: Keinen zweiten Jäger gab es wie ihn!

Auf dem grünen Anger[9] ließen sich nun die müden Jagdgefährten nieder und Gunthers Diener trugen ihnen vom Besten auf. Nur die Schenken[10] ließen sich nicht blicken. Das verwunderte Siegfried sehr. „Wo bleibt denn der Wein?", fragte er. „Es ist doch nicht Brauch, die Jäger nach langem Weidwerk dürsten zu lassen."

„Das ist Hagens Schuld", antwortete falschzüngig König Gunther, und der Tronjer erklärte mit gleicher Argheit[11]: „Ich glaubte, die Jagd sollte im Spessart sein, deshalb habe ich den Wein dorthin geschickt.

4 riesengroß
5 die Jagd
6 Tragetiere (Pferde, Esel)
7 Hirschkühe
8 Spaß
9 Weide, Wiese
10 Diener, die Wein ausschenken
11 Falschheit

Heldensagen lesen

Aber ich weiß hier in der Nähe einen kühlen Quell, der mag uns Durstige laben[12]."

Das hörte Siegfried gern. Sogleich erhob er sich und folgte Hagen, Gunther und die übrigen schlossen sich den beiden an. Bald wies der Tronjer auf eine hohe Linde. „Dort fließt der Quell!" Aber als Siegfried hineilen wollte, hielt er ihn zurück: „Ich hörte, dass niemand sich im Wettlauf mit dem Helden aus Niederland messen mag. Hier könnten wir es einmal erproben, wenn er dazu willens ist."

Siegfried war sofort bereit: „Gern laufe ich mit euch beiden um die Wette, Gunther und Hagen, ja, ich will es in voller Jagdrüstung tun, mit Waffen und Schild, und ihr mögt alles ablegen, was euch hinderlich ist."

Gunther und Hagen taten nach seinem Geheiß, aber vergeblich rangen sie um den Sieg. Mochten sie auch wie zwei wilde Panther dahinspringen über den grünen Anger, Siegfried war vor ihnen am Quell. Doch er trank nicht sogleich. Schwert, Bogen und Köcher nahm er ab, den Speer lehnte er an den Stamm der Linde und den Schild legte er am Brunnen nieder. Höflich wartete er, bis König Gunther getrunken hatte. Erst dann beugte er sich nieder zu der kühlen Flut.

Rasch trug Hagen, indes der Held sich labte, Bogen und Schwert beiseite. Dann fasste er den Speer von der Linde und schoss ihn durch das Kreuz auf des Knienden Gewand, dass das Blut in hohem Strahl aus der Wunde sprang. Jäh fuhr Siegfried auf, der Speerschaft ragte ihm aus der Schulter. Nach Schwert und Bogen griff er, während der Mörder in wilder Flucht davoneilte, doch er fand die Waffen nicht. Da packte er den Schild, der am Brunnen lag, sprang in gewaltigen Sätzen dem fliehenden Tronjer nach und schlug auf ihn ein, dass er taumelte und zu Boden stürzte. Hätte er ein Schwert zur Hand gehabt, um Hagen wäre es geschehen gewesen.

Doch nun schwanden dem Helden die Kräfte. Bleich sank er in die Blumen des Angers und das Blut floss in Strömen aus der Todeswunde. „Weh, ihr Feiglinge", klagte er zornig, „heimtückisch erschlagen habt ihr mich, der ich euch stets treu war. Mit Schanden sollt ihr geschieden sein von allen guten Recken!"

Viele Ritter waren herbeigeeilt und umstanden den sterbenden Helden. Und manch einer, der auf Treue und Ehre hielt, beklagte die unselige Tat. Auch Gunther wollte seine Trauer bezeigen. Doch der Todwunde wies ihn verächtlich ab: „Der braucht nicht zu jammern, der die Schuld an dem Unheil trägt." Mit kaltem Hohn ließ sich da Hagen

12 erfrischen

Heldensagen lesen

vernehmen. „Ich weiß nicht, was euch hier reut. Nun hat all unsere Not ein Ende. Wohl mir, dass ich dem Übermütigen den Todesstreich versetzte!“

„Ja“, entgegnete ihm Siegfried, „Ihr mögt Euch leicht rühmen. Hätte ich Euren wölfischen Sinn erkannt, so wäre Euch die Meintat[13] nicht gelungen. Nun jammert mich nichts so sehr wie Kriemhild, mein Weib, und mein unmündiger Sohn. Für immer wird an ihm die Schande hängen, dass die eigenen Verwandten ihm den Vater meuchlings[14] erschlugen.“ Und mit letzter Kraft in der Stimme wandte der Sterbende sich an Gunther: „Wollt Ihr jemand noch Treue bezeigen, so empfehle ich Euch mein liebes Weib. Sie ist ja Eure Schwester und an ihr mögt Ihr Euren Fürstensinn erweisen. Das aber sei euch noch gesagt: Mein Tod wird Unheil bringen über euch alle!“

Rot färbten sich die Blumen ringsum, als der Held mit dem Tode rang. Doch nicht lange währte seine Not, denn allzu tief hatte die Mordwaffe ihn getroffen. Starr und bleich lag der gefällte Recke bald da auf dem blumendurchwirkten Anger.

Die Ritter legten den Toten auf einen goldnen Schild und hielten Rat, wie sie Hagens Tat verheimlichen könnten. Einige schlugen vor: „Wir wollen sagen, Räuber hätten Siegfried erschlagen, als er auf der Jagd allein durch den Tann ritt.“

Aber davon wollte der grimme Tronjer nichts wissen: „Mich kümmert es nicht, wenn Kriemhild erfährt, wer es getan hat. Mag sie jammern, die unsere Herrin so tödlich gekränkt hat, ich habe kein Mitleid mit ihr.“

13 Verbrechen
14 aus dem Hinterhalt

WERKSTATT THEATER

In der Werkstatt Theater findet ihr erst einmal Anregungen zum **Einspielen**, um locker zu werden, und Spiele zum **Zusammenspielen**, denn Theater spielt man miteinander, selten allein. Ihr könnt erproben, wie man **Musik** einsetzt, wie Klangräume entstehen, die zu Orten für Spielszenen werden.
Auch Übungen zum **Ausdruck von Gefühlen** bereiten euch auf das Theaterspielen vor.
Situationsspiele sind erste kleine Spielszenen, die nicht lange geprobt werden.
Auch **Rollenspiele** werden nur kurz abgesprochen. Hier müsst ihr euch in Rollen einfühlen, um Konflikte aus verschiedenen Sichtweisen zu erleben. Auf diese Weise lassen sich manche Konflikte lösen.
Beim **Gestentheater** drückt ihr euch ohne Sprache aus, nur mit Mimik und Körpersprache. So könnt ihr Wörter, Sprichwörter und Redensarten mit eurem Körper darstellen und die Zuschauer anschließend raten lassen, was ihr dargestellt habt.
Am Schluss der Werkstatt steht das Stück „Wer soll König sein?“, ein **Spiel mit Masken**. Jetzt könnt ihr Theater als eine richtige Aufführung für ein Publikum spielen.
In der Werkstatt Geschichten lernt ihr an dem Märchen „Die Bienenkönigin“ das **Körperschattenspiel** (S. 133) kennen. Außerdem findet ihr überall im Buch Texte, die für das darstellende Spiel geeignet sind. Manchmal müsst ihr sie umschreiben, manchmal könnt ihr sie gleich improvisierend spielen.
Probiert es aus!

Sich einspielen …

Bewegung im Raum
Geht kreuz und quer durch den Raum.
Der Spielleiter ruft euch zu, wie ihr gehen sollt:
- verschlafen ohne Ziel
- zu einer wichtigen Verabredung eilen
- zwei schwere Koffer in die Bahnhofshalle schleppen
- eine Person verfolgen, die dich nicht sehen soll
- am Strand entlangschlendern
- sich durch den Dschungel quälen
- in Siegerpose nach gewonnenem Match vom Platz gehen
- sich durch eine Menschengruppe drängeln
- sich bis zu den Knien ins eiskalte Wasser vorwagen
- wie Roboter aneinander vorbeigehen
- wie flinke Katzen schleichen
- wie brummelige Bären tapsen …

So bewegt ihr euch, bis der nächste Zuruf kommt.

Hopp und Stopp
Verteilt euch im Raum. Die Musik wird angestellt. Der Spielleiter gibt das Zeichen „Hopp" – alle Spieler tanzen, bis er das Zeichen „Stopp" gibt. Dann müssen sie sofort in der Bewegung erstarren.
Auf ein neues Zeichen des Spielleiters, mit dem er angibt, wie weitergetanzt werden soll, bewegen sie sich wieder, bis der Zuruf „Stopp" kommt.
Beispiele:
Tanzt wie Jugendliche in der Disko, wie feine Herren, wie Marionetten, wie kleine Kinder, wie ein alter Mann, eine alte Frau, wie jemand, der etwas zu viel Wein getrunken hat …

Ausschütteln
Ihr steht in einem großen Kreis. Die Musik wird angestellt. Der Spielleiter beginnt mit der Bewegung und ihr macht mit. Zur Musik schüttelt ihr nacheinander einzelne Körperteile aus: eine Hand – erst langsam, dann schneller, die zweite Hand, einen Arm – langsam, dann schneller, den Kopf, die Schultern, den Bauch, den linken Fuß, den rechten Fuß, das linke Bein, das rechte Bein – der ganze Körper kommt in Bewegung.
Jetzt schütteln sich alle 2–3 Minuten zur Musik.
Der Spielleiter stellt die Musik aus, die Bewegung endet.

Morgens in der Bäckerei
Ihr steht alle im Kreis. Nun stellt euch vor, ihr arbeitet in einer Bäckerei und sollt gemeinsam einen riesigen Brotteig kneten, der als großer Klumpen vor euch liegt. Ihr knetet und knetet, der Teig wird immer schwerer und zäher. Schließlich klopft ihr ihn zu einem schönen, runden Teigberg zusammen.
Während das Brot im Backofen ist, müsst ihr nun den großen Tisch gemeinsam blank putzen. Der Tisch ist so groß, dass ihr euch sehr weit vorbeugen müsst, um alle Stellen zu erreichen, auf denen Teig war. Geht auf die Zehenspitzen und wischt mit großen kreisenden Bewegungen den Tisch blank. Womöglich habt ihr zu viel Schmierseife genommen. Die Tischplatte wird immer glatter und ihr geratet etwas aus dem Gleichgewicht. Gerade könnt ihr euch noch halten …

… und besser zusammenspielen

Stell dir vor, das ist …
Ihr steht in einem großen Kreis. Der Spielleiter bittet einen Spieler, mit ihm von draußen etwas zu holen. Beim Hereinkommen tun sie beide so, als ob sie einen großen Korb hereintragen.
In der Mitte des Raumes setzen sie ihn ab, greifen hinein und werfen den anderen pantomimisch kleine und große Bälle zu.
So beginnt ein freies Spiel mit Bällen, die nur in eurer Vorstellung vorhanden sind, z. B.: Tischtennisbälle, Fußbälle, Medizinbälle, Wasserbälle.
Sie können geworfen, gerollt, gestoßen … werden.
Wenn ihr euch die Bälle eine Weile zugespielt habt, greift der Spielleiter wieder in den Korb, nimmt pantomimisch ein Spielzeug heraus und spielt damit allein oder mit jemandem von euch, z. B.: Seilziehen, Skateboardfahren, Seifenblasenmachen …
Er fordert euch mit Gesten auf, weitere Spielzeuge aus dem Korb zu nehmen und sie auch pantomimisch zu erproben.
So können kleine Spielszenen entstehen, z. B.:
- Beim Ballspiel zerbricht eine Fensterscheibe. Eine neue Scheibe wird eingesetzt.
- Beim Skateboardfahren kommt es zu einer unerwarteten Begegnung …

Pantomimische Kette
Stellt euch wieder in einen großen Kreis.
Der Spielleiter lässt pantomimisch eine große Schachtel entstehen. Er öffnet die Schachtel und nimmt einen Gegenstand heraus, zeigt ihn, gebraucht ihn und spielt mit ihm. Dann gibt er diesen Gegenstand, der nur in eurer Vorstellung da ist, an seinen rechten Kreisnachbarn weiter.
Dieser verwandelt das „Geschenk", er drückt, dreht, zieht … es, bis es eine neue Form hat. So kann aus einem Teleskop ein Spazierstock werden, aus einer Klarinette eine Geige … Dann gibt er das verwandelte Geschenk an den nächsten weiter.
Der Letzte legt seinen Gegenstand in die Schachtel zurück. Er kann einen neuen Gegenstand herausholen, der dann wieder reihum weitergegeben und verwandelt wird.

Der Magier
Jeder Spieler sucht sich einen Partner oder eine Partnerin. Einer von beiden ist der Magier. Mit der Handfläche verzaubert der Magier seinen Partner: Er hält ihm die Hand vors Gesicht und wo immer er seine Hand hinbewegt, der andere muss ihm folgen – auf und ab, kreuz und quer durch den Raum.
Macht diese Übung in Zeitlupe. Haltet die Hand etwa 10 cm vom Gesicht entfernt. Aber dreht sie nur so, dass der andere wirklich mit dem Gesicht folgen kann.

Spiele zum Kennenlernen

Ich nehme dich wahr
Setzt euch zu zweit gegenüber, am besten auf dem Boden. Schaut euch auf ein Zeichen des Spielleiters zwei Minuten lang genau an. Dann dreht sich einer von euch um und stellt dem anderen Fragen zu seinem Aussehen.
Zum Beispiel:
- „Welche Augenfarbe habe ich?"
- „Trage ich eine Armbanduhr?"
- „Welche Farbe hat das Zifferblatt?"

Wechsel!
Ihr werdet staunen, was ihr wahrgenommen oder gerade nicht wahrgenommen habt!

Frag mich was!
Bildet Paare. Wählt jemanden, den ihr noch nicht so gut kennt, aber näher kennen lernen möchtet. Jeder hat einige Minuten Zeit, durch Fragen möglichst viel über seinen Partner oder seine Partnerin zu erfahren, zum Beispiel:
- „Was hast du in der letzten Woche erlebt?"
- „Was war schön?"

Stummer Kontakt
Bildet Paare. Jedes Paar hat nun die Aufgabe, etwas gemeinsam zu unternehmen, aber ohne zu sprechen!
- Ihr könnt zum Beispiel mit einer Begrüßung ohne Worte beginnen und dann drei Minuten etwas miteinander tun: euch gegenseitig etwas zeigen, etwas Lustiges vorführen, auf einem Bein um die Wette hüpfen, balancieren …
- Ihr könnt auch mit anderen Paaren etwas gemeinsam tun. Die Verständigung wird schwieriger, aber auch interessanter.

Tauscht anschließend eure Erfahrungen aus. Wie habt ihr euch verständigt?

Papiertüten-Ich
Jeder von euch benötigt eine große Einkaufspapiertüte, Zeitschriften, Filzstifte, Klebstoff und eine Schere.
Stelle die geöffnete Papiertüte vor dir auf. Versuche dir vorzustellen:
- Die Außenseite der Tüte ist die Seite deiner Person, die anderen sichtbar ist.
- Die Innenseite der Tüte ist das, was anderen zunächst nicht sichtbar ist, was kaum jemand kennt: deine Gedanken, Gefühle, Träume, Ängste und Wünsche.

Gestalte mit Bildern, Worten und Farben die Außenseite der Tüte und stelle dir dabei vor: So sehen mich die anderen. In die Tüte kannst du Dinge hineintun, malen, kleben, schreiben oder zeichnen, die deinen verborgenen Seiten und Gefühlen entsprechen. Was liegt ganz tief verborgen in der Tüte?
Anschließend kannst du den anderen deine Tüte vorstellen. Es ist auch möglich, alle Tüten nebeneinander zu stellen und zu betrachten. Dann können Fragen gestellt werden.

Gefühle ausdrücken

Gefühle darstellen und erraten
Ein Spielleiter bereitet Karteikarten vor. Auf jeder Karte steht der Begriff für ein Gefühl (so groß geschrieben, dass er von weitem lesbar ist): Freude, Zorn, Verträumtsein, Unsicherheit, Angst, Neugier, Ungeduld, Bedrücktsein, Verlegenheit …
Ihr steht euch in zwei Reihen gegenüber. Der Spielleiter geht an einer Reihe entlang und zeigt dabei eine Karte mit einem Gefühl. Alle Mitglieder dieser Reihe stellen gleichzeitig spontan das Gefühl dar. Die andere Gruppe muss es erraten.
Wechsel!

Der Bildhauer und sein Standbild
Bildet Paare: Bildhauer und Modell.
Der Bildhauer gestaltet sein menschliches Modell. Er kann es formen, wie er will.
Es soll ein Standbild entstehen, das ein Gefühl ausdrückt:
Freude, Furcht, Begeisterung, Misstrauen, Neugier …
Der Bildhauer gestaltet sein Modell, indem er behutsam den Körper formt. Dabei achtet er auf die Kopf- und Körperhaltung sowie auf den Gesichtsausdruck seines Modells. Dann tritt er einen Schritt zurück, um sein Kunstwerk zu betrachten.
Wechselt die Rollen. Probiert verschiedene Gefühle aus!

Gefühle ausdrücken

Aggression und Zuneigung
Bildet Paare und stellt euch Schulter an Schulter hin. Auf ein Zeichen des Spielleiters gibt jeder so viel Druck und Gegendruck, dass der Partner oder die Partnerin sich gerade noch am Platz halten kann. Zur Verstärkung wird Sprache eingesetzt: „Geh weg!", „Hau ab!", „Zisch ab!", „Mach, dass du wegkommst!". Wenn der Spielleiter den Arm hebt, friert die Bewegung ein.

Probiert nun durch veränderte Körperhaltung, Mimik und Sprache Zuneigung auszudrücken: den anderen beschwichtigen, etwas wieder gutmachen, sich entschuldigen …

Sich in ein Tier hineinfühlen
Setze dich entspannt hin und schließe die Augen. Atme tief und gleichmäßig, konzentriere dich auf dich selbst. Stelle dir vor, dass du dich in ein Tier verwandelst. Ein Tier, das du gern sein möchtest. Lass das Tier immer deutlicher vor deinem inneren Auge entstehen. Wie siehst du jetzt aus? Wie bewegst du dich? Wie verhältst du dich?

Beginne nun, dich als das Tier, das du jetzt bist, zu bewegen. Es geht dabei nicht darum, das Tier nachzuahmen, sondern sich wirklich in das Tier hineinzufühlen!

Schreibe anschließend eine Geschichte aus der Sicht des Tieres, das du jetzt bist.

Maschinen bauen
Die Klasse teilt sich in zwei Gruppen. Eine Gruppe schaut zu, während die andere spielt. Dann wird gewechselt.

Die Spielenden bauen gemeinsam eine Wutmaschine:
Wer zuerst eine Idee hat, geht in die Kreismitte und beginnt mit dem Bau, indem er die Bewegung eines Maschinenteils und ein dazugehörendes Geräusch darstellt und monoton immer wiederholt.
Ein zweiter Spieler schließt sich an usw., bis alle Spieler Maschinenteile sind.
Geräusche, die die Wut ausdrücken, können auch mit den Füßen oder Händen erzeugt werden. Achtet darauf, dass alle Maschinenteile wirklich miteinander verbunden sind.

Auf diese Weise könnt ihr die unterschiedlichsten Maschinen bauen, z. B.:
- die Spaßmaschine
- die Ekelmaschine
- die langsame, die begeisterte, die erschrockene, die traurige, die ungeduldige, die mürrische, die aufgeregte, die müde … Maschine

Ausdrucksspiel mit Musik

Geräusche und Klänge

Ihr könnt Stimmungen mit Geräuschen und Klängen verstärken.
Der Spielleiter hat in der Mitte des Raumes ein Tuch ausgebreitet und darauf Geräusch- und Klanginstrumente angeordnet;
dazu vieles, was klingt und Geräusche macht, z. B.: Steine, Flaschen, Gläser, Nägel, Pergamentpapier und Kämme, Kokosnussschalen …

Außerdem hat er Aufgabenkarten vorbereitet.
Auf den Karten könnten folgende Aufgaben stehen:
- fröhliche und traurige Klänge im Gespräch miteinander
- ruhige Klänge wollen aufgeregte Klänge beschwichtigen
- düstere Klänge begegnen hellen Klängen
- schnelle Klänge wollen an langsamen Klängen vorbei
- …

Bildet kleine Gruppen von 4 Spielern. Jede Gruppe zieht eine Aufgabenkarte.

Jede Gruppe spricht kurz ab, welche Klanginstrumente für ihre Aufgabe geeignet sein könnten. Die Gruppen ziehen sich an ungestörte Orte zurück und probieren ihre Instrumente aus (ca. 10 Minuten). Auch Hände, Füße und Lippen können Geräusche machen: klatschen, stampfen, schnalzen, brummen …

Dann treffen die Gruppen sich wieder und spielen sich gegenseitig ihre Klangstücke vor. Die Zuhörer erraten jeweils die Aufgabe.

Klangräume

Bildet Gruppen von 6-8 Spielern. Der Spielleiter hat Aufgabenkarten vorbereitet. Jede Gruppe zieht eine Karte. Darauf steht z. B.:
- im Urwald
- in der Pause auf dem Schulhof
- am Strand
- auf dem Markt
- in einer Fabrikhalle
- Unwetter in den Bergen
- ein stürmischer Herbsttag
- …

Stellt diese Orte nur mit Klängen und Geräuschen dar. Dafür könnt ihr Orffsche Instrumente verwenden, die ihr aus dem Musikunterricht kennt.
Ihr habt ca. 10 Minuten Vorbereitungszeit.
Beim Vorspielen sitzt das Publikum mit dem Rücken zu den Spielern.
Die Augen sind geschlossen. Es errät die gehörten Räume.

Situationsspiele

Im Zug
Menschen sitzen sich gegenüber. Einer schläft, einer liest, einer kramt in der Tasche, einer beobachtet die andern.
Ein Reisender steigt ein. Er zwängt sein Gepäck ins Abteil, lässt sich auf einen Sitz fallen, packt sofort etwas zu essen aus, will ein Gespräch anfangen. Ausgerechnet an den wendet er sich, der seine Ruhe haben will …
Der Schaffner kommt in das Abteil. Da …

In der Höhle
Eine Gruppe von Urlaubern hat eine Höhle entdeckt.
Sie will die Höhle erkunden und wagt sich immer tiefer hinein: Die „Entdecker" kriechen durch niedrige Gänge, waten durch unterirdische Wasserläufe, klettern, seilen sich ab, zwängen sich durch Engpässe. Es gibt feuchte Stellen, an denen Tageslicht durchdringt, Echos und Tropfsteine.
Obwohl sie ihren Weg markiert haben, fürchten die Mutigen sich verirrt zu haben. Wie kommen sie aus der Höhle heraus?

Immer derselbe Satz

Ein Satz kann in ganz unterschiedlichen Situationen vorkommen. Entsprechend unterschiedlich ist seine Bedeutung.
Bereitet innerhalb kurzer Zeit zwei kleine Szenen vor, in denen derselbe Satz vorkommen muss. Er ist aber unterschiedlich gemeint. Das erkennt man an der Art, wie er gesprochen wird (vorwurfsvoll, erstaunt, enttäuscht …), an der Person, die ihn spricht, und an der unterschiedlichen Situation.

Nach Stichwörtern spielen

Bildet Gruppen zu 4-6 Personen. Jede Gruppe zieht beim Spielleiter einen Zettel mit einem Satz:

Das hast du wohl nicht erwartet – Wie kannst du nur so unverschämt sein – Es ist Nacht, keiner sieht uns hier – Es gibt was Feines – Du weißt alles – Dann wäre ich nicht gekommen – Worauf wartest du noch - …

Zieht euch für 5-10 Minuten zurück, um eine kleine Szene vorzubereiten, in der der Satz vorkommt, den ihr gezogen habt. Überlegt, wie der Satz in eurer Szene gesprochen werden soll. Danach richtet sich auch das passende Satzschlusszeichen.
Nach dem Spiel verteilt eine Jury Punkte. Bewertet werden originelle Idee und Gestaltung.

Rollenspiel

Im Rollenspiel könnt ihr euch mit Alltagsproblemen auseinander setzen, indem ihr sie durchspielt.
Es entwickeln sich Gespräche, die ganz verschieden verlaufen können.

Immer diese Familie!

- Dirk hat etwas angestellt. Er kommt nach Hause und beichtet. Der Vater ist wütend. Oder: Er ist verständnisvoll. Welche Rolle spielt die Mutter?
- Morgens zwischen sieben und acht. Maike blockiert das Bad. Vater hämmert gegen die Tür. Mutter versucht zu vermitteln …
- Die Eltern sitzen nach der Tagesschau vor dem Fernseher. Lars kommt im Schlafanzug ins Zimmer und sagt: „Ich muss euch noch was ganz Tolles erzählen …"
- Benjamin hat seit Tagen sein Zimmer nicht aufgeräumt. Jetzt knallt's! Oder: …
- Ines hat eine Fünf in Mathe geschrieben. Sie traut sich kaum nach Hause, denn sie weiß: Die Eltern werden ihr Vorhaltungen machen. Oder: …
- …

Hinweise zum Spiel

- Bildet Gruppen. Jeder schreibt auf ein Schild die Rolle, die er zunächst spielt. Das Schild wird nach jeder Runde weitergegeben, bis jeder einmal jede Rolle gespielt hat.
- Begrenzt die Spieldauer auf fünf Minuten pro Runde.
- Wichtig: Möglichst genau in die Personen hineinversetzen!
- Spielt ganz echt, nicht übertrieben!
- Sprecht nach dem Spiel darüber, in welche Rolle ihr euch am besten hineinversetzen konntet, welche euch überhaupt nicht lag und welche ihr besonders interessant fandet.
- Ihr solltet euch auch gegenseitig mitteilen, wie ihr die anderen erlebt habt: Waren sie in der Rolle anders als sonst oder waren sie so wie immer?

In anderen Kapiteln findet ihr noch weitere Konfliktsituationen aus dem Alltag, die ihr im Rollenspiel bearbeiten könnt.

Gestentheater

Scharaden
Bildet Paare. Jedes Paar erhält vom Spielleiter einen Zettel mit einem zusammengesetzten Nomen. Stellt dieses Nomen ohne Sprache (pantomimisch) dar. Jeder übernimmt einen Teil des Wortes. Die anderen müssen das Wort erraten.
Welches Wort ist auf dem Foto dargestellt?

Fliegenpilz *Knallfrosch* *Lampenfieber* *Pferdeapfel*
Windhose *Tintenkiller* *Leseratte* *Fensterladen* *Hosenträger*
Regenwurm *Spiegelbild* *Eulenspiegel* *Froschkönig*

Findet selbst weitere Wörter und stellt sie dar!

Sprichwörter
Bildet Paare. Jedes Paar zieht vom Spielleiter einen Zettel mit einem Sprichwort. Stellt es nach kurzer Absprache zu zweit pantomimisch dar. Die Zuschauer raten.

Viele Köche verderben den Brei.
Morgenstund hat Gold im Mund.
Wer andern eine Grube gräbt, fällt selbst hinein.
Scherben bringen Glück.
Wer nicht hören will, muss fühlen.
Wie man in den Wald hineinruft, so schallt es heraus. …

Sprecht über die Bedeutung der dargestellten Sprichwörter.

Redensarten
Bildet Paare. Jedes Paar zieht vom Spielleiter einen Zettel mit einer Redensart, die pantomimisch dargestellt werden soll. Die Zuschauer müssen sie erraten.

ein Auge auf jemanden werfen
den Vogel abschießen
die Flinte ins Korn werfen
den Boden unter den Füßen verlieren
jemandem den Spiegel vorhalten
jemandem die Suppe versalzen

Findet weitere Redensarten, die ihr darstellen könnt. Sprecht anschließend über ihre Bedeutung.

Kennt ihr auch Redensarten und Sprichwörter aus anderen Ländern, die ihr darstellen könnt?

Wer mit dir klatscht, wird über dich klatschen.
(Spanien)

Der Wolf ändert sein Fell, nicht seine Natur.
(Türkei)

Wer hinter mehreren Hasen herläuft, fängt keinen.
(Griechenland)

Großer Prahler, kleiner Tuer.
(Italien)

Maskenspiel nach einer Tierfabel

Wer soll König sein?

Die Tiere im Wald haben großen Streit. Sie brauchen einen König. Der König soll im Wald regieren und über alle Tiere befehlen. Sie wollen einen guten und gerechten König. Auf einer Waldlichtung halten sie Ratsversammlung. Dort steht auch schon der Thron bereit für den künftigen König.

Der Affe ist zuerst da. Er erwartet die anderen Tiere. Da schiebt sich der Elefant schwer stampfend durch den Wald. Als Nächster schleicht sich die Hyäne heran. Nun flattert auch der Uhu dazu. Nun fehlt nur noch der Fuchs. Der aber streckt nur seine Schnauze aus der Höhle am Waldrand.

Der Affe eröffnet die Ratsversammlung: „Heute wollen wir beraten, wer nun König werden soll. Ich bin der Meinung, dass ich König werden muss. Ein König braucht nämlich vor allem Fantasie. Und keiner von euch hat so viel Fantasie wie ich. Ich kann euch das beweisen." Der Affe holt seine kleine Tanztrommel und tanzt und trommelt. „Also los", fordert er die andern Tiere auf, „probiert es auch einmal." Schwerfällig versucht der Elefant mitzutanzen. Aber er kann es nicht sehr gut, er ist etwas langsam. Auch die Hyäne hoppelt hilflos auf und nieder und der Uhu flattert nur aufgeregt mit seinen Flügeln. Da triumphiert der Affe: „Seht ihr! Ihr könnt ja nicht einmal richtig tanzen. Zum Tanzen braucht man eben Fantasie – und zum Regieren erst recht. Darum muss ich auf den Thron und König werden." Und schon springt er auf den Thron. Aber bevor er sich setzen kann, reißen ihn die andern Tiere wieder herunter.

„Bist du blöd!", kichert die Hyäne. „Fantasie! Das braucht man doch nicht zum Regieren. Lachen muss man können, und wer am besten lachen kann, muss König werden. Los, Elefant, versuch mal zu lachen." Der Elefant strengt sich sehr an, aber er bringt nur einen kurzen Trompetenstoß heraus. Auch der Uhu und der Affe versuchen es. Aber keiner kann so gut lachen wie die Hyäne. „Seht ihr", kichert die Hyäne, „ihr könnt nicht lachen, darum muss ich auf den Thron und König werden." Und schon ist sie mit ein paar Sprüngen auf dem Thron, aber gerade noch rechtzeitig reißen sie die andern Tiere wieder runter.

„Sehr verehrte Anwesende", beginnt jetzt der Uhu, „es ist doch allgemein bekannt, dass der Gescheiteste auf den Thron muss, und der Gescheiteste von uns bin ich. Ich kann zum Bei-

Maskenspiel nach einer Tierfabel

spiel sehr gut rechnen und werde euch das beweisen. Wer kann diese Aufgabe lösen: 2 Affengroßmütter und 2 Affengroßväter haben zusammen 2 Affenmädchen. Jedes Affenmädchen hat einen Affenmann. Und die zusammen haben wieder 2 Affenmädchen. Wie viele Affen sind das?“ – Der Affe antwortet sofort: „Das sind viele Affen.“ „Falsch, falsch, falsch!“, frohlockt der Uhu. „Das ist mir gleichgültig, wie viele Affen das sind“, antwortet die Hyäne und kichert, und der Elefant stöhnt:

„Mein Kopf ist schon ganz schwer vom Nachdenken.“

„Diese Frage ist viel zu schwierig“, reklamiert der Affe.

„Also gut, ich stelle euch eine leichtere Aufgabe“, sagt der Uhu: „Zwölf Elefanten haben zusammen wie viele Ohren?“

Keines der Tiere kann die Frage beantworten. „Seht ihr, ich bin der Gescheiteste, also muss ich auf den Thron und König werden.“ Und schon flattert der Uhu auf den Thron zu.

Doch der Elefant packt ihn mit seinem Rüssel und poltert: „Aber, aber, es ist doch wohl allen klar, dass der Stärkste regieren muss. Und der Stärkste von uns bin ich. Wenn ihr wollt, kann ich es euch beweisen. Hyäne, komm, stell dich vor mich hin und versuche, mich aus dem Gleichgewicht zu drücken.“ Der Elefant trompetet zufrieden, als die Hyäne das Gleichgewicht verliert und fällt. Natürlich geht es dem Affen und dem Uhu nicht besser. Aber bevor sich der Elefant auf den Thron setzen kann, halten ihn die andern wieder zurück. Die Tiere werden nun immer ärgerlicher und schreien durcheinander. Nur der Fuchs grinst frech vor seiner Höhle und mischt sich nicht ein.

Schließlich wird es dem Elefanten zu arg und er packt einen Baumstrunk und geht auf die andern Tiere los. Die aber laufen schnell davon und suchen Unterstützung bei den andern Tieren im Wald. In wilden Sprechchören versuchen sich die Parteien zu überschreien.

Aber während der Abwesenheit der Tiere hat sich der Fuchs hinter ihrem Rücken selber zum König gemacht. Er kommandiert die andern sinnlos herum, und von diesem Tag an mussten alle Tiere machen, was ihnen der Fuchs befahl.

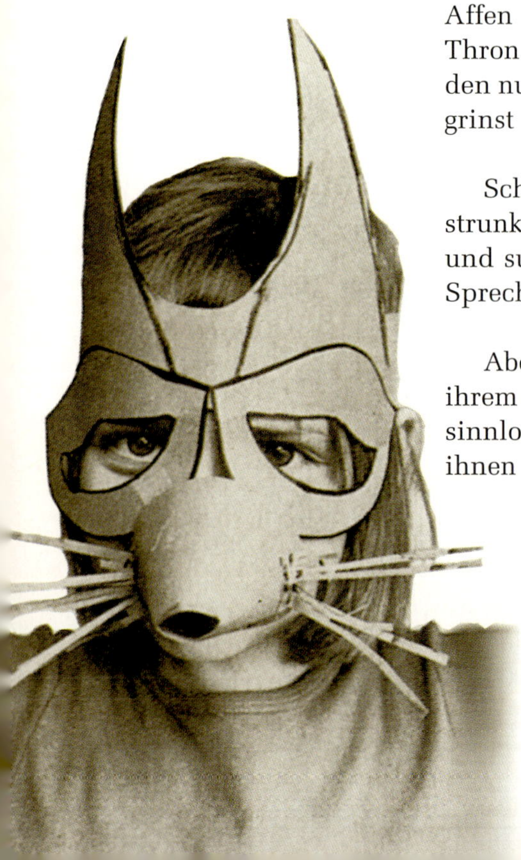

Maskenspiel nach einer Tierfabel

Hinweise zum Spiel

Der Text „Wer soll König sein?“ eignet sich gut für ein Improvisationsspiel, das durch einen Erzähler angeleitet wird.

Die Rollen verteilen:

- Lest euch den Text genau durch und überlegt, in welches Tier ihr euch am besten hineinfühlen könntet.
- Einigt euch darauf, wer welches Tier spielen soll. Ihr könnt die Rollen auch mehrfach besetzen und dann die Inszenierung jeweils in Gruppen vorbereiten.
- Jede Gruppe braucht einen Erzähler oder eine Erzählerin. Legt auch diese Rolle fest.

Am Text arbeiten:

- Unterstreicht mit zwei Farben auf einer Kopie des Textes (oder mit Folie im Buch),
  - wie sich das Tier, für das ihr euch entschieden habt, verhält,
  - wie es sich im Gespräch äußert.
- Prägt euch diese Stellen sinngemäß gut ein. Ihr braucht sie nicht auswendig zu können.
- Die Erzählerin oder der Erzähler muss auch die Stellen markieren, die sie oder er während des Spiels sprechen muss.
- An einigen Stellen sollte der Text so verändert werden, dass die wörtliche Rede der Tiere nicht durch den Erzähler unterbrochen wird.
  Zum Beispiel steht im Text:
  „Bist du blöd!“, kicherte die Hyäne. „Fantasie! Das braucht man doch nicht zum Regieren ...“

  Das sollte so umgestellt werden:
  Die Hyäne kicherte: „Bist du blöd! Fantasie! Das braucht man doch nicht zum Regieren ...“
- Das Spiel wird lebendiger, wenn noch weitere Tiere miteinander in Streit geraten: der Bär, das Nashorn, die Schlange, der Tiger ...
  - Kennzeichnet im Text, wo ihr das Auftreten weiterer Tiere einbauen wollt.
  - Schreibt auf, wie sich die neuen Tiere verhalten und was sie sagen.
  - Sprecht ab, in welcher Reihenfolge sie auftreten.

Maskenspiel nach einer Tierfabel

Zum Beispiel ließe sich einfügen:

Unbemerkt hat sich die Schlange um die Lehne des Throns geschlängelt. Scharfzüngig zischelt sie: „Ich bin die Listigste unter euch. Ein König muss klug und listig sein. Das ist das Wichtigste. Er muss seine Feinde überlisten können. Darin liegt seine wahre Stärke."

Da nähert sich der große, tapsige Bär dem Thron. Er brummt mit seiner tiefen, kräftigen Bärenstimme: „Es ist doch völlig klar, dass ich König werden muss, denn ich bin genauso stark wie du, Elefant, ich bin bärenstark. Aber ich bin viel beweglicher und kann gut klettern. Ein König muss sich gut bewegen können, damit er seine Feinde in ihren Verstecken mit Leichtigkeit erreichen kann. Außerdem beschütze ich mein Volk. Wehe dem, den ich mit meiner Pranke erwische!"

- Schaut euch den Schluss des Textes genau an und gestaltet ihn aus: Die Tiere führen die Befehle des Fuchses aus, aber mehr und mehr verärgert. Vielleicht hat der kluge Uhu einen Einfall, wie sie sich gegen den Fuchs wehren können ...

Sich auf die Rollen einstellen:

- Bevor das Spiel mit verteilten Rollen beginnt, solltet ihr einige vorbereitende Übungen machen, um euch noch besser auf eure Rollen einzustellen. Zum Beispiel die Übung **„Sich in ein Tier hineinfühlen"** von Seite 162.
  - Probiert Bewegungen, Laute, Körperhaltung und Gesichtsausdruck eures Tieres aus.
  - Alle Tiere bewegen sich frei im Raum. Sie begegnen einander und nehmen Kontakt zueinander auf.

Nach dem Text spielen:

- Während der Erzähler langsam den Text liest (mit entsprechenden Pausen), stellen die Mitspieler die angesagten Handlungen dar und sprechen sinngemäß, was die Tiere sagen. Dabei konzentrieren sie sich auf eine hervorstechende Eigenschaft:
  der tapsige Bär, die listige Schlange ...

- Probiert das Spiel mit Tiermasken – dann wird eine richtige Aufführung daraus!
  Ihr könnt euch die Masken auch selbst basteln. Wie das geht, erfahrt ihr in der Werkstatt Schreiben, S. 189/190.

WERKSTATT Schreiben

Die Abbildung unten ist ein Ausschnitt aus einem Gemälde des niederländischen Malers Pieter Bruegel. Er lebte etwa von 1525 bis 1569.
Das Gemälde trägt den Titel „Kinderspiele". Einige der dargestellten Spiele sind auch heute noch bekannt. Andere sind so nicht mehr möglich oder man weiß nicht mehr, wie sie gespielt werden. Die Erwachsenen damals sahen jedenfalls in den Beschäftigungen der Kinder ein fremdes und nicht ganz ernst zu nehmendes Verhalten. Vielleicht fand der Maler gerade das so interessant.

1 Stell dir vor, du bist mitten in dem Bild. Alle Personen sind eingefroren in ihren Bewegungen. Nur du kannst frei durch das Bild wandern:
- Wo hältst du dich länger auf? Was interessiert dich? Erzähle davon.
- Du kannst eine Personengruppe zum Leben erwecken und mitmachen. Eine der Personen erklärt dir, wie das Spiel geht. Schreibe die Erklärung auf.

Gemeinsam Geschichten mit besonderen Sätzen schreiben

1 Ihr könnt gemeinsam Geschichten schreiben, zum Beispiel so:
- Bildet an euren Tischen Dreier- oder Vierergruppen.
- Jede Gruppe erhält ein Erzählbild.
- Zu diesem Bild schreibt jeder auf einen Zettel einen ganz kurzen **Text aus fünf Sätzen.** Schreibt in der Ich-Form – und so, dass andere es gut lesen können!

Diesen Fünf-Sätze-Text hat Sina geschrieben:

Das ist mein schönster Platz.
Hier wohne ich.
Hier kann ich machen, was ich will.
Die Strickleiter habe ich hochgezogen.
Niemand kann zu mir herauf.

- Jetzt lesen alle ihre Zettel vor.
- Dann legt ihr sie in die Mitte des Tisches, sodass alle sie gut lesen können.
- Nun schreibt jedes Kind auf einen anderen Zettel einen **Text aus acht Sätzen.** Es dürfen dabei aber nur Sätze verwendet werden, die auf dem Tisch liegen. Natürlich könnt ihr eure eigenen Sätze noch einmal schreiben. Aber die reichen nicht aus, denn es sollen ja acht Sätze werden. Und noch eine Spielregel: **Ein Satz muss dreimal wiederholt werden!**

Sina hat einige ihrer eigenen Sätze noch einmal geschrieben. Aber sie hat auch zwei genommen, die von anderen Kindern stammen. Einer davon hat ihr so gut gefallen, dass sie ihn dreimal aufgeschrieben hat. Und so ist diese Geschichte mit besonderen Sätzen entstanden:

Das ist mein schönster Platz.
Hoch oben in der Luft!
Hier wohne ich.
Hoch oben in der Luft!
Die Strickleiter habe ich hochgezogen.
Niemand kann zu mir herauf.
Ich bin allein.
Hoch oben in der Luft!

Andere Kinder am Tisch haben natürlich ganz andere Texte geschrieben. Aber alle sind sehr schön geworden. Und das kommt daher, weil sie einen besonderen Satz dreimal verwendet haben.

2 Auf der nächsten Seite, aber auch an vielen anderen Stellen im Buch findet ihr Bilder, zu denen ihr solche Texte schreiben könnt.

Gemeinsam Geschichten mit besonderen Sätzen schreiben

Geschichten nach Bildern schreiben

1 Bildergeschichten können zum Erzählen anregen.
Hier findest du eine „Vater und Sohn“-Geschichte von e. o. plauen.
Sieh dir die Bilder genau an.

Geschichten nach Bildern schreiben

2 Der folgende Text ist eine Erzählung zu der Bildergeschichte. Am besten deckst du beim Lesen die Bilder ab, damit du dich ganz auf den Text konzentrieren kannst.

Die gefährliche Flaschenpost

Vater Paul und sein Sohn Timo machten Urlaub am Meer. Eines Tages kamen sie auf die Idee, eine Flaschenpost abzuschicken. Sie besorgten sich eine Flasche mit Korken und schrieben einen Brief: „Wir wünschen mit Finder dieser Flaschenpost Gedankenaustausch. Vater und Sohn Germany“. Den aufgerollten Zettel steckten sie in die Flasche und verschlossen sie fest. Sie malten sich schon aus, wohin ihre Post schwimmen könnte und wer sie wohl finden würde.

Am Abend gingen sie damit zu der kleinen Bucht am Strand. „Mach du das, du kannst weiter werfen“, sagte Timo. Paul war einverstanden, er holte weit aus und warf die Flasche mit kräftigem Schwung ins Wasser. Aber im selben Moment bemerkte er entsetzt, dass ein Schwimmer auf den Strand zukam – genau in der Flugbahn der Flasche! „Wenn das nur gut geht“, schoss es Paul durch den Kopf. Auch Timo erstarrte vor Schreck und schrie: „Pass auf!“ Aber mit voller Wucht knallte die Flasche dem Schwimmer auf den Kopf! Zuerst war er vor Schreck und Schmerz wie betäubt und wäre fast untergegangen. Aber dann schnappte er sich die Flasche, schwamm an Land und rannte drohend und schimpfend auf die beiden zu: „Was fällt euch ein, euren Müll hier rumzuwerfen! Unverschämte Bande! Euch werd’ ich’s zeigen, kommt mir ja nicht in die Finger!“ Da war nichts mehr zu erklären. „Schnell weg hier!“, rief Paul seinem Sohn zu. Sie rannten um ihr Leben und hatten gegenüber diesem durchtrainierten Wüterich nur eine Chance: Sie schwangen sich am Strandweg auf ihre Fahrräder und brausten davon.

So hatten sie sich den Gedankenaustausch nicht vorgestellt.

3 Wenn man eine Geschichte nach Bildern schreibt, muss man darauf achten, dass man auch wirklich **anschaulich erzählt** und nicht nur die einzelnen Bilder beschreibt. Überprüfe, wie das bei dieser Geschichte gemacht wurde:
- Wie beginnt die Geschichte? Was weißt du schon nach dem ersten Absatz (Einleitung)? Was wird noch nicht verraten?
- Welche Personen kommen vor? Welche von ihnen haben Namen?
- Wie wird dargestellt, was die Personen denken und sagen?
- Was hat der Erzähler hinzugefügt, was auf den Bildern nicht zu sehen ist?
- Wo wird das Geschehen durch treffende Formulierungen besonders anschaulich dargestellt?
- In welcher Zeitform wird erzählt?
- Wie passt die Überschrift zum Text? Macht sie den Leser neugierig?

4 Wie könnte sich der Vorfall aus der Sicht des Schwimmers abgespielt haben? Schreibe dazu eine neue Geschichte.

Geschichten nach Bildern schreiben

1 Sieh dir die Bilder an. Achte genau darauf, wie die Zeichnerin die Figuren dargestellt hat. Die Randbemerkungen helfen dir dabei. Du bekommst dadurch auch Ideen, wie du nach den Bildern eine Geschichte schreiben kannst.

Wer sind die Figuren?
Wo sind sie?
Was machen sie?
Welche Namen sollen sie haben?

Wie fühlen sich die Figuren?
Was denken sie?
Wo ist der Hund?

Was hört man in diesem Augenblick?
Was geht in den Figuren vor?
Was werden sie im nächsten Moment tun?

Was ist passiert?
Wie fühlt sich der Hund?
Was denken oder sagen die Figuren?

Geschichten nach Bildern schreiben

2 Schreibe zu den Bildern eine Geschichte. Die folgenden Tipps und Anregungen helfen dir dabei:

- Versetze dich in das Geschehen hinein. Entscheide dich, ob du als Beobachter erzählen willst oder als Ich-Erzähler aus der Sicht einer Figur. Auch der Hund kann „erzählen"!
- Gib den Figuren Namen.
- Überlege dir, wie du die Geschichte einleiten willst.
- Schreibe in der Vergangenheitsform (Präteritum).
- Stelle die Gefühle der Figuren dar. Was denken und sagen sie (wörtliche Rede)?
- Wo kannst du etwas andeuten, was auf den Bildern nicht zu sehen ist und den Leser neugierig macht?
  Das hätte er besser nicht machen sollen …
  Keiner ahnte, was inzwischen …
- Finde eine interessante Überschrift, die den Leser neugierig macht.
- Überlege dir einen passenden Schluss.

Die Zeichensetzung bei der wörtlichen Rede kannst du auf S. 181 nachlesen.

3 Überlege, wie es zu der Situation auf dem ersten Bild gekommen ist. (Vorgeschichte – Einleitung).

Ein möglicher Anfang:

Es sah so aus, als sollte dieser Sonntag für Familie ___?___ besonders langweilig werden. Keiner wusste so recht, was er machen sollte.
Doch plötzlich hatte Vater ___?___ eine Idee: „Wir gehen heute mal ins Naturkunde-Museum. Da könnt ihr was lernen und auch der Hund hat etwas Bewegung!" „Na, das kann ja heiter werden", dachte sich ___?___ …

4 Schreibe die Geschichte weiter oder beginne mit einer eigenen Einleitung. In den Kästen findest du einige Satzanfänge, Adjektive und Verben, die du verwenden kannst.

Adjektive

aufmerksam
neugierig
begeistert
gelangweilt
aufgeschreckt
entsetzt

Satzanfänge

Zuerst schaute sich Familie ___?___
Interessiert …
Mit gierigen Augen starrte Dackel ___?___ …
Plötzlich hörten sie …
Das Skelett …

Verben

anschauen
nachdenken
staunen
weitergehen
überlegen
krachen

Erlebtes und Ausgedachtes erzählen

Bei den Fischteichen

Erlebtes und Ausgedachtes erzählen

1 Bei den Fischteichen war an diesem Tag viel los. Du siehst es auf der Abbildung. Die Geschichte, die sich in der Mitte abspielt, wird hier erzählt. Aber sie ist noch nicht fertig geschrieben. Lies zunächst die verschiedenen Textbausteine und mach dir klar, was passiert ist.

A1

Schultes Forellenhof liegt mitten in einem alten Waldstück, weit weg von jeder Straße. Man hört dort nur die Vögel und das Plätschern des Wassers. Deshalb ist das der Lieblingsplatz meiner ganzen Familie. Am letzten Samstag fuhr ich mit meinem Freund Janos und meinen Eltern ...

A2

„Los, raus aus den Federn, heute geht's zum Forellenhof!", tönte die Stimme meiner Mutter fröhlich in meine Träume. Sofort war ich hellwach und sprang aus dem Bett. Das war ja wirklich eine schöne Samstagsüberraschung! „Kann Janos auch mitkommen?", fragte ich ...

A3

Beim Forellenhof Schulte kann ich mich beim Angeln immer so richtig entspannen. Manchmal ist es sogar etwas langweilig, wenn kein Fisch anbeißen will, doch das ist mir egal. Am letzten Samstag aber sollte unser Ausflug nicht so ruhig verlaufen. Mein Freund Janos und meine Eltern ...

2 Die **Einleitung** führt den Leser in die Geschichte hinein. Es wird aber noch nicht zu früh verraten, was das Besondere an der Geschichte ist.
Es gibt verschiedene Möglichkeiten anzufangen:
① Du kannst die Stimmung besonders hervorheben.
② Du kannst einen Hinweis geben, dass etwas Ungewöhnliches passieren wird.
③ Du kannst den Ort des Geschehens anschaulich darstellen.

Ordne die verschiedenen Erzählanfänge A1, A2, A3 den Möglichkeiten ①, ②, ③ zu. Notiere auch, was in allen Einleitungen vorkommt.

B

... Wir piekten uns drei Maden an den Haken, warfen die Angel aus und stellten sie fest. Zuerst passierte gar nichts. ...
Schließlich waren wir das Warten leid. Ich ging zum Nachbarteich, um Kaulquappen zu fangen. Janos wollte am Seeufer entlanglaufen. Plötzlich höre ich ein Platschen und ein Geschrei. Was ist da los? Meine Eltern winken aufgeregt und mein Vater ruft mich. ...
Zum Glück hatte mein Vater schon einen langen Ast gefunden, an dem sich Janos herauszog. Das war noch mal gut gegangen! Der Gerettete stand patschnass am Ufer und das Wasser lief zu seinen Füßen zu einer großen Pfütze zusammen ...

3 Im **Mittelteil** wird anschaulich erzählt, was passiert ist. Wenn es besonders spannend wird, kann man in die Gegenwartsform (Präsens) wechseln. Wo ist das hier der Fall?

Erlebtes und Ausgedachtes erzählen

C1

Janos bibberte vor Schreck und Kälte und war den Tränen nahe. Vielleicht hätte ich ihn doch nicht allein lassen sollen. Gut, dass meine Eltern in der Nähe gewesen waren. Beim nächsten Angelausflug …

C2

Wir brachten Janos sofort nach Hause. Seine Mutter bekam zuerst einen Riesenschreck, als er so patschnass vor ihr stand. Aber sie ließ es sich nicht anmerken und meinte augenzwinkernd: „Ich dachte, ihr wolltet Fische angeln …

C3

Als wir mit unserem Pechvog zum Auto gehen wollten, bemerkte ich ein Zucken an der Angelrute. Der Schwimm verschwand immer wieder unter der Wasseroberfläche. Da musste ja ein dicker Brocken angebissen haben! …

4 Am **Schluss** wird die Geschichte kurz abgerundet. Auch hierbei gibt es verschiedene Möglichkeiten:
① Jemand macht eine ernste oder lustige Bemerkung zu dem Geschehen.
② Es kommt zu einer besonderen Schlussüberraschung.
③ Die Beteiligten können aus dem Geschehen etwas gelernt haben.

Ordne die verschiedenen Schlussformulierungen C1, C2, C3 den Möglichkeiten ①, ②, ③ zu.

5 Füge nun die „Textbausteine" zu einer Geschichte zusammen und vervollständige sie. Dazu wähle aus den verschiedenen Einleitungs- und Schlussmöglichkeiten passende aus. Überlege, wie du den Mittelteil ausbauen kannst:
- Stelle die Langeweile und das Warten dar.
- Erzähle genau, was passiert ist. Wie reagieren die Beteiligten? Was denken und sagen sie? (Wörtliche Rede)

6 Lest euch eure Ergebnisse vor und besprecht sie: Was ist gleich, ähnlich oder ganz anders geworden? Gibt es Tipps zur Überarbeitung?

7 Sieh dir noch einmal die Abbildung auf Seite 178 an.
Mithilfe der Zeichnung und der folgenden Stichwörter kannst du noch weitere Geschichten schreiben. Beachte auch dabei die Hinweise zu den Textbausteinen (Einleitung, Mittelteil, Schluss).

Wanderung – müde – Hunger und Durst – Hütte am See – Unwetter

heißer Tag – Spiele im Boot – Abkühlung im Wasser – im Angelhaken verfangen

in Ruhe angeln – lärmende Kinder im Boot – Fische verscheucht – Kind am Angelhaken

mit Freunden zelten – keinen Fisch gefangen – Hunger – eine gute Idee

Erlebtes und Ausgedachtes erzählen

Was ist aus dem Frosch geworden?

Nach einer Idee von Peter Härtling

Ein Vater war mit seinen Kindern in Holland am Meer. Sein jüngster Sohn Clemens spielte immer mit einem großen Gummifrosch. Einmal ließ er den Frosch auf dem Wasser schwimmen, obwohl die Ebbe schon eingesetzt hatte. Die Strömung zog den Frosch aufs Meer hinaus. Clemens konnte nur noch voller Panik schreien

Der Frosch haut ab!
Der Frosch haut ab!

Der Frosch trieb schon ziemlich weit draußen.

Ich versuche ihn einzufangen!

rief der Vater. Er lief noch ein Stück ins Meer hinein, aber er musste schnell aufgeben. Erschöpft erklärte er

Die Strömung ist zu stark.
Es ist zu gefährlich.

Der Frosch wurde immer kleiner. Clemens heulte verzweifelt

Wohin schwimmt der Frosch denn nun?

Auf der anderen Seite des Meeres ist England, wahrscheinlich ist er morgen schon da.

erklärte der Vater.

Und seitdem dachte er sich Geschichten für seine Kinder aus, die der Frosch auf seiner weiten Reise erlebt haben könnte.

1 Alles, was hier gesagt wird, steht in den Sprechblasen. Schreibe den Text neu auf und baue dabei die Sprechblasentexte als wörtliche Rede ein. Wie du die Zeichen setzen musst, siehst du an den Beispielen im Regelkasten:

Zeichensetzung bei der wörtlichen Rede

Begleitsatz vorn	**Redesatz**
Clemens rief:	„Mein armer Frosch!“
Der Vater erklärte:	„Er schwimmt nach England.“
Clemens fragte:	„Wann kommt er denn an?“
Redesatz vorn	**Begleitsatz**
„Ihm wird nichts passieren“,	sagte der Vater.
„Glaubst du das wirklich?“,	fragte Clemens.
„Na klar!“,	antwortete der Vater.

Wenn ihr in der Klasse eure Froschgeschichten sammelt, könnt ihr ein ganzes Geschichtenbuch daraus machen. Sicher habt ihr viele Ideen, wie man es schön gestalten kann.

2 Überlege, was dem Frosch noch so alles passiert sein könnte. Schreibe eine Geschichte darüber. Achte auf die Zeichensetzung bei der wörtlichen Rede.

Erlebtes und Ausgedachtes erzählen

Fantasievolle Erzähler können sich Geschichten auch ausdenken. Diese müssen gar nicht wirklich passiert sein. Vielleicht sind märchenhafte Geschichten sogar viel interessanter als die wirklich erlebten.

Der Kaktus und der dürre Busch

Erwin Moser

Das kam so: Vor langer Zeit wuchs ein kleiner, schlanker Kaktus im Schatten eines Felsens und er freute sich sehr, weil er mit jedem Tag größer und schöner wurde.
Ihm gegenüber wuchs ein winziger Busch. Das war vielleicht ein frecher Kerl! Er hatte nur Schabernack im Kopf und lachte den Kaktus aus, weil er so viele Stacheln hatte. „Stachelschwein, Stachelschwein!“, rief er.
Aber den Kaktus ließ das kalt.
Eines Tages jedoch, als die Sonne gerade alle Pflanzen aus dem Schlaf kitzelte, rief der Busch ganz laut: „Hände hoch!“ und hielt dem Kaktus einen Ast an die Stachelbrust. Der erschrak zu Tode und riss seine Arme in die Höhe.
Viele Jahre sind seither vergangen. Der Busch ist längst ausgetrocknet und verdorrt, aber der Kaktus fürchtet sich noch immer.

1 Am Anfang führt der Erzähler in die Geschichte ein. Was erfährst du darüber, wann sich das alles abspielt, wo es stattfindet und wer die Hauptfiguren sind?

2 Im Mittelteil werden die Erlebnisse der Figuren dargestellt. Was erfährst du darüber, was der Kaktus und der Busch erleben?

3 Am Schluss stellt der Erzähler dar, wie die Geschichte ausgegangen ist. Was erfährst du über die Folgen des Geschehens für die Beteiligten?

4 Eine Besonderheit im Aussehen eines Kaktus hat die Fantasie des Erzählers angeregt. Er hat darüber nachgedacht, wie es wohl dazu gekommen sein könnte. Welche Besonderheit ist das?

5 Die Geschichte enthält besondere und anschauliche Formulierungen, zum Beispiel „Stachelbrust“. Welche besonderen Wörter und Sätze findest du noch?

6 Nun sollst du selbst ein Erzähler sein. Erkläre in einer ausgedachten Geschichte, wie
- der Zaunkönig zu seinem Namen kam,
- das Stinktier zu stinken begann,
- die Schnecke ihr Haus erhielt …

Gegenstände beschreiben

Gegenstände beschreiben

- Farbe: grün, Größe M
- aufgesetzte Taschen mit Reißverschluss
- ausknöpfbares, kariertes Innenfutter
- verdeckter Reißverschluss
- vier unterschiedlich große, aufknöpfbare Halteschlaufen

Zum absolut günstigen Preis von 39,90 €

Strapazierfähige Outdoor-Hose

- praktische, abnehmbare Hosenbeine für jedes Wetter
- reichlich Stauraum in großzügigen Klapptaschen
- winddichtes und atmungsaktives VRC-Gewebe
- in unterschiedlichen Größen
- attraktive, modische Farben

1 Mit der Beschreibung auf Hendriks Zettel kann die Mutter nicht viel anfangen. Schreibe Hendriks Einkaufszettel so, dass seine Mutter die Anglerweste sofort erkennen kann.
Als Hilfe für dich ist sie auf der Zeichnung (S. 183) abgebildet. Du kannst außerdem Formulierungen von dem Stichwortzettel benutzen.

2 Wähle aus dem Schaufenster einen Gegenstand aus, den du selbst gerne hättest. Beschreibe ihn so, dass ein Partner ihn sofort erkennt.

3 Markiere in der Anzeige links die Adjektive (Folie) und lies sie ohne die Adjektive. Was ändert sich?

4 Entwirf eine ähnliche Anzeige für Hendriks Anglerweste. Vergleiche den Anzeigentext mit der Beschreibung aus Aufgabe 1. Was ist gleich, was ist anders?

5 Schreibe in ähnlicher Weise Anzeigentexte für andere Gegenstände der Schaufensterauslage.

Gegenstände beschreiben

Rucksack verloren

Am Freitag habe ich bei der Bushaltestelle an der Schule meinen geliebten alten Rucksack mit meinem verschwitzten Sportzeug vergessen. Er ist besonders schön, weil er mir schon lange gehört und ich ihn persönlich ausgeschmückt habe: Seine Farbe ist ein vorteilhaftes, ausgebleichtes Rot, nur die bequem gepolsterten Schulterriemen sind schwarz. Oben unter der praktischen großen Klappe mit der vornehm glänzenden Schnalle befindet sich als Diebstahlschutz ein kräftiger Reißverschluss, der aber leider nicht mehr funktioniert. Auf die Rückseite habe ich mit weißem Lackstift die Namen meiner liebsten Freundinnen Anita und Cora gemalt, dazu ein niedliches Herzchen mit einem Pfeil dadurch. Am oberen Tragegriff baumelt mein süßes Glücksbringer-Bärchen „Pussel". An der stabilen Unterseite mit den vier schwarz glänzenden Plastik-Eckenschonern ist der Stoff schon etwas aufgescheuert. Er wird wohl leider bald reißen.

1 Christine hat ihren Rucksack verloren. Sie hat für die Zeitung eine Verlustanzeige vorbereitet. Dort erfährt sie, dass man jedes Wort einer Anzeige bezahlen muss. Da ist es wohl besser, wenn sie sich etwas kürzer fasst.
- Markiere die Wörter (Folie), die für das Auffinden des Rucksacks besonders wichtig sind.
- Streiche alle Formulierungen (Folie), auf die man in einer kurzen, sachlichen Anzeige verzichten könnte.
- Schreibe nun die Anzeige neu. Vergleiche deinen Text mit einem Partner: Was ist gleich? Was ist unterschiedlich? Möchtest du noch etwas verändern?

2 Beschreibe in einer Verlustanzeige einen anderen verlorenen Gegenstand:
- Deine Jacke ist in der Schule vertauscht worden.
- Deine Uhr ist in der Sporthalle liegen geblieben.
- Du hast deine Mütze im Schwimmbad verloren.
- Deine Schreibmappe ist unterwegs aus der Tasche gefallen.
- …

3 Es macht Spaß, Gegenstände zu erfinden und zu beschreiben, die es gar nicht gibt. Lass andere eine Zeichnung dazu anfertigen. Oder du zeichnest sie und jemand formuliert die Beschreibung dazu. Hier sind ein paar Ideen:
- Streichel-Weckmaschine
- Eierköpfapparat
- aufblasbares Kleinsthandy
- Sockensuchroboter
- ausklappbarer Schulbussitzrucksack

Spielanleitungen schreiben

Schwedisches Scheibenschießen

Das Spiel wird so oder ähnlich in vielen Ländern gespielt:

- Sieger des Spiels ist, wer dem Mittelpunkt am nächsten kommt
- die Zielscheibe an einer Wand auf Augenhöhe befestigen
- als Schießscheibe auf ein Stück Pappe um den gleichen Mittelpunkt drei verschieden große Kreise zeichnen
- den Mittelpunkt mit einem schwarzen Punkt kennzeichnen
- in einem Abstand von drei Metern zur Zielscheibe eine Startlinie festlegen
- mit verbundenen Augen zur Zielscheibe gehen und mit dem Stift möglichst den Mittelpunkt treffen
- einem Mitspieler die Augen verbinden und ihm einen Stift oder ein Stück Kreide in die Hand geben
- jeder Spieler erhält einen Stift mit unterschiedlicher Farbe

1 Die Stichwortsätze sind durcheinander geraten. Kannst du trotzdem erkennen, wie das Spiel gespielt wird?

2 Schreibe die Stichwortsätze am besten auf ein Blatt Papier und schneide sie aus. Du kannst sie dann so lange hin und her legen, bis du eine sinnvolle Reihenfolge gefunden hast.

Wenn du mit jemandem das Spiel ausprobierst, fällt es dir leichter, eine sinnvolle Reihenfolge zu finden.

3 Klebe die geordneten Papierstreifen untereinander in dein Heft.
Du kannst die einzelnen Arbeitsschritte auch übersichtlich abschreiben.

4 Was ändert sich, wenn das Spiel in der Klasse an der Tafel stattfinden soll? Notiere es.

Spielanleitungen schreiben

Checkliste:
- Material/Vorbereitung
- Anzahl der Mitspieler
- Ablauf:
  alle Schritte
  sinnvolle Reihenfolge

Worauf man besonders achten muss:
- Zeitform: Präsens

5 Schreibe jetzt das Spiel in vollständigen Sätzen auf. Dazu beachte die folgenden Hinweise und Anregungen:
- Überlege, wie du deine Anleitung gliedern willst.
- Du kannst zwischen verschiedenen Sprachformen wählen:

Zuerst wird …   Du kannst …   Zuerst verbindet man …
Verbinde zuerst …

- Mit folgenden Wörtern kannst du Sätze einleiten:

anschließend   danach   hinterher   im Anschluss an
im Anschluss daran   jetzt   nun   schließlich   zuerst   zuletzt

6 Wenn du die Anleitung geschrieben hast, solltest du sie noch einmal gründlich durchlesen.

7 Stelle deine Anleitung während einer Schreibkonferenz vor. Sprecht darüber, wie ihr die einzelnen Arbeitsschritte aufgeschrieben habt:
- Welchen Vorteil haben Stichwortsätze?
- Wann ist es besser, in ganzen Sätzen zu formulieren?

Ein Spiel für draußen und drinnen

8 Schreibe in Stichworten auf, was jeder Mitspieler tun soll.

9 Schreibe nun eine ausführliche Spielanleitung, sodass man das Spiel danach spielen kann, auch ohne das Foto zu kennen. Suche einen interessanten Namen für das Spiel.

Spielanleitungen schreiben

Oma erzählt

Als ich noch ein kleines Mädchen war, haben wir meistens draußen mit ganz einfachen Dingen gespielt. Es gab ja für uns kein teures Spielzeug. Fernsehen und Computer kannten wir natürlich auch nicht.

Manches habe ich vergessen, aber ich erinnere mich genau, dass wir eines von den Spielen auf dem Bruegel-Bild früher selbst noch gespielt haben. Am liebsten in der Pause auf dem Schulhof. Das gab manchmal ganz schön blaue Flecke, wenn man von dem Stock getroffen worden war. Aber es hat uns viel Spaß gemacht. Wir durften natürlich keinen langen Stock oder Besenstiel mit in die Schule nehmen. Als Ersatz dafür haben wir uns Zweige von den Büschen am Schulhofrand abgebrochen. Das war streng verboten, deshalb mussten wir immer aufpassen, dass wir nicht erwischt wurden.
Dem Stockträger wurden mit einem Schal die Augen verbunden und er sollte so als „Blinder“ einen Mitspieler treffen. Er musste also genau hinhören und den Moment abpassen, wenn der Mitspieler mit einem kurzen Stock auf einen umgedrehten Topf oder Eimer klopfte. Wir nahmen dafür immer einen alten Zinkeimer, den wir hinter den Büschen versteckt hatten. Mensch, gab das manchmal Streiterei und Geschrei, wenn zu viele um den Topf herumstanden. Der „Blinde“ wurde ganz verrückt, weil er gar nicht mehr mitbekommen konnte, wo denn nun der Topfschläger war. Wenn der Stockträger getroffen hatte, wurden die Rollen getauscht. Natürlich durfte er nicht zu hart zuschlagen, sonst hätte das ziemlich wehgetan. Aber manchmal hat er sich eben dafür gerächt, dass er so lange an der Nase herumgeführt wurde.
Uns hat das immer viel Spaß gemacht. Manche konnten sich ganz leise an den Eimer anschleichen und sausten so schnell wieder weg, dass der „Blinde“ sie nur schwer treffen konnte.

1 Schreibe in Stichpunkten auf, was jeder Mitspieler tun soll. Die Abbildungen und die Erzählung der Oma helfen dir dabei.

2 Schreibe nun eine ausführliche Spielanleitung auf, sodass man das Spiel danach spielen kann, auch wenn man die Abbildungen nicht kennt.
Nimm dazu die Checkliste von S. 187 zu Hilfe.

3 Schreibe eine Spielanleitung zu einem Spiel, das du gern spielst.

4 Zeige deinen Text anderen. Können sie danach spielen?

Bastelanleitungen schreiben

Eine Bastelanleitung wird ähnlich geschrieben wie eine Spielanleitung. Man muss knapp und verständlich formulieren. Die wesentlichen Arbeitsschritte werden übersichtlich dargestellt.

Tiermasken basteln

Für die Aufführung des Stücks „Wer soll König sein?“ kann man sich einfache Tiermasken basteln. Ihr findet das Stück in der Werkstatt Theater auf Seite 167. Eine fertige **Fuchsmaske** ist dort auch abgebildet (S. 168). Hier ist die Bastelanleitung dazu:

Material:
Weißer Zeichenkarton
Schere
Klebstoff
Farbstifte oder Deckfarben
Gummiband

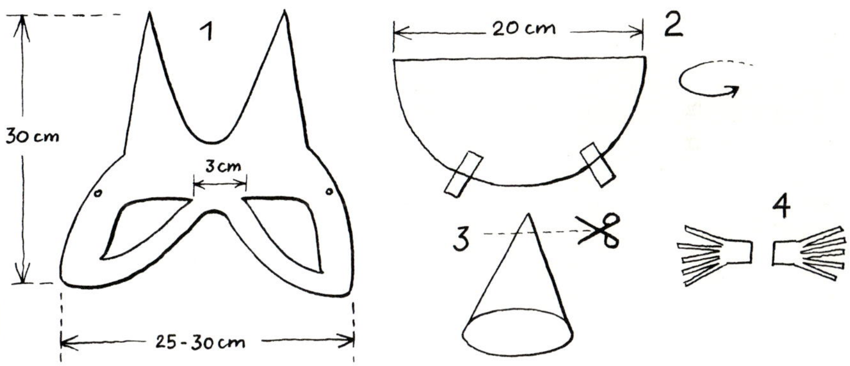

Die Fuchsmaske besteht aus einem Kopfteil, der Schnauze und den Barthaaren. Übertrage die Teile in der richtigen Größe auf Zeichenkarton (siehe Zeichnung). Schneide sie aus und klebe sie richtig zusammen. Am Schluss wird die Maske bemalt.

1 In dem Stück kommt auch ein **Uhu** vor. Schreibe zu der Materialliste und der Schemazeichnung die passende Bastelanleitung. Die fertige Maske siehst du auf Seite 167.

Material:
2 Pappteller
(Durchmesser ca. 23 cm)
Schere
Klebstoff
Federn
Farbstifte oder Deckfarben
Gummiband

2 Die übrigen Tiere des Stückes sind auf S. 190 als Vorbilder für Masken abgebildet.

Am besten teilt ihr die Arbeit auf: Manche können gut zeichnen, andere sind geschickter beim Zusammenkleben oder Bemalen.

Was sind die typischen Merkmale dieser Tiere? Seht euch die Abbildungen genau an und stellt die Masken her.
Damit ihr wichtige Dinge nicht vergesst, schreibt auch hierzu kurze Anleitungen.

Bastelanleitungen schreiben

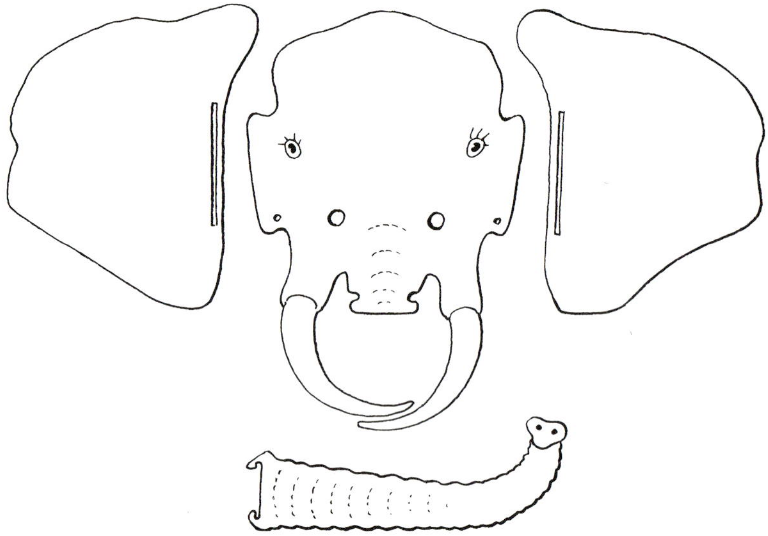

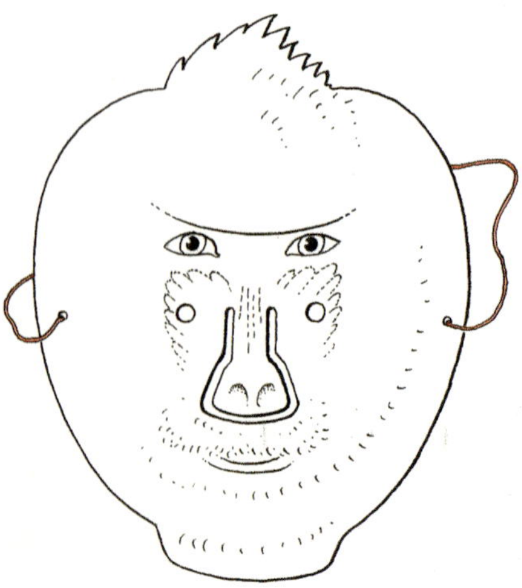

Standpunkte begründen

Computerverbot

Katrin und Tobias kommen mit einer ungewöhnlichen Mitteilung in die Schule: Ihre Eltern haben für einen Monat vollständiges „Computerverbot" ausgesprochen. Nichts geht mehr, keine Spiele, keine Textausdrucke, kein Internet und keine E-Mails. In der Klasse will jeder etwas dazu sagen:

Simon: Im Fernsehen ist auch mal darüber gesprochen worden. Ich erinnere mich aber nicht mehr genau daran. Ist schon zu lange her.

Abdul: Aber dann kann man keine Hausaufgaben mit dem Computer machen!

Eva: Dann werdet ihr euch aber ganz schön langweilen.

Max: Mein Vater sagt auch, dass ich lieber draußen spielen soll, als vor dem Bildschirm zu sitzen.

Jördis: Da wird die Telefonrechnung aber ganz schön hoch werden, wenn man nicht mehr mailen kann.

Annika: Gut, dass meine Eltern nicht auf so eine Idee kommen!

Stefanie: Bei uns zu Hause spielen wir einmal in der Woche Gesellschaftsspiele. Ohne Computer.

David: Für mich wäre das schlecht. Ich kann viel besser richtig schreiben, wenn mir das Rechtschreibprogramm hilft.

Nino: Meine Eltern haben für mich extra Mathe- und Rechtschreibspiele gekauft. Ich lerne ganz gut damit.

Frau Jahn: Als Lehrerin meine ich, man sollte das ruhig mal ausprobieren, ob man nicht ohne Computer auskommen kann. Vielleicht entdeckt man dann ganz neue Fähigkeiten und Hobbys.

Marlene: Dann kann ich ja gar nicht mehr mit euch „Commander X" spielen!

Timo: Ihr könnt meine Game-Konsole ausleihen, 5 Euro Leihgebühr.

Kevin: Im Urlaub hab ich den Computer nicht vermisst. Wir haben viele Ausflüge gemacht.

Verena: Jetzt müsst ihr ja alles aus der Bücherei besorgen, was ihr sonst einfach im Internet nachgesehen habt.

Janos: Wir haben gar keinen Computer.

Standpunkte begründen

Sehr geehrte Frau ...,
sehr geehrter Herr ...

Katrin und Tobias haben uns erzählt, dass Sie ihnen für einen Monat ...

1 Wie stehst du zu den einzelnen Aussagen in dieser Diskussion? Gib an, wer deiner Meinung nach einfach nur so „daherredet".

2 Ordne die Aussagen nach Zustimmung und Ablehnung.

3 Was kannst du selbst zu der Frage sagen? Schreibe es auf.

4 Mische dich ein und schreibe einen Brief an die Eltern von Katrin und Thomas.
Bevor du mit dem Schreiben beginnst, entscheide dich für einen Standpunkt. Wähle die Argumente aus, die du verwenden willst.
Denke beim Schreiben daran, dass du die Eltern nicht kennst.
Wichtig: Höflichkeitsanrede (Sie, Ihnen) großschreiben!

5 Sprecht über eure Briefe:
– Wird der Standpunkt deutlich?
– Ist die Begründung überzeugend?

Eine Kröte für die Klasse

6 Schreibe einen Brief, der deine Lehrerin oder deinen Lehrer davon überzeugen soll, dass diese Kröte das ideale Tier für euren Klassenraum ist. Überlege dir möglichst viele Gründe, die für eine Kröte sprechen.
Das können auch lustige Einfälle sein!

Liebe Frau ...,

... eine Kröte ist für uns genau das Richtige ...
Sie hält Fliegen fern und ist stubenrein ...
Wenn einer von uns Quatsch macht, muss er zur Strafe die Kröte auf das Breitmaul küssen ...

Texte überarbeiten

Während einer Schreibkonferenz hat Mark von Cordula und Dominik Tipps bekommen, wie er seinen Text zu dem Bruegel-Bild überarbeiten kann. Einige hat er sofort am Rand notiert.

hinten links	Ich komme vom Bach in das Bild. Dort sehe ich einen Jungen
hochklettern roten	am Baum und zwei Mädchen mit Röcken. Keiner bemerkt mich.
spitzen auf dem Rücken	Vor mir ist ein Haus mit Bögen. Ein Kind trägt ein anderes .
Sie	Zwei Kinder turnen an einer Art Reck. Die Kinder hängen an dem
ihnen	Balken. Ich würde bei den Kindern am liebsten mitmachen.
(umstellen)	Ich höre von überall her lautes Rufen und Lachen.
	Ich sehe aber auch Streit.

1 Verstehst du, was die Zeichen bedeuten?

2 Lies den Text mit den Bearbeitungsvorschlägen. Was hat sich geändert?

So geht Marks Text weiter:

Die beiden Jungen, die gegenüber auf dem Zaun reiten, wollen den dritten Jungen nicht mitspielen lassen. Der Junge sitzt einfach nur so dahinter. Ich kann alle Kinder in Ruhe beobachten.
Die Kinder benehmen sich so, als ob ich unsichtbar wäre. Die Kinder tragen komische Kleidung. Manche Kinder sehen ziemlich komisch aus. Aber Erwachsene sind weit und breit nicht zu sehen. Manche Spiele verstehe ich nicht. Manche Spiele gibt es auch heute noch. Ich möchte die Spiele gerne mal mit meinen Freunden nachspielen.

3 Lies den Textabschnitt.

4 Markiere (Folie), wo du etwas ersetzen oder ergänzen willst.

5 Lies den überarbeiteten Text. Wie klingt er jetzt?
In der Werkstatt Sprache (S. 235) findest du Hilfen, wie du störende Wortwiederholungen vermeiden kannst.

Texte überarbeiten

Mark hat sich in eine Figur aus dem Bruegel-Bild hineinversetzt und schildert, was er erlebt und beobachtet:

Der Reiterkampf ist gerade so richtig spannend geworden. Jan und Piet sind mein Pferd. Hoffentlich sind Jan und Piet stark genug und lassen sich nicht von Henk wegziehen. Ich muss mich weit nach vorne beugen, damit Henk mich nicht von Jan und Piet wegzieht. Gleich habe ich es geschafft. Ich klemme meine Beine um Jans Rücken. Die Lederschlaufe schneidet in meine Hand. Henks Hand rutscht schon etwas aus der Lederschlaufe heraus. Henk hat sich zurückgelehnt, gleich fällt Henk von seinem Pferd. Sein Pferd reißt schon etwas auseinander. Dann fallen alle auf den Boden. Der Boden ist hart. Man kann auf dem Boden auf einen Stein fallen und sich eine Beule holen. Aber eine Beule macht uns nichts aus.

Statt „fallen“:

stürzen
rutschen
aufschlagen
purzeln
knallen …

1 Lies den Text. Was fällt dir auf? Markiere (Folie), wo du etwas ersetzen oder ergänzen willst. Mache Verbesserungsvorschläge. Lies dazu auch jeweils die Textteile, die vor und nach der Textstelle liegen.

2 Cordula, Dominik und Mark wollen das Wort „fallen“ ersetzen. Dazu haben sie zunächst ein Wortfeld erstellt. Kennst du noch mehr passende Wörter?

3 Erprobe, welche Wörter passen. Wie verändert sich der Text?

4 Schreibe den verbesserten Text auf.

Texte in einer Schreibkonferenz vorstellen und bearbeiten

sse beim Vorschreiben nmer eine Zeile frei der schreibe mit einem reiten Rand. Dann kannst du Verbesserungsvorschläge besser einarbeiten.

- Wenn du einen Text vorgeschrieben hast und ihn gemeinsam mit anderen besprechen und überarbeiten möchtest, dann kannst du dich mit zwei, drei oder mehreren Schülerinnen und Schülern zu einer Schreibkonferenz zusammensetzen.

- Während einer Schreibkonferenz kannst du auch deinen fertigen Text vorstellen und dazu die Meinungen deiner Mitschülerinnen und Mitschüler einholen.

- Damit es kein Durcheinander gibt und jeder während einer Schreibkonferenz beim Thema bleibt, haben die Schülerinnen und Schüler die einzelnen Arbeitsschritte auf Karten geschrieben. Die Karte, die in der Mitte liegt, zeigt den gemeinsamen Arbeitsschritt an:

Texte in einer Schreibkonferenz vorstellen und bearbeiten

- Bevor die Schülerinnen und Schüler mit der Arbeit beginnen, legen sie fest, worauf sie besonders achten wollen:

  Kann man alles verstehen? An welcher Stelle nicht?

  Kann man sich das, was geschieht, gut vorstellen?

  Muss etwas ergänzt werden? Kann man den Text kürzen?

  Ist es sinnvoll, Abschnitte zu machen?

  Können zusätzliche Adjektive oder Verben eingefügt werden?

  Können die Satzanfänge durch Umstellen von Wörtern abwechslungsreicher werden?

  ...

- Jedes Mitglied der Schreibkonferenz erhält den Text eines anderen und schreibt etwas dazu in die Spalten eines Stichwortzettels. Mit dem Stichwortzettel wird der Text besprochen und zum Schluss überarbeitet.

Name	Das gefällt mir besonders an deinem Text:	Hier fällt mir etwas auf. Hier stört mich etwas.	Meine Tipps
Andy	Er ist lustig.	viele gleiche Wörter	Nimm andere Wörter: schleichen, klettern, springen ...
Melanie			

1 Wie wollt ihr eure Texte besprechen und überarbeiten? Sammelt Vorschläge und einigt euch.

2 Probiert eure Vorgehensweise aus. Sprecht auch darüber, was euch gefallen hat und was nicht so gut war und anders gemacht werden sollte.

WERKSTATT Rechtschreiben

Schwimmbad zerlege ich in ***schwimm*** und ***Bad.***

Schwimmen mit mm, weil ***schwim-men*** und nicht ***schwi-men.***

Zu ***schwimm*** muss man die Langform ***schwim-men*** oder ***Schwim-mer*** bilden.

Man muss das Wort zunächst zerlegen und dann verlängern um eine Silbe. ***Schwimm*** und ***Schwim-mer.***

Zu ***Schwimmbad*** lässt sich hinzufügen: ***neues Schwimmbad*** oder ***das neue Schwimmbad.***

Schwimmbad ist ein Nomen. ***Schwimmbad*** wird großgeschrieben.

Ich kenne noch ***Schwimmbrille.***

Bad schreibt man mit d, weil ***baden.***

Die Schüler der Klasse 5b führen fast in jeder Stunde ***Rechtschreibgespräche*** über Wörter, die schwierig zu schreiben sind, oft in der ganzen Klasse, manchmal zu zweit oder in kleinen Gruppen. Diesmal reden sie über das Wort ***Schwimmbad.***

1 Fällt euch noch mehr zum Wort *Schwimmbad* ein? Führt das Gespräch fort.

2 Führt ein solches Rechtschreibgespräch mit den Wörtern *Flusspferd, Schlapphut* oder *Haushund.*

- Schreibt das Wort, über das gesprochen werden soll, am besten an die Tafel.
- Alle, die zu der Rechtschreibung etwas sagen können, melden sich zu Wort. Ihr werdet euch wundern, wie viel ihr schon wisst und wie ihr immer mehr voneinander hinzulernt.
- Sprecht ab, welche Aufgabe die Lehrerin oder der Lehrer während des Gesprächs übernehmen soll.

3 Sprecht über den Ablauf eures Rechtschreibgesprächs:
Was ist euch gelungen? Was wollt ihr beim nächsten Mal ändern? Was ändert sich, wenn sich jeder Notizen machen kann, bevor er sich zu Wort meldet?

Übernehmt die Wörter des Rechtschreibgesprächs auch in eure Wörtersammlung. Wie ihr das tun könnt, erfahrt ihr auf Seite 221.

Silben in Wörtern untersuchen

Die Wörter unserer Sprache sind einsilbig, zweisilbig oder mehrsilbig:

der Stuhl

die Pau-se

die Kar-tof-fel

die E-le-fan-ten

das Bad der Ball bauen gehen glänzen glitzern glühen gut oft hoppeln hören die Kameraden der Korb das Lineal die Nachtigallen der Ofen Otto die Papageien die Polizei der Schwimmbadturm schmunzeln der Schritt die Temperaturen und die Zäune der Zirkus

1 Ermittle in den Wörtern oben die Anzahl der Silben:
- Die Silben eines Wortes kannst du durch langsames, deutliches und rhythmisches Mitsprechen ermitteln.
- Übertrage die folgende Tabelle in dein Heft und trage die Wörter mit Silbentrennungsstrich in die richtige Spalte ein:

einsilbige Wörter	zweisilbige Wörter	Wörter mit mehr als zwei Silben
das Bad	bau-en	die Ka-me-ra-den

- Ein Wort besteht aus drei einsilbigen Wörtern. Markiere es im Heft.

2 Du weißt, dass die Laute, die wir hören, in der Schrift durch Buchstaben wiedergegeben werden. Untersuche die Laute (Vokale und Konsonanten) in den Wörtern oben genauer und stelle Vergleiche an:
- Wie klingt in *Ot-to* das o in der ersten Silbe und wie in der zweiten Silbe?
- Vergleiche das o in *hop-peln* und *oft* mit dem o in *Ofen.*
- Wie klingt das b in *Korb,* wie das b in *haben?*
- Wie klingt in *ge-hen* das e in der ersten und wie in der zweiten Silbe?
- Untersuche auch andere Laute in den Silben der Wörter genauer. Führe die Untersuchungen am besten mit einem Partner in einem Rechtschreibgespräch durch.

3 Lasse am Wortanfang in den folgenden Wörtern die Anfangsbuchstaben (f, m, r, sch, s, w, z) weg:

fast fort Macht Mast Maus messen Mund neben Rauch Reis Schwein sein warm Zimmer

- Wie heißt das neue Wort? Schreibe es auf. Achte auf die Groß- und Kleinschreibung.
- Kennzeichne den neuen Anfangsbuchstaben farbig. Womit beginnen die Wörter jetzt?
- Was passiert, wenn du noch mehr Buchstaben streichst?

4 Die Wörter *fassen, fischen, laufen, Latte, Land, leise, Magen, Mund, mischen, sagen* beginnen mit den Buchstaben f, l, m und s.
- Ersetze die Anfangsbuchstaben der Wörter durch andere. Wie heißen die neuen Wörter? Beispiel: Aus *fassen* wird *lassen* oder *passen* oder *Tassen.*
- Achte auf die Groß- und Kleinschreibung der neuen Wörter.

Silben in Wörtern untersuchen

5 Zerlege die folgenden Wörter:

die Affenfüße die Butterdose die Flimmerkiste die Gewitterwolke die Hundepfoten die Katzenaugen die Katzentatzen die Kinokarte der Klappentext die Mäuseohren die Narrenkappe die Pudelmütze die Sommersonne die Vogelflügel

- Finde die einzelnen Wörter, aus denen sie bestehen.
- Zerlege die Wörter in Silben. Schreibe so:
  die Affenfüße: die Af-fen + die Fü-ße ...

6 Diese Wörter zu zerlegen ist nicht ganz einfach:

aufbauen auslachen belügen bestehlen essbar die Faulheit folgsam glaubhaft glücklich lustig mutig mühsam die Übelkeit schmutzig ungenießbar unsauber verplappern vorlesen zerschneiden

Buchstaben für Konsonanten:
b, g, m, k ...

Buchstaben für Vokale:
e, i/ie, o, u, a

Buchstaben für Umlaute:
ä, ö, ü

Buchstaben für Zwielaute:
äu, eu, au, ei, ai

- Finde die Bausteine, aus denen die Wörter gebildet sind.
- Zerlege nun die Wörter in Silben. Schreibe so: **auf + bau-en ...**

Die **Silben** eines Wortes kannst du durch langsames Mitsprechen ermitteln. Silben haben einen ganz bestimmten Aufbau. In jeder Silbe kommt ein **a, i /ie, e, o, u,** ein **ä, ö, ü** oder ein **au, äu, ai, ei, eu** vor.
Die meisten Silben haben auch mindestens ein **b, ch, d, f, g, h, j, k ...**
Die Laute werden durch Buchstaben wiedergegeben. Aber nicht jeder Buchstabe entspricht genau einem Laut.

So kannst du üben:

Ü 1 Bringe die drei Sätze wieder in Ordnung. Ersetze die Punkte durch die richtigen Buchstaben:
D• K•tz•n fr•ss•n •hr Fr•ss•n •s d•r Sch•ss•l.
D• H•nd• kn•rr•n und schn•pp•n n•ch d•m H•s•nb•n des Br•ftr•g•rs.
•n b•nt•r R•g•nb•g•n sp•nnt sich •b•r d•s T•l.

Ü 2 Schreibe aus einem Buch kurze Sätze ab und ersetze die Vokalbuchstaben durch Punkte. Der Partner muss die Sätze anschließend wieder in Ordnung bringen.

Ü 3 Einer nennt ein Wort, der andere bestimmt die Anzahl der Silben. Oder: Einer nennt ein Wort, der andere buchstabiert das Wort.

Ü 4 Suche im Wörterbuch Wörter ohne Konsonantbuchstabe am Wortanfang: *der Arm, die Ei-le ...* Schreibe sie auf.

Wörter mit langem und kurzem Vokal

Ob ein Vokal lang oder kurz ist, merkst du häufig schon beim Sprechen der Wörter:

1 Lies die folgenden Wörter. In den Wortpaaren wird immer der gleiche Vokal betont, aber jeweils verschieden gesprochen. Woran merkst du das?

Krone – Sonne	*Säge – Wände*	*sparen – scharren*
Schemel – Schelme	*Krümel – Kümmel*	*gaffen – strafen*

2 Schreibe die Wörter auf. Markiere die langen und kurzen Vokale mit zwei verschiedenen Farben. Vergleiche dein Ergebnis mit einem Partner.

Wenn du die Silben in den zweisilbigen Wörtern untersuchst, kannst du entdecken, ob du in der betonten Silbe den Vokal kurz oder lang sprechen musst:

3 Zerlege die Wörter oben in Silben und schreibe sie mit Silbentrennungsstrich auf. Beispiel: *Kro-ne – Son-ne.*

Ein Wort wie *Krone* besteht aus zwei Silben: ***Kro-ne***.
Die erste betonte Silbe endet mit dem Buchstaben o. Sie ist **offen**.
Den Vokal sprichst du lang. Beispiel: ***Kro-ne*** und nicht: *Kron-ne.*

Das Wort *Sonne* besteht auch aus zwei Silben: ***Son-ne***.
Die erste betonte Silbe endet mit dem Buchstaben n. Die Silbe ist **geschlossen**.
Den Vokal sprichst du kurz. Beispiel: ***Son-ne*** und nicht: *So-ne.*

4 Übernimm die Tabelle ins Heft und ordne die zweisilbigen Wörter von oben mithilfe der Angaben im Regelkasten:
- Schreibe sie mit Silbentrennungsstrich in die richtige Spalte.
- Markiere in jedem Wort den Buchstaben, mit dem die betonte Silbe endet.

Wörter mit offener Silbe	Wörter mit geschlossener Silbe
Kr<u>o</u>-ne	So<u>n</u>-ne

5 Lies die Wörter in den Spalten und vergleiche, wie die Wörter gesprochen und wie sie geschrieben werden.
Was stellst du fest?

Wörter mit langem und kurzem Vokal

6 Hier findest du Verben mit offener und mit geschlossener Silbe:

finden fliegen fressen glühen kommen lesen lüften sagen schlafen schwimmen sitzen tragen werfen ziehen

- Zerlege die Wörter in Silben, indem du sie langsam und deutlich mitsprichst.
- Schreibe sie wie in Aufgabe 4 mit Silbentrennungsstrich geordnet auf.

bunt	süß
fein	grob
fest	froh
hell	zart
schön	dünn

feiner	roher
dünner	zarter
bunter	fester
süßer	heller
grober	schöner

7 Suche zu den Adjektiven, die auf dem blauen Zettel stehen, die passende zweisilbige Wortform auf dem grünen Zettel.
- Schreibe die Adjektive als Wortpaare auf: *bunt – bun-ter …*
- Nun ordne die Adjektive mithilfe der zweisilbigen Wortform nach Wörtern mit offener und geschlossener Silbe wie in Aufgabe 4. Beachte die Hinweise im Regelkasten auf Seite 200.

8 Die folgende Wörtersammlung enthält einsilbige Nomen und Verben:

der Ast der Ball beißt bremst das Brett das Brot das Buch fand geht glänzt das Haus der Hut kämmt das Kind das Kleid der Kopf kratzt das Land näht passt quält sah setzt trägt der Weg

- Suche zu den Nomen eine zweisilbige Wortform, indem du den Plural bildest: *der Ast – die Äs-te …*
- Bilde mit den Verben die wir-Form: *beißt – wir bei-ßen …*

9 Ordne mithilfe der zweisilbigen Wortform die Nomen und Verben der Aufgabe 8 nach Wörtern mit offener und geschlossener Silbe.

> Ob die Silbe in einsilbigen Wortformen offen oder geschlossen ist, erkennt man, wenn man zu den Wörtern eine zweisilbige Wortform (Langform) bildet. Beispiel: *bunt – bun-ter, Ast – Äs-te, beißt – bei-ßen.*

So kannst du üben:

Ü 1 Schreibe Wörter von diesen beiden Seiten auf Wortkarten. Ein Partner liest sie dir vor. Du entscheidest, ob die betonte Silbe der Wörter offen oder geschlossen ist, indem du jedes Wort mit Silbentrennungsstrich aufschreibst. Beachte: Zu einsilbigen Wörtern musst du eine zweisilbige Wortform bilden: *passt – pas-sen.*

WERKSTATT Rechtschreiben

Wörter mit silbentrennendem h

```
Schue  geen
Zeen  nae
Ree  steen
```

1 Lies die Wörter auf dem Zettel. Was stellst du fest?

2 Füge in den Wörtern das fehlende h ein und schreibe die Wörter mit Silbentrennungsstrich auf: *Schu-he.*

3 Wir nennen das h an dieser Stelle *silbentrennendes h*. Begründe.

4 Schreibe die folgenden Wörter in Silben getrennt auf: *dro-hen* …
drohen, drehen, fliehen, hohe, krähen, nähen, Ruhe, sehen, Truhe.

5 In diesen einsilbigen Wörtern muss ein h vorkommen:
es blüht, sie flieht, früh, er geht, die Kuh, es glüht, er mäht, sie zieht.
Warum das so ist, findest du heraus, wenn du zu den Wörtern eine passende zweisilbige Wortform bildest. Schreibe so: *es blüht – sie blü-hen.*

Wenn die erste Silbe mit einem Vokal endet und die zweite mit einem Vokal beginnt, dann setzt man meistens ein h dazwischen. Dieses h nennen wir **silbentrennendes h.** Das h bleibt in anderen Formen der Wörter erhalten.

6 Suche zu einigen Wörtern der Aufgabe 4 möglichst viele verwandte Wörter und schreibe sie ins Heft: *drohen – Drohung, bedrohen* …

7 Übertrage den Merkkasten ins Heft. Suche dafür passende Beispielwörter und schreibe sie dazu.

8 Wie musst du vorgehen, um das h in den folgenden Wörtern zu erklären: *der Schuhanzieher, rehfarbig, der Kuhstall, der Flohzirkus, der Drehwurm, das Nähgarn?*

So kannst du üben:

Ü 1 Suche in den folgenden Sätzen einsilbige Wörter mit silbentrennendem h. Begründe, warum in diesen Wörtern ein silbentrennendes h steht. Beispiel: *sieht,* weil *se-hen.*

Aus Langeweile sieht er aus dem Fenster.
Den Schuh zieht er sich regelmäßig ohne einen Schuhanzieher an.
Seinen großen Zeh kann er besonders stark in die Höhe strecken.
Die Sonne glüht.
Er ist ein Frühaufsteher.

Ü 2 Suche im Wörterbuch zu möglichst vielen h-Wörtern verwandte Wörter und schreibe sie ins Heft.
Beispiel: *sieht: wegsehen, zusehen, Sehkraft, sehenswürdig* …

Ü 3 Lass dir einige Sätze diktieren. Jedes Mal, wenn ein Wort mit silbentrennendem h geschrieben wird, klopfe leise auf den Tisch oder sage: „Stopp!" Du schreibst das Wort auf und erklärst die Schreibweise des Wortes.
Beispiel: *Schuh* – weil *Schu-he* …

Wörter mit ie

Das **lange i** wird fast in allen Wörtern mit **ie** geschrieben.

1 Zerlege die folgenden Wörter in Silben: Lies die Wörter dazu langsam und deutlich. Schreibe sie mit Silbentrennungsstrich auf: *Die-le* …

die Diele der Diener das Fieber der Frieden gießen kriechen lieben die Schiene spielen die Ziege der Ziegel finden die Zwiebel

2 Untersuche die Buchstaben am Ende der betonten Silbe. Was kannst du beobachten? Wie muss der i-Laut deshalb gesprochen werden? Beachte die Hinweise im Regelkasten auf Seite 200.

3 Begründe das ie in den folgenden Wörtern. Suche dazu zu jedem Wort eine zweisilbige Wortform. Beispiel: *biegt – wir biegen.*

biegt der Brief friert das Lied schief das Sieb der Sieg tief lieb riecht das Tier das Ziel

Wenn Riesen niesen *Josef Guggenmos*

Sieben Riesen,
die mit bloßen Füßen
über nasse Wiesen liefen,
niesten mit ihren Riesennasen so laut,
dass von diesem Riesenniesen
sieben Wieselkinder,
die in tiefen Zimmern schliefen,
aufwachten und „Gesundheit“ riefen.

4 Warum wirkt dieses Gedicht so lustig?

5 Schreibe aus dem Gedicht die Wörter mit ie ins Heft und begründe die Schreibweise des i-Lautes. Beispiel: *sieben – weil sie-ben,* …

6 Sieh dir diese Wörterreihe an:
Brieffreundschaft, Liebling, sieglos, Spielleiter, Tierheim.
Welche Rechtschreibschwierigkeit stellst du fest?
Wie musst du vorgehen, um das ie in den Wörtern zu erklären?

So kannst du üben:

Ü 1 Begründe in den unterstrichenen Wörtern die Schreibweise des i-Lautes: *gingen* mit i, weil *gin-gen, Tierknochen – Tier* mit ie, weil *Tie-re.*

Die Menschen der Vorzeit

Die Menschen der Vorzeit gingen auf die Jagd. Aus den Tierknochen ließen sich Waffen und Spielzeug für die Kinder herstellen. Als unsere Vorfahren sesshaft wurden, lernten sie wilde Tiere zu zähmen, um sie als Nutztiere zu halten. Sie hatten auch mehr Zeit ihr Leben zu genießen.

Ü 2 Lass dir die Sätze diktieren.

Wörter mit oder ohne Dehnungs-h

das Ohr
das Huhn
der Zahn
der Lohn
das Rohr

die Rohre
die Löhne
die Zähne
die Ohren
die Hühner

Wörter mit einem Dehnungs-h (stummen h) bilden eine Ausnahme. Es sind Merkwörter. Ihre Schreibweise musst du besonders üben.

1 Suche zu den Wörtern auf dem roten Zettel die passenden zweisilbigen Wörter auf dem blauen Zettel. Schreibe sie als Wortpaare ins Heft: *das Ohr – die Oh-ren ...*

2 Stelle zu dem h in diesen Wörtern einige Überlegungen an:
- Zu welcher Silbe gehört das h im Zweisilber?
- Lies die Wörter. Warum nennt man dieses h auch stummes h?

3 Überprüfe in den folgenden Wörtern, welche unterschiedlichen Buchstaben dem h folgen. Unterstreiche die Buchstaben (Folie).

angenehm befehlen berühmt der Bohrer die Bühne die Fahne fahren fühlen das Jahr kühl lehren der Lohn nehmen ohne der Pfahl der Rahmen der Ruhm wahr wühlen zehn

4 Lege im Heft nach dem folgenden Muster eine Tabelle an und schreibe die Wörter in die Spalten. In jede Spalte gehören fünf.

Wörter mit hl	Wörter mit hm	Wörter mit h...	Wörter mit h...
befehlen			

5 Kannst du nun einsetzen, was in der folgenden Schreibhilfe fehlt? Schreibe den Satz vollständig in dein Heft.

> In vielen Wörtern steht vor einigen Buchstaben ein **Dehnungs-h**.
> Dieses h kommt nur vor den Buchstaben ... vor.

So kannst du üben:

Ü 1 Suche zu Wörtern mit Dehnungs-h verwandte Wörter.

Ü 2 Bilde mit einigen Wörtern kurze Sätze.

Ü 3 Lass dir ein Wort von einem Partner vorgeben und notiere in einer vorher festgelegten Zeit möglichst viele Wörter aus der gleichen Wortfamilie.

Wörter mit ä oder äu

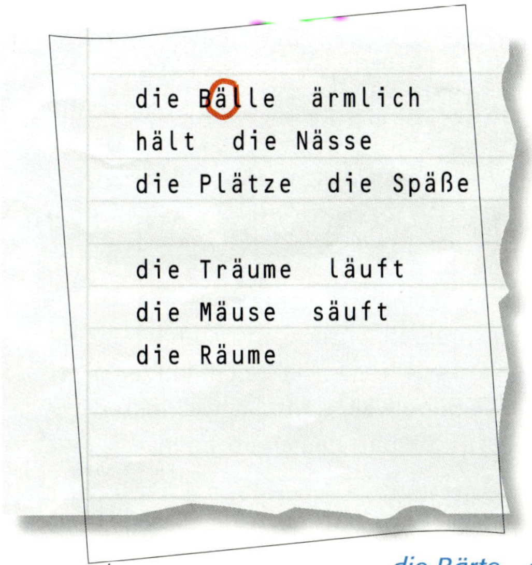

Folie

1 Lies die beiden Wortreihen auf dem Zettel. Vergleiche dabei das gesprochene Wort mit der Wortschreibung. Markiere die Problembuchstaben (Folie).

2 Zu allen Wörtern des Zettels gibt es eine Form mit a oder au. Schreibe sie als Wortpaare auf. Beispiel: *die Bälle – der Ball.*

3 Suche zu einigen Wörtern des Zettels im Wörterbuch verwandte Wörter und schreibe sie auf. Beispiel: *die Bälle – der Ballsport, der Fußball ...*

4 Suche zu jedem Wort mit ä ein Wort mit a, zu jedem Wort mit äu ein Wort mit au.

die Bärte die Bäume bläulich die Hände hässlich die Häuser das Kätzchen das Mäuschen die Nägel die Räume die Stämme täglich träumen die Zäune

5 Wann schreibst du ä oder äu? Formuliere eine Regel. Schreibe sie mit einigen Beispielwörtern auf.

6 Zu manchen Wörtern mit ä findest du keine Wörter mit a. Schlage die folgenden Wörter nach. Vier Wörter werden mit e geschrieben.

Übernimm alle Wörter, die dir wichtig sind, in deine persönliche Wörtersammlung.

der ?rger ?hrlich der K?fer der K?fig der K?se kr?hen der L?rm das M?dchen der M?rz die Qu?lle s?gen s?lten schr?g sp?t tr?ge die Tr?ne vorw?rts w?hrend

So kannst du üben:

Ü 1 *bläulich, gefälscht, Kämme, Kräuter, Jäger, Kälte, säubern, träumen*
Suche zu diesen Wörtern verwandte Wörter mit a oder au. Schreibe sie ins Heft. Beispiel: *gefährlich – die Gefahr ...*

Ü 2 *Wenn ich fahre, fährt er auch. Wenn ich falle, fällt er auch.*
Schreibe mit den Verben *fangen, laufen, schlafen* und *schlagen* weitere wenn-Sätze ins Heft. Wer könnte gemeint sein?

Ü 3 *der Baum das Fass der Hahn der Hase die Katze die Maus der Schrank*
Aus vielen Nomen mit a oder au lassen sich Verkleinerungsformen mit -chen bilden. Probiere es aus. Beispiel: *der Baum – das Bäumchen.*

Ü 4 Suche in Texten in diesem Buch Einsilber mit au, die als Mehrsilber ein äu haben.

WERKSTATT Rechtschreiben

m, n, l … – einfach oder doppelt?

Warum wird in *Hammer* das m verdoppelt und in *Name* nicht?

Bei **Name** lesen wir **Na-me.** Die Silbe ist offen. Der Vokal a muss lang gelesen werden.

Hammer mit einem m müssten wir **Ha-mer** lesen. Mit einem langen a. Die Silbe wäre offen, ohne Stopper.

Wenn wir **Name** mit mm schreiben würden, müssten wir ja **Nam-me** lesen. Mit einem kurzen a. Die Silbe wäre dann ja geschlossen. Sie hätte einen Stopper.

Das erste m in **Ham-mer** schreibt man, damit man **Hammer** mit einem kurzen a liest. Die Silbe ist geschlossen.

Name – Hammer
Schule – Bulle
Regen – Egge
Blumen – bummeln

1 Schreibe alle Wortpaare von dem Zettel mit Silbentrennungsstrich auf. Beispiel: *Ham-mer – Na-me.*
- Markiere immer den Buchstaben, mit dem die erste Silbe endet und die zweite beginnt.
- Begründe in einem Partnergespräch, ob die Aussagen des Gesprächs auch für die anderen Wortpaare gelten.

2 Begründe die Schreibweise der folgenden Wörter und ordne sie nach Wörtern mit geschlossener Silbe und nach Wörtern mit offener Silbe. Lege dazu eine Tabelle an und schreibe die Wörter mit Silbentrennungsstrich in die Spalten.

die Blüte braten fassen fegen getroffen der Hase die Klappe der Keller die Kette lassen legen loben die Nase offen die Pappe proben raten der Teller die Tüte die Wette

3 Sprich die Wörter von Aufgabe 2 deutlich aus und stelle sie nun zu Reimpaaren zusammen: *Blü-te – Tü-te … oder Pap-pe – Klap-pe …*

er bellt blass das Blatt der Damm das Fett der Fluss fromm hell der Herr es muss nett er rennt er soll sie stellt toll

4 Die Wörter oben bestehen nur aus einer Silbe. Suche eine Erklärung für die Buchstabenverdoppelung, indem du jedes Wort um eine Silbe verlängerst:
- Bilde zu den Verben die wir-Form: *bellt – wir bel-len …*
- Bilde zu den Nomen den Plural: *das Blatt – die Blät-ter …*
- Schreibe die Adjektive mit einem Nomen auf: *blass – das blas-se Gesicht.*

m, n, l … – einfach oder doppelt?

5 *fassen, der Fluss, der Herr, hell, die Klappe*
Suche zu diesen Wörtern verwandte Wörter und schreibe sie auf. Du kannst das Wörterbuch benutzen. Beispiel: *fassen – gefasst, anfassen …*

6 Vergleiche die Schreibweise der Wörter. Was kannst du feststellen?

7 Sieh dir diese Wörter genau an:
die Pfannkuchen, die Mattscheibe, der Plattfuß, der Brummbär, die Mannschaft, der Irrtum, der Knalltütenverschluss.
- Schreibe die Wörter auf und markiere die Rechtschreibschwierigkeit.
- Wie musst du vorgehen, um den doppelten Buchstaben für den Konsonanten in den Wörtern zu erklären?

8 Kannst du richtig einsetzen, was in den folgenden Merksätzen fehlt?
Es sind die Wörter *Silbe, einsilbigen, kurz:*

> Bei Wörtern wie *Affe, Klappe, löffeln, Kette* wird der Buchstabe für den **Konsonant** in der Mitte **verdoppelt**, damit der Vokal … gelesen wird: ***Af-fe, Klap-pe, löf-feln, Ket-te.***
> Um zu entscheiden, ob in einem … Wort wie *bellt, blass, Blatt* oder *Damm* der Buchstabe für den Konsonant verdoppelt werden muss, muss man das Wort um eine … verlängern: ***bellt – bel-len, blass – blas-se, Blatt – Blät-ter, Damm – Däm-me.***

So kannst du üben:

der Schluss
der Fall
das Blatt
die Fälle
die Schlüsse
…

hell
nett
heller
still
netter
…

er soll
sie muss
sie kommt
sie kommen
…
wir müssen

Ü 1 *stolpern, melden, werfen, hoffen, Kerze* Schreibe die Wörter mit Silbentrennungsstrich auf. Begründe, welches Wort nicht passt. Erfinde eine ähnliche Wortreihe mit anderen Wörtern.

Ü 2 *knallen, raffen, rattern, raten* *brennen, jammern, kamen, stellen*
Zerlege die Verben der beiden Wortreihen und schreibe sie mit Silbentrennungsstrich auf. Begründe, welches Wort jeweils nicht in die Reihe passt. Schreibe zu den Verben die er-, sie-, oder es-Form des Präsens auf.
Beispiel: *knallen – er knallt.*

Ü 3 *dumm, dürr, fett, fromm, hell, krumm, matt, satt, starr, still, straff*
Schreibe zu jedem Adjektiv ein passendes Nomen.
Suche zu jedem Adjektiv im Wörterbuch ein verwandtes Wort.

Ü 4 Lies die drei Wörterreihen auf den Zetteln. Welches Wort fehlt jeweils? Ergänze die fehlenden Wörter und schreibe sie auf! Suche zu jeweils zwei Wörtern ein verwandtes Wort. Nimm das Wörterbuch zu Hilfe. Schreibe eine ähnliche Aufgabe für deinen Partner auf, der sie dann lösen muss.

m, n, l … – einfach oder doppelt?

Ü 5 Schreibe alle Wörter mit Silbentrennungsstrich auf.
- Begründe, welches Wort jeweils nicht in die Reihe passt.
- Schreibe zu drei Wörtern verwandte Wörter auf.

hoffen, die Kanne, offen, die Quelle, schälen, die Welle
fassen, kippen, lassen, rasen, schnappen, wippen
der Bissen, die Blumen, brummen, gaffen, das Kissen, summen

Ü 6 Begründe die Buchstabenverdoppelung.
- Bilde zu den Nomen den Plural: *der Biss – die Bis-sen*
- Bilde zu den Verben die wir-Form: *glimmt – wir glim-men.*
- Schreibe die Adjektive mit einem Nomen auf: *dünn – das dün-ne Brett.*

der Biss das Brett dünn glimmt kippt knallt küsst müsst
die Nuss satt das Schiff schlapp nass schrill der Schwamm
der Stall voll

Ü 7 Schreibe die folgenden Wörter ins Heft. Ergänze dabei den fehlenden Buchstaben. Begründe in Klammern die Schreibweise.
Beispiel: *der Büffel (Büf-fel)* …

f oder **ff** ?	*Bü?el, Schla?mütze, Schi?, schla?en, Wa?e*
l oder **ll** ?	*fä?t, he?, Schu?kram, Te?er, Wa?e, We?e*
m oder **mm** ?	*Blu?e, ka?, Nu?er, Schi?el, Schwi?flügel*
n oder **nn** ?	*dü?, ke?en, Ki?, Re?pferd, spi?t*
p oder **pp** ?	*kna?, Schla?schwanz, Pu?e, Tre?e, wi?t*
s oder **ss**?	*bla?, Flo?e, Ke?el, Rü?el, Schlo?graben*
t oder **tt** ?	*Re?ung, We?e, zi?ern, gla?, Wa?e*

Ü 8 Bilde zu den Verben die wir-Form des Präteritums.
Beispiel: *bum-meln – wir bum-melten.*
Aufgepasst: In zwei Verben wird der Buchstabe für den Konsonanten nun nicht mehr verdoppelt!

bummeln donnern füttern kommen rennen retten sammeln scheffeln
schütteln sperren treffen zittern

Ü 9 Formuliere lustige Fragesätze mit möglichst vielen Wörtern, in denen der Buchstabe für den Konsonanten verdoppelt wird.

Krabbeln Giraffen mit Affen in Tannen?
Müssen Teddys Pudding essen?

Drei Schreibweisen des s-Lautes

Hasen – hassen
reisen – reißen
lasen – lassen
Riesen – genießen
Strauß – Maus
Preis – heiß

Den s-Laut kannst du stimmhaft sprechen wie in dem Wort *brausen.*
Du kannst ihn aber auch stimmlos sprechen wie in *Laus* und *Gruß.*

1 Lies die Wörter auf dem Zettel und achte darauf, wie der s-Laut jeweils klingt.

2 Vergleiche das gesprochene Wort mit der Wortschreibung. Wie viele Möglichkeiten gibt es, das s zu sprechen und zu schreiben?

s oder ß?

3 Lies die folgenden einsilbigen Wörter. Vergleiche, wie der s-Laut klingt und wie er geschrieben wird.

der Fels der Fuß das Glas
das Haus heiß der Preis
der Spaß süß

die Felsen die Füße die Gläser
die Häuser heißer die Preise
die Späße süßer

4 Suche zu den einsilbigen Wörtern eine passende Wortform rechts. Schreibe sie als Wortpaare auf: *der Fels – die Fel-sen.*
Sprich beim Schreiben mit und achte darauf, wie der s-Laut jeweils klingt.

5 Schreibe die beiden folgenden Wortreihen in dein Heft. Ergänze jeweils den fehlenden Buchstaben s oder ß. Begründe in Klammern die Schreibweise. Beispiel: *bremst (brem-sen).*

brem?t flie?t Flo? Gan? Gra? gro? Gru? grü?t
Hal? Klo? Krei? Lau? lö?t Ma? spei?t Sto?

Mithilfe der zweisilbigen Wortform (Langform) kannst du herausfinden, wann du einen stimmlosen s-Laut mit ***s oder ß*** schreiben musst.
Hörst du in der zweisilbigen Wortform (Langform) ein stimmhaftes s, dann schreibst du auch in der einsilbigen Wortform (Kurzform) ein s.

6 Schreibe die Rechtschreibhilfe mit einem Wortbeispiel in dein Heft.

7 *reisen, lesen, reißen, büßen*
Bilde zu diesen Verben die er-, sie- oder es-Form. Suche mit dem Wörterbuch noch weitere verwandte Wörter und schreibe die Wortfamilien in dein Heft. Beispiel: *reisen: sie reist – Reise, Reiselust, Reisefieber, verreisen …*

8 Bilde Sätze, in denen möglichst viele s- oder ß-Wörter vorkommen. Es dürfen auch Unsinnsätze sein. Beispiel:
Die Maus grüßt, grinst und verspeist den Käsekuchen.
Die Mäuse grüßen, grinsen und verspeisen den Käsekuchen.

Drei Schreibweisen des s-Lautes

ss oder ß?

Straßen – Gassen
Maße – Masse
Gefäße – Fässer

9 Vergleiche die Wortpaare auf dem Zettel:
- Sprich beide Wörter der Wortpaare deutlich aus. Was stellst du fest?
- Schreibe die Wortpaare mit Silbentrennungsstrich auf.
  Beispiel: *Stra-ßen – Gas-sen.* Was kannst du entdecken?

10 Wovon hängt es ab, ob der s-Laut mit ss oder ß geschrieben werden muss? Formuliere eine Regel. Nimm die Angaben im Regelkasten auf Seite 209 zu Hilfe.

11 Setze in den folgenden Wörtern ein ss oder ß ein und schreibe sie auf. Begründe in Klammern die Schreibweise.
Beispiel: *die Grüße (die Grü-ße).*

die Grü?e, die Kü?e, die Spä?e, die Ta?e, die Schlö?er, die Fü?e, die So?e, die Kla?e

12 Setze in den folgenden einsilbigen Wörtern ss oder ß ein. Begründe in Klammern die Schreibweise mit einer zweisilbigen Wortform (Langform). Schreibe so: *beißt (bei-ßen).*

bei?t, der Flei?, der Flu?, gie?t, ha?t, lä?t, sa?, das Schlo?, stö?t

13 Suche zu den Wörtern *Nuss, passen, grüßen, Maß* mithilfe des Wörterbuches verwandte Wörter und schreibe die Wortfamilie ins Heft.

So kannst du üben:

Wörter mit s, ss, ß kommen häufig vor. Du findest sie in Zeitungen und Zeitschriften. Sammle möglichst viele und ordne sie nach dem Abc, nach Nomen, Verben, Adjektiven und sonstigen Wörtern oder nach Wörtern mit s, ss, ß.

Ü 1 Wähle s-, ß- und ss-Wörter aus und mache mit ihnen ganz unterschiedliche Übungen. Anregungen dazu findest du auf Seite 221 und 222.

Ü 2 Schreibe die folgenden Sätze ab und setze s, ss oder ß ein. Schreibe in Klammern dahinter je eine Wortform, die die Schreibweise des s-Lautes in den Wörtern erklärt.

Sie lie?t in der Zeitung. Mit einem Ma?band mi?t er seine Sprungweite.
Ein Vogel krei?t über dem Feld. Das macht ihm Spa?.
Das Lo? hat er sich bei der Fernsehlotterie gekauft.
Sie verrei?t in den Süden. Sie finden ein altes Fa?.
André baut mit Freunden ein Flo?. Er lä?t sich gern antreiben.
Mu? das sein? Die Suppe ist ungenie?bar.

Wörter mit b, d, g am Wortende

das Bild der Dieb der Korb der Mittag der Mund das Rad der Stab der Urlaub der Wald der Zweig der Zwerg

1 Lies die Wörter und erkläre, warum es schwierig ist, sie zu schreiben.

2 Schreibe die Wörter ins Heft. Begründe ihre Schreibweise, indem du die Wörter um eine Silbe verlängerst. Beispiel: *das Bild – die Bil-der.*

3 Suche zu jedem der folgenden Wörter eine Wortform, mit der du entscheiden kannst, ob du ein b, d oder g ergänzen musst:
- Bilde zu den Nomen den Plural: *Erfolg – die Erfol-ge* …
- Bilde zu den Verben die wir-Form: *bleibt – wir blei-ben* …
- Schreibe zu den Adjektiven ein Nomen: *blond – blon-des Haar* …

blei?t blon? der Erfol? das Fel? gel? gesun? gi?t gro? der Hun? klu? le?t schrä? schrei?t das Sie? der Ta? trä?t wa?t der Win?

4 Suche zu den Wörtern *Trab, Hand, Berg* mit dem Wörterbuch verwandte Wörter. Schreibe die Wortfamilie ins Heft.

5 Ergänze nun die folgende Schreibhilfe und schreibe sie ins Heft.

> Ob ein **Wort am Ende mit b, d oder g** geschrieben wird, hört man, wenn …
> Schreibt man die verlängerte Wortform mit b, d, oder g, so werden auch alle anderen Wörter dieser Wortfamilie mit … geschrieben.

6 Lies die folgenden Wörter.
- Wo entdeckst du eine besondere Rechtschreibschwierigkeit?
- Suche zu allen Wörtern ein Wort, das die Schreibweise erklärt, und schreibe es ins Heft. Beispiel: *der Diebstahl – die Die-be.*

der Diebstahl die Erlaubnis der Farbtopf freundlich die Halbzeit der Klebstoff der Landwirt die Raubkatze der Sandkasten das Schreibheft das Wandbild

7 Die folgenden Wörter sind Merkwörter. Ihre Schreibung ist nur schwer zu erklären. Du musst sie dir besonders einprägen: *Adler, Erbse, hübsch, Krebs, Mädchen, ob, Obst, während.*
- Bilde mit den Wörtern Sätze.
- Übernimm alle Merkwörter in deine persönliche Wörtersammlung.

Wörter mit b, d, g am Wortende

So kannst du üben: *sie bleibt er gibt ihr glaubt grob der Korb es lebt das Lob der Raub sie schreibt der Stab blond das Feld der Freund das Geld gesund der Hund das Kind der Mund der Wind der Berg die Burg der Erfolg es fliegt ihr klagt schräg der Tag es trägt sie wagt der Weg*

Ü 1 Mit einem Wortverlängerungsspiel kannst du in Partnerarbeit mit den Wörtern oben üben. Wende dabei die Schreibhilfe von Seite 211 an.

- Einer sucht ein Nomen, der andere nennt den Plural und schreibt: *Korb – die Kör-be.*
- Einer sucht ein Verb: *sie bleibt,* der andere nennt die wir-Form und schreibt: *sie bleibt – wir blei-ben.*
- Einer sucht ein Adjektiv: *grob,* der andere nennt dazu ein Nomen und schreibt: *grob – das gro-be Holz.*

Ü 2 *geben, graben, liegen, lügen, schweigen, treiben*

Bilde zu diesen Verben die folgenden Formen:

- die du-Form des Präsens (Gegenwart): *geben- du gibst …*
- die er-, sie- oder es-Form des Präteritums (Vergangenheit): *geben – er gab …*

Ü 3 *bedeutend , badend, lesend, passend, schlafend, spielend*

Begründe das d am Wortende, indem du die Wörter mit einem Nomen verbindest. Beispiel: *eine bedeutende Frau.*

Ü 4 Bilde mit den Übungswörtern oben kurze Sätze. Es sollen möglichst viele Wörter darin vorkommen. Es dürfen auch witzige Sätze sein: *Ein blonder Zwerg wagt sich am Tag zur Burg auf dem Berg.*

Ü 5 *Hu?konzert, Zün?kerze; Ra?spur, Bin?faden, Schrei?papier, Star?bahn, Pum?werk*

Schreibe die Wortreihe in dein Heft. Ergänze in den Wörtern jeweils den fehlenden Buchstaben b oder p, d oder t. Begründe die Schreibweise. Beispiel: *Hupkonzert mit p, weil hu-pen.*

Ü 6 In der Denkblase des Fuchses stimmt etwas nicht! Setze die Wörter in der Denkblase richtig zusammen und schreibe sie auf.

Finde ähnliche Wortverdreher. Der Partner muss sie dann richtig hinschreiben. Begründet anschließend die Rechtschreibung.

Groß oder klein?

Die Schultasche habe ich noch in der Hand, wenn mich meine Katze nach der Schule auf ihre Art begrüßt. Zunächst reibt sie mit der Stirn, dann mit ihrem Körper und ihrem Schwanz an meiner Hose entlang. So überträgt sie ihren Körpergeruch. Morgens liegt häufig eine Maus vor unserer Haustür. Das ist ein Geschenk von meiner Katze. Sie hat die Maus von ihrem Beutegang in der Nacht mitgebracht.

1 Unterstreiche im Text alle Nomen (Folie).

2 Schreibe die Nomen mit ihren Erkennungszeichen (Artikel, Pronomen) ins Heft. Beispiel: *eine Schultasche, die Hand, meine Katze.*

Ich mag das dicke flusspferd sehr gern. Es ist eng mit dem schwein verwandt. Früher war es in ganz afrika verbreitet. Es wurde jedoch stark von dem menschen gejagt und ist deshalb in vielen gegenden für immer verschwunden. Flusspferde verbringen den tag im wasser und gehen in der nacht ans land, um das frische gras zu fressen. Flusspferdemütter bringen ihre jungen im wasser zur welt. Ein erwachsenes flusspferd hat kaum natürliche feinde. Es schlägt sogar die gefährlichen löwen und krokodile in die flucht.

Das ist meine katze. Sie heisst piwi und ist schwarz, weiß und grau. Wir haben piwi als kleines katzenbaby aufgezogen. Die anderen vier geschwister haben wir alle verschenkt. Piwi lebt im garten. Sie bekommt trockenfutter, dosenfutter und manchmal auch fleisch- und käsereste. Piwi ist drei jahre alt. Sie ist noch sehr verspielt und man kann sie sehr gut streicheln. Manchmal fängt sie mäuse und jagt hinter schmetterlingen her.

3 Welche Wörter in den Texten über Lieblingstiere können nur Nomen sein und müssen großgeschrieben werden?

- Kennzeichne die Nomen in den Texten (Folie).
- Unterhalte dich mit einem Partner darüber, woran du die Nomen erkannt hast.

Groß oder klein?

4 Untersuche in den Tiertexten von S. 213 die Großschreibung der Nomen genauer:
- Suche in den Sätzen die Erkennungswörter für Nomen und markiere sie (Folie).
- Schreibe die Nomen mit den Erkennungswörtern auf.
- Manchmal ist das Erkennungswort in einem anderen Wort verborgen: *im – in dem, beim – bei dem, vom – von dem …* Kennzeichne diese Erkennungswörter besonders.
- Vor einigen Nomen steht kein Erkennungswort. Ergänze ein mögliches Erkennungswort in Klammern.

5 Schreibe mindestens eine Tierbeschreibung mit korrekter Groß- und Kleinschreibung in dein Heft.

6 Zwischen Erkennungswörtern und Nomen stehen manchmal noch Adjektive, die die Nomen näher bestimmen.
- Suche in dem ersten Tiertext Beispiele und schreibe sie auf.
- Verbinde anschließend das Erkennungswort und den Anfangsbuchstaben des Nomens mit einem Pfeil. Beispiel: *das dicke Flusspferd.*

7 Markiere im folgenden Text alle Nomen (Folie). Die Nomen kannst du gut erkennen, wenn du sie mit einem Adjektiv genauer bestimmst. Manchmal musst du auch einen Artikel ergänzen.

Erdferkel haben zwar rüssel wie schweine, sie sind aber nicht mit ihnen verwandt. Erdferkel sehen aus wie tiere aus anderer zeit. Sie graben höhlen, in denen sie tagsüber schlafen. Erdferkel fressen termiten, die sie aus termitenhügeln angeln. Feinde sind löwe, leopard und hyäne.

8 Schreibe den Text nun mit Groß- und Kleinschreibung in dein Heft.

Nomen erkennt man daran, dass häufig ein besonderes **Erkennungswort** *(der, die, das, mein, dein)* vor dem Nomen steht.
Manchmal fehlt dem Nomen ein Begleiter (Artikel, Pronomen). Man muss ihn dann zur Probe in Gedanken ergänzen.
Oft steht das Erkennungswort nicht direkt vor dem Nomen. Ein Adjektiv steht noch dazwischen.
Manchmal ist der Artikel in einem anderen Wort verborgen *(im, beim, vom …)*.

9 Notiere zu jeder Schreibhilfe des Regelkastens Beispielsätze.

Groß oder klein?

Nomen mit besonderen Endungen

1 Welche Wortarten enthält die Wörterliste von Carsten (links)?

2 Schreibe Janines Wörterliste ab und unterstreiche den letzten Wortbaustein. Was üben Janine und Carsten? Wie sind sie vorgegangen?

3 Bilde auch aus diesen Wörtern Nomen:

aufmerksam bescheiden dankbar einsam entdecken erlauben erleben erzählen faul frech gestehen gesund gleich kennen krank ordnen sauber schwierig sich ereignen sich überlegen trocken übel üben versäumen wohnen

4 In der Wörtersammlung auf Seite 32 oben findest du viele Adjektive. Aus welchen Adjektiven kannst du Nomen bilden?

5 Ordne die Wörter, die du in den Aufgaben 3 und 4 gebildet hast, nach ihrem letzten Wortbaustein. Wie viele Gruppen entstehen?

6 Suche weitere Wörter mit -heit, -keit ... in Zeitungen und Zeitschriften.

7 Bilde kurze Sätze mit Übungswörtern von dieser Seite.

Wörter mit den **Wortbausteinen -heit, -keit** ... werden ...
Kannst du die Rechtschreibregel vervollständigen?

Groß oder klein?

So könnt ihr üben: In euren Wörtersammlungen findet ihr viele Nomen. Nomen werden großgeschrieben. Das wisst ihr. Janine und Carsten haben sich ein **Nomenerkennungsspiel** ausgedacht.

DAS
EIN
EINE

DEIN
DEINE
SEIN
SEINE
IHR
IHRE
UNSER
UNSERE
EUER
EURE

DER
DIE
MEIN
MEINE

FÜLLER
MAPPE
ELEFANT
NASHORN

Ü 1 Bereitet das Nomenerkennungsspiel vor und spielt es:
- Sucht Nomen aus eurer Wörtersammlung.
- Schreibt sie und die Wörter der Liste (links) in Großbuchstaben auf Kärtchen.
- Überlegt euch eine Spielregel.
- Stellt jetzt Wörterreihen zusammen und schreibt sie ins Heft …

die Mappe
eine Mappe
meine Mappe
…

Die Pronomen *mein, dein, sein, ihr, unser* … und die Artikel *der, die, das, ein, eine* … sind hier Begleiter des Nomens und werden kleingeschrieben.

Ü 2 Fügt zu den Nomen passende Adjektive als begleitende Wörter. Wer kann so Artikel und Nomen am weitesten auseinander schieben?

das besonders schöne und … Klassenzimmer

Ü 3 Entwirf ein **Das-kann-ich-anfassen**-Alphabet. Du darfst dein Wörterbuch zu Hilfe nehmen.

Apfel – Bleistift – Computer – …

Zur Abwechslung erstelle ein **Das-möchte-ich-haben/ Das-möchte-ich-nicht-haben**-Alphabet.

Ü 4 Schreibe die Buchstaben deines Vornamens in Großbuchstaben untereinander. Jeder Buchstabe bildet jetzt den Anfangsbuchstaben eines Nomens.
Erfinde nun eine kleine Geschichte, in der alle Nomen vorkommen müssen. Lest eure Geschichten anschließend vor und sprecht darüber. Überprüft in euren Geschichten auch die Großschreibung der Nomen.

A uge
U hu
G eier
U hr
S tall
T asche

Schrift trainieren

Zungenbrecher

Fünf faule
Frösche fangen
fünfundfünfzig
flinke Fliegen.
Fangen fünf
faule Frösche
fünfundfünfzig
Fliegen?

Acht Regenwürmer steckten
Die Köpfe aus der Erde.
Da sagte stolz der Erste:
Wir sind schon eine Herde.
Darauf meinte schlau der Letzte:
Ich glaube wir sind neun.
Er konnte sehr gut zählen
Und wollte sich schon freu'n
Als plötzlich rief sein Nachbar:
Nein! Neune sind's nicht ganz.
Kannst du mich nicht erkennen?
Ich bin dein eigner Schwanz!

Heinz Brand

1 Jeder hat seine Handschrift. Versuche die abgebildeten Handschriften möglichst genau zu beschreiben. Welche Unterschiede erkennst du?

2 Schreibe einmal eine kleine Geschichte oder ein Gedicht mit dem Computer ab und drucke deinen Text in verschiedenen Schriften aus. Überlege:
- Welche Schrift besonders gut zu dem Inhalt passt.
- Welche Schriften besonders gut für das Lesen geeignet sind.

3 Vergleicht die Schrift verschiedener Schulbücher, die ihr benutzt.

4 Denke über deine eigene Schrift nach:
- In welchen Situationen verändert sich deine Handschrift?
- Wann schreibst du besonders schön?
- In welchen Situationen und bei welchen Texten machst du am ehesten Rechtschreibfehler?

5 Untersuche deine Schrift genauer:
- Schreibe dazu Wörter oder ein kurzes Gedicht in dein Heft.
- Vergleiche deine Schrift mit einem Muster-Abc. Was stellst du fest?
- Lass von einem Partner markieren, welche Buchstaben oder Buchstabenverbindungen nur schwer zu lesen sind.
- Überlege, woran das liegt.

Buchstaben:
- *klar und deutlich*
- *nicht zu groß*
- *nicht zu klein*
- *gleichmäßig hoch*
- *gleichmäßig niedrig*
- *alle in eine Richtung*

Abschreiben und kontrollieren

Eva interessiert sich für Tiere. Sie führt ein Tierheft, in das sie manchmal aus Büchern etwas abschreibt. Neulich hat sie eine Mausseite gestaltet. Andere sammeln Märchen und schreiben sie in ihr Märchenheft.

Die Haselmaus ist der kleinste Bilch. Sie lebt in Wäldern zwischen Brombeeren und Gebüschen. Hier baut sie für den Sommer aus Laub, Gras und Moos ihr kugelförmiges Nest. Dort werden auch die kleinen Haselmäuse geboren.
Die Haselmaus wird erst abends aktiv, frisst Knospen, Beeren und Samen. Den Winterschlaf hält sie in einem ausgepolsterten Erdnest.

Das Abschreiben ist auch eine besonders gute Rechtschreibübung, wenn ihr es richtig macht. Deshalb müsst ihr das Abschreiben trainieren.

1 Die folgenden Tipps zum Abschreiben sind durcheinander geraten. Notiert die einzelnen Arbeitsschritte in der richtigen Reihenfolge:

- Nun kontrolliere sofort, wenn du unsicher bist. Ein fehlerhaftes Wort streiche durch und schreibe es noch einmal richtig an den Rand oder unter den Text.
- Wenn ein Satz zu lang ist, gliedere ihn. Entscheide, wie viele Wörter zusammengehören.
- Lies den Text wenigstens zweimal in Ruhe durch. Versuche alles zu verstehen. Achte dabei schon auf schwierige Wörter. Wenn du niemanden störst, lies halblaut, mit Murmelstimme.
- Präge dir den kurzen Satz oder einen Teil des Satzes ein und schreibe ihn dann auswendig auf.

LESEN
EINTEILEN
MERKEN
SCHREIBEN
ÜBERPRÜFEN

2 Sucht eine Merkhilfe für die Abschreibregeln. Ihr könnt damit auch ein Plakat gestalten, das in der Klasse aushängt und euch immer wieder an die Abschreibregeln erinnert.

3 Schreibe den Text über die Haselmaus ab. Wende dabei die Abschreibtipps an.

Abschreiben und kontrollieren

Alex berichtigt seine Zeichensetzungs- und Rechtschreibfehler. Damit er sich besser auf das Geschriebene konzentrieren kann, benutzt er eine Kontrollkarte. Die Karte hat er sich aus dickerer Pappe ausgeschnitten.

Er liest und bearbeitet seinen Text dreimal:

1. Lese- und Korrekturschritt:
Der Text wird Satz für Satz von oben nach unten durchgelesen.
- Habe ich Wörter weggelassen?
- Stimmt die Reihenfolge der Wörter?
- Habe ich alle Punkte und Kommas gesetzt?

2. Lese- und Korrekturschritt:
Nun wird der Text umgekehrt, von hinten nach vorn gelesen. Nur das Wort, das gerade gelesen wird, ist sichtbar. Die anderen Wörter werden durch die Kontrollkarte nach oben und zur Seite abgedeckt.
- Fehlen Buchstaben?
- Habe ich Buchstaben vertauscht?

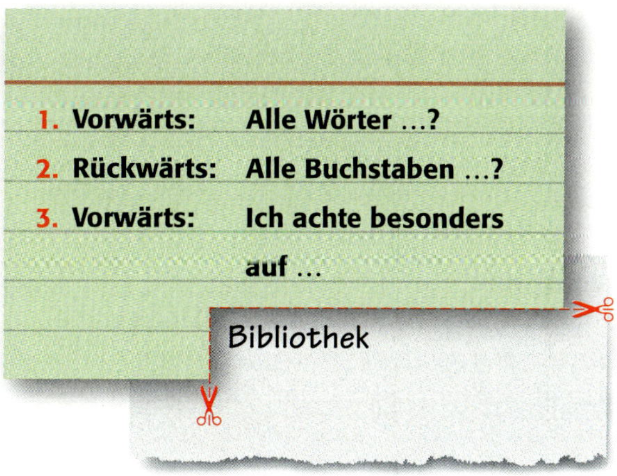

3. Lese- und Korrekturschritt:
Zum Schluss wird der Text noch einmal wie im ersten Schritt Wort für Wort, Satz für Satz von oben nach unten überprüft. Dabei achtest du auf ein Rechtschreibproblem, das du von dir kennst:
- richtig groß oder klein?
- ä oder e? äu oder eu?
- das oder dass?

Wichtig: Bei Unsicherheit im Wörterbuch nachschlagen!

1 Überprüft einmal eure Texte auf diese Weise. Sprecht anschließend darüber. Vielleicht habt ihr Änderungsvorschläge.

Abschreiben und kontrollieren – Kleine Texte zum Üben

Ü 1 Schreibe den Text ab. Beachte dabei die Hinweise zum Abschreiben auf Seite 218.

Mein Mümmelmann

Mein Lieblingstier ist mein Mümmelmann. Eigentlich ist er kein Mümmelmann, sondern ein Mümmelriese. Das flauschige Langohr ist knapp einen Meter lang und bringt zwölf Kilogramm auf die Waage. Da wird das Zwergkaninchen vom Bruder blass vor Neid. Gefüttert und gepflegt wird es von mir und meiner Freundin. Wenn ich meinen weißen Riesen auf den Arm nehmen will, sieht das aus wie eine Übung beim Gewichtheben. Abnehmen soll er aber nicht.

Ü 2 In der Programmankündigung sind die Wörter mit doppelten Konsonantbuchstaben (mm, ll, ss, tt …) unterstrichen. Übe sie extra.

Ü 3 Lass dir den Text diktieren. Oder mache ein **Klopfdiktat.** Das geht so: Lass dir von einem Partner den Text diktieren. Jedes Mal, wenn ein Wort mit doppelten Konsonantbuchstaben geschrieben wird, klopfe leise auf den Tisch oder sage: „Stopp!" Du schreibst dann das Wort auf und erklärst die Schreibweise des Wortes.
Beispiel: *Steppe mit pp – weil Step-pe.*

„Wunderbare Welt" (19.30 ZDF)

Diesmal stehen die Geier über der Steppe im Mittelpunkt: Aus allen Himmelsrichtungen kommen sie herbei. Unten am Boden haben sie eine Beute wahrgenommen. Hungrig fallen die Vögel mit einigen Schakalen und Hyänen über das Aas her, das ihnen eine Gruppe von Löwen gelassen hat. Schnell ist alles vorbei. Müde und satt warten die Geier auf den nächsten Aufwind, der sie über die Serengeti trägt. In tollen und spannenden Aufnahmen wird das Zusammenleben der Tiere in dieser einzigartigen Landschaft gezeigt.

Ü 4 Einige Nomen mit ihren Erkennungswörtern sind unterstrichen. Unterstreiche alle weiteren (Folie) und schreibe sie anschließend ins Heft.

Ü 5 Einige Nomen haben kein Erkennungswort. Schreibe die Nomen mit einem Artikel oder Pronomen ins Heft.

Ü 6 Lass dir den Text diktieren.

Mikes Chaoszimmer

In Mikes Zimmer herrscht wie an jedem Morgen großes Durcheinander. Auf dem Fußboden liegen einige CDs zwischen Socken und anderen Kleidungsstücken. Unter dem Bett sieht man Zeitschriften und eine Pappschachtel mit Urlaubserinnerungen. Die Schubläden und Türen des Kleiderschrankes sind geöffnet und auf der Bettdecke hat Mike einige Hefte und Schulbücher verteilt. Auf der Heizung trocknet seine Badehose. Der Turnbeutel mit Turnschuhen, Handtuch und Turnhose hängt an der Türklinke. Nur den Goldfisch auf der Fensterbank scheint das alles nicht zu stören.

Wörter sammeln – mit Wörtern üben

Welche Wörter du sammeln kannst

- Wörter, die du beim Schreiben häufig benutzt
- Wörter, die für dich neu sind
- Wörter, die du häufig falsch schreibst
- Wörter, die eine besondere Rechtschreibschwierigkeit enthalten
- aber auch Fachwörter aus Mathematik, Physik und den anderen Unterrichtsfächern

Wie du die Wörter notieren kannst

Wichtig: Auf den Karteikarten darf kein falsches Wort stehen. Deshalb benutze das Wörterbuch!

Du kannst die Wörter in einem Heft oder in einer eigenen Rechtschreibwörterkartei sammeln. Für eine **Rechtschreibwörterkartei** brauchst du: Karteikarten (entweder in Postkartengröße oder halb so groß) und einen Kasten zum Aufbewahren der Karteikarten.

Als erstes Wort notierst du immer das Problemwort. Zusätzlich solltest du noch die Wortart, das Wort in anderen Formen und weitere verwandte Wörter notieren. Wenn du willst, kannst du einen kurzen Satz, in dem das Problemwort vorkommt, aufschreiben.

der Fluss (Nomen)
die Flüsse, des Flusses
das Flussbett, das Flussufer,
flussabwärts, flussaufwärts

(es) kippt (Verb)
wir kippen, du kippst
es kippte, gekippt, auskippen,
wegkippen, kippeln, die Kippe,
die Müllkippe, der Kipper,
kippelig

nass (Adjektiv)
ein nasses Hemd
nasskalt, das Nass,
die Nässe, nässen

bis (Sonstige)
bis heute, bis jetzt, bis dahin,
bis Montag, bis Berlin,
bis zwei Euro,
bisher

Das Notieren der Problemwörter musst du üben. Erstelle mit dem Wörterbuch Wortkarten oder einen Hefteintrag zu den Wörtern:
die Biene, die Maus, sie fliegt, sie niest, tief, süß.

Wörter sammeln – mit Wörtern üben

Wie du mit den Wörtern üben kannst

Übungskoffer 1

A Wörter nach dem Alphabet ordnen

B Wörter nach Anzahl ihrer Silben ordnen und mit Silbentrennungsstrich aufschreiben:
- Wörter mit einer Silbe: *bunt, Gras, nass …*
- Wörter mit zwei Silben: *Hüt-te, O-fen, gel-be …*
- Wörter mit mehreren Silben: *Ap-fel-si-ne, Ra-ke-te …*

C Wörter nach Wortbausteinen ordnen:
- Wörter mit vor-/Vor-: *vorlaufen, vorlesen, die Vorfahren …*
- Wörter mit ver-/Ver-: *verlaufen, verlesen, die Verwandten …*
- Wörter mit -heit: *die Gesundheit, die Faulheit, die Wahrheit …*
- …

Übungskoffer 2

A Zu zweisilbigen Wörtern die Kurzform bilden: *Häuser – Haus, Späße – Spaß …*

B Zu einsilbigen Wörtern die Langform bilden und mit Silbentrennungsstrich aufschreiben: *Hut – die Hü-te, schlaff – schlaf-fer*

C Zu einem Wort andere Wörter mit dem gleichen Rechtschreibproblem suchen: *Pappe: plappern, die Puppe, die Suppe …*

D Zu einem Wort ein verwandtes Wort suchen und Wortfamilien bilden: *fahren: fährt, fuhr, gefahren, der Fahrer …*

E Ein Wort mit einem anderen Wort zusammenfügen: *Baum: Baumhaus, Baumkrone, Laubbaum …*

F Wörter zerlegen: *Zwergkaninchen: Zwerg + Kaninchen*

G Mit Wortbausteinen neue Wörter bilden: *fahren: anfahren, verfahren, wegfahren …*

Übungskoffer 3

A Mit Übungswörtern ein Eigendiktat durchführen.

B Sich gegenseitig Wörter diktieren und kontrollieren.

C Mit Übungswörtern kleine Sätze formulieren: *Unser Fernseher steht im Fernsehzimmer.*

D Möglichst viele Übungswörter in einem Satz unterbringen: *Viele liebe Tiere liegen auf der Wiese.*

E Mit Übungswörtern witzige Sätze bilden: *Schliefen Riesen und sieben Wieselkinder auf der Wiese?*

F Übungswörter nach Wortfeldern ordnen: *stehlen: entwenden, klauen, mopsen, organisieren, stibitzen, wegnehmen …*

1 Schreibe deinen persönlichen Übungsplan für eine Woche auf.
- Übernimm aus jedem Übungskoffer wenigstens eine Aufgabe.
- Erfinde für deinen Übungsplan auch eigene Such- und Forscheraufgaben. Anregungen dazu findest du an vielen Stellen in der Werkstatt Rechtschreiben.

WERKSTATT Sprache

Gesprochen oder geschrieben: Das ist zweierlei!

Die meisten Wörter unserer Sprache kommen in gesprochener und in geschriebener Sprache vor. Aber es gibt Wörter, die gebraucht man fast nur in gesprochener Sprache, - und andere, die werden beinahe immer nur geschrieben.

1 Welche dieser Wörter werden vor allem mündlich, welche eher schriftlich gebraucht?

echt geil   hervorragend   super   ganz vorzüglich   ausgezeichnet   klasse
töricht   blöd   mies   doof   bescheuert   dumm
quatschen   sprechen   labern   meckern   plaudern   quasseln

2 Könnt ihr noch andere nennen?

WERKSTATT Sprache

Gesprochene und geschriebene Sprache

„Gestern – da war da – habich da son Typ beobachtet – hat der an unsern Rädern rumgemacht – war nich vonner Schule – nie gesehen habich den – ich also hin – sag ich noch – machstn da – isser abgehaun – aber die – die Dings da – die Ventile mein ich – bei eim Rad warn die schon ab – weg warn die – Platten – voll die Luft raus – echt – wenn ich nich gekommen wäre – wer weiß ...“

1 So ungefähr sieht es aus, wenn man aufschreibt, was einer mündlich erzählt hat. Hier im Buch kann man das leider nur lesen und nicht hören. Ihr könnt es aber so sprechen, wie es geklungen haben könnte.
Die unterstrichenen Wörter hat der Sprecher besonders betont. Bei den Gedankenstrichen hat er eine Pause gemacht.

2 Ganz anders würde das aussehen, wenn man es in schriftliche Sprache überträgt. Schreibt es so auf, wie es zum Beispiel in einem Brief stehen könnte: *Gestern beobachtete ich …*

3 Lest euch eure geschriebenen Texte gegenseitig vor.

4 Sprecht dann darüber, was ihr alles anders gemacht habt. Und darauf solltet ihr achten:
- auf Wörter, die ihr weggelassen habt,
- auf Wörter, die ihr hinzugefügt habt,
- auf die Stellung der Wörter im Satz,
- auf die Länge der Sätze,
- auf die Satzzeichen, die ihr verwendet habt,
- und auch auf Ausdrücke, die ihr umformuliert habt.

5 So könnte euch ein Lehrer oder eine Lehrerin eine Aufgabe mündlich stellen:

„Also – hört mal her – ich meine – könnte man nicht genauso schreiben – wie man spricht – guckt doch mal auf euren Text – den da oben auf der Seite – und dann könnt ihr ja mal drüber reden – ob es nicht doch echt besser wäre – wenn man – also wenn man so schreiben würde wie man redet – ich meine – da wäre doch meistens alles besser zu verstehen“

In schriftlicher Form müsste die Aufgabe natürlich eher so lauten:
Warum kann man eigentlich nicht so schreiben wie man spricht? …

Setzt fort, wie eine solche Aufgabe im Deutschbuch stehen würde.

Gesprochene und geschriebene Sprache

So ist es beim Sprechen – und so beim Schreiben:

① Es kommt mehr auf die Betonung an, wie man etwas meint.
② Jedes Wort ist einzeln erkennbar.
③ Satzzeichen sind wichtig, damit der andere uns gut versteht.
④ Es gibt viele Wortwiederholungen.
⑤ Die Sätze sind oft unvollständig.
⑥ Man muss nicht gleich alles genau ausdrücken, weil der andere ja nachfragen kann.
⑦ Mehrere Wörter werden oft miteinander verbunden.
⑧ Die Sätze sind in der Regel vollständig.
⑨ Pausen sind wichtig, damit der andere uns versteht.
⑩ Es kommt mehr auf die Reihenfolge der Wörter an, um zu verstehen, wie etwas gemeint ist.
⑪ Man muss sich vorher gut überlegen, was man ausdrücken will.
⑫ Man muss alles möglichst genau ausdrücken, weil der andere nicht nachfragen kann.
⑬ Dasselbe Wort wird selten wiederholt.
⑭ Man muss sich nicht unbedingt vorher genau überlegen, was man ausdrücken will.

6 Ordne diese Aussagen den beiden Arten des sprachlichen Handelns zu. Schreibe die Zahlen der Sätze so auf:
Was für das Sprechen wichtig ist: 1, …
Was für das Schreiben wichtig ist: 2, …

7 Was ist noch anders beim Sprechen und Schreiben? Schreibe für beides noch einen Satz dazu.

8 Kannst du erkennen, welche der folgenden Sätze wohl eher gesprochen, welche eher geschrieben worden sind? Damit es nicht gar so leicht wird, haben wir in allen Sätzen auch die Satzzeichen gesetzt. Begründe deine Meinung.
Achtung: Ein oder zwei Sätze könnten sowohl in einem mündlichen als auch in einem schriftlichen Text vorkommen!

① Der Hausmeister wird den Fahrradstand von jetzt an genauer beobachten.
② Ist ja auch okay, weil, ich meine, man kann sich ja nicht alles gefallen lassen.
③ Der Kerl hat nun wirklich schon genug Schaden angerichtet!
④ Wenn man nach Hause fahren will, und die Räder sind futsch und hin, also was soll man da, frage ich, machen?
⑤ Das ist doch echt … eine Katastrophe ist das!
⑥ Hoffentlich erwischt er den Burschen bald!
⑦ Dann werden wir bei der Polizei Anzeige erstatten.

Sprache

Wörter, die Verschiedenes bedeuten

Kann ein kleiner Mann ganz groß sein?

Groß kann er sein im Jonglieren.
Groß kann er sein im Kritisieren.
Er kann auch ein großer Angeber sein.
Aber körperlich bleibt ein kleiner Mann – nun einmal klein.

1 Kannst du noch andere Beispiele nennen, in denen ein Kleiner ganz groß sein kann?

2 Was bedeutet in solchen Beispielen eigentlich das Wort *groß?* Du kannst meistens auch andere Wörter dafür einsetzen wie *geschickt, berühmt* ...

Was alles wie sein kann

ein Geruch
eine Suppe
ein Gedanke
die Zeit
eine Pflaume
eine Aufgabe
einer, der beleidigt ist
ein Betrunkener
ein Blick
eine Nuss

Faul kann ein Schüler sein, aber auch ______,
blau kann der Himmel sein, aber auch ______,
finster kann die Nacht sein, aber auch ______,
schwer kann ein Gewicht sein, aber auch ______,
scharf kann ein Messer sein, aber auch ______,
kalt kann das Badewasser sein, aber auch ______,
streng kann ein Lehrer sein, aber auch ______,
lang kann ein Weg sein, aber auch ______,
taub ist einer, der nichts hört, aber auch ______ kann taub sein,
sauer ist die Zitrone, aber auch ______ kann sauer sein.

Manchmal kann eine Pflaume genauso sein wie ein Schüler, nämlich faul. Natürlich bedeutet *faul* dann ein bisschen etwas anderes. Wenn eine Pflaume *faul* ist, ist sie schlecht und verdorben. Wenn ein Schüler *faul* ist, ist er nicht fleißig. Das Wort *faul* hat hier eine **„übertragene" Bedeutung**. So ist das auch bei den Sätzen oben.

3 Ergänze die Sätze oben. Suche dir auf dem blauen Zettel aus, was dazu passt. Achte darauf, dass die Bedeutung nun eine andere ist.

Gehen und stehen

Was kann zugleich stehen und doch gehen? – Die Uhr auf dem Tisch.
Wie geht´s dir? – Es geht mir ganz gut.
Ich stehe auf Rap-Sänger. – Und worauf stehst du?

4 Die Wörter *stehen* und *gehen* können Verschiedenes bedeuten. Schreibe einige weitere Sätze auf, in denen das deutlich wird.

Wörter, die Verschiedenes bedeuten

① Boden
② Geist
③ Ton
④ Bank
⑤ Flügel
⑥ Klasse
⑦ Geschirr
⑧ Drachen
⑨ Becken
⑩ Feder

a Ein Möbel zum Sitzen, auf dem man auch Geld bekommt.
b Der Körperteil eines Tieres, auf dem man auch musizieren kann.
c Ein Knochen des Körpers, auf dem man Schlagzeug spielt.
d Eine Stelle im Haus, die zugleich unten und ganz oben ist.
e Ein Ungeheuer aus dem Märchen, mit dem man im Herbst gerne spielt.
f Der Teil des Vogels, den du auch an deinem Füller findest.
g Ein Gespenst, das man zugleich im Kopf hat, wenn man schlau ist.
h Dem Pferd macht man es um und man isst auch davon.
i Kinder lernen zusammen darin – und auch ein tolles Auto kann es sein.
k Man kann ihn hören – und mit den Händen etwas daraus basteln.

5 Ein Möbel zum Sitzen, auf dem man auch Geld bekommt, das ist natürlich eine Bank. Ordne auch die anderen Sätze von **a** – **k** den Wörtern von ① – ⑩ zu. Du kannst es so machen a → 4, b → …
Am besten, du arbeitest mit einem Partner oder einer Partnerin zusammen.

6 Bei dem folgenden Spiel ist es etwas schwieriger! Manches wird euch nicht gleich einfallen. Aber zu zweit wird es euch sicher nicht schwer fallen. Macht es wie in Aufgabe 5, also a → 2, b → …

① Schokokuss
② Glühbirne
③ Eisbein
④ Haferflocken
⑤ Wasserhahn
⑥ Kinnhaken
⑦ Tischbein
⑧ Bergkamm
⑨ Dreckspatz
⑩ Eiszapfen

a Ein Obst, das man einschaltet, damit es im Zimmer hell wird.
b Ein Tier, das man aufdreht, damit man sich waschen kann.
c Ein Teil des Körpers, auf dem eine Tischplatte steht.
d Ein Ding zum Haarekämmen, das den höchsten Teil von Gebirgen bildet.
e Früchte von Tannen, die im Winter an der Dachrinne hängen.
f Ein Kuss, den man essen kann
g Ein Vogel, der sich als Mensch schmutzig macht.
h Ein Bein, das sich eiskalt anhört – und doch heiß gegessen wird.
i Sie fallen im Winter als Schnee, doch aus Hafer kann man sie essen.
k Ein krummes Ding, das man jemandem ans Kinn schlagen kann.

Einige Wörter haben verschiedene Bedeutungen: *Bank – Bank*. Man nennt solche Wörter **Homonyme**. Das sind Wörter, die gleich geschrieben werden, aber etwas Verschiedenes bedeuten. Die Dinge selbst, die die Wörter bezeichnen, haben nichts miteinander zu tun.

Viele Wörter haben neben ihrer ersten Bedeutung noch eine zweite: *Birne – Birne*. Man nennt solche Wörter **Metaphern**. Das sind Wörter, die eine übertragene Bedeutung haben. Man hat also die ursprüngliche Bedeutung von *Birne* ***(Obst)*** auf einen anderen Gegenstand übertragen ***(Glühbirne)***, der so ähnlich aussieht.

Wortfamilien – Wortbildung

Wörter, die miteinander verwandt sind, gehören zu einer **Wortfamilie**. Die Wörter, die zu einer Wortfamilie gehören, kann man an ihrer **äußerlichen Ähnlichkeit** erkennen. Sie haben alle den gleichen gemeinsamen **Wortstamm**: ***Spiel, Spiele, Endspiel, Spielfeld, spielen, spielte, gespielt, abspielen, spielerisch, spielend.***

Manchmal ist der Wortstamm etwas schwerer zu erkennen: ***Fluss, Flüsse, Flüsschen, Nebenfluss, fließen, flüssig, geflossen, abfließen, Flosse, Floß.*** In allen diesen Wörtern besteht der Wortstamm aus *fl…*, einem **Vokal** und einem **s-Laut**.

1 Ordne die folgenden Wörter vier Wortfamilien zu:
zählen, die Zahl …
Zu jeder Wortfamilie gehören sechs Wörter.

Wortfamilien von Wörtern mit Dehnungs-h

zählen gefehlt die Zahl gefühllos das Gefühl fehlerhaft
führen führt der Fühler der Fehler der Anführer bezahlen
fehlen abführen fehlte abgezählt Zeichenfehler wohl fühlen
fühlen erzählen die Aufführung gefühlt der Zähler entführen

2 Suche zu den Wortfamilien noch ein paar weitere Wörter hinzu. Du solltest dabei dein Wörterbuch benutzen!

3 Ordne die folgenden Wörter ebenfalls vier Wortfamilien zu. Zu jeder Wortfamilie gehören sechs Wörter.

Wortfamilien von Wörtern mit s-Lauten

fressen gebissen der Fraß du isst beißt wusste
wissen frisst ein bisschen das Fressen sie aß gewusst
beißen er fraß Imbissbude Mittagessen ich weiß essbar
essen abgefressen bissig bewusst Bewusstsein Esslöffel

4 Suche auch zu diesen Wortfamilien noch einige weitere Wörter. Nimm das Wörterbuch zu Hilfe!

5 Unten sind die Wörter von zwei Wortfamilien, die sich sehr ähnlich sehen, durcheinander gebracht: *lesen - lassen*. Wenn du sie richtig zuordnen willst, musst du genau aufpassen!
Merke dir: In der einen Wortfamilie kommen nur Wörter mit einfachem s vor, nie mit ss oder ß!

Ähnlich – aber nicht verwandt

lassen Entlassung gelesen lässig lässt Leseratte
lesen leserlich ließ sie las sie liest verlassen

Wortfamilien – Wortbildung

Zu einer Wortfamilie gehören auch Wörter, die mit anderen zusammengesetzt sind.

Ein **Wortstamm** kann mit einem **anderen Wortstamm** zusammengesetzt sein. Dann spricht man von **zusammengesetzten Wörtern**: *Spiel-feld, rot-braun, weg-gehen.*
Ein **Wortstamm** kann aber auch mit kleinen **Wortbausteinen** zusammengesetzt sein. Dann spricht man von Wörtern mit **Vor- oder Nachsilben**: *ver-spielt, un-be-spiel-bar.*

6 Bilde möglichst viele Wörter, in denen der Wortstamm *–SPIEL–* vorkommt: vorne *(Spielfeld)*, hinten *(Fußballspiel)* oder in der Mitte *(unbespielbar)*.
Du kannst auch ein Wörterbuch zu Hilfe nehmen!

7 Bilde möglichst viele Wörter, in denen der Wortstamm *–SCHREIB–* oder *–SCHRIFT–* vorkommt, auch hier vorne *(Schreibheft)*, hinten *(Handschrift)* oder in der Mitte *(Kugelschreiber)*.

Nomen kann man **zusammensetzen**: aus *SPIEL + FELD* wird *Spielfeld.*
Man kann damit **genauer ausdrücken,** um was für ein Feld es sich handelt.

Zusammengesetzte Nomen bestehen aus einem **Bestimmungswort**: *Spiel* und einem **Grundwort**: *Feld.*
Das **Grundwort** sagt aus, worum es sich **überhaupt handelt** – eben um ein *Feld.*
Das **Bestimmungswort** sagt aus, worum es sich **genauer handelt** – um was für ein Feld: eben um eins zum *Spielen.*

Verschiedene Sorten von Kuchen:
Apfelkuchen
Pflaumenkuchen
Hundekuchen
Streuselkuchen
Mohnkuchen

Verschiedene Arten von Eis:
Vanilleeis
Himbeereis
Schokoladeneis
Sahneeis
Glatteis
Erdbeereis

Verschiedene Arten von Saft:
Apfelsaft
Fruchtsaft
Erdbeersaft
Hustensaft
Orangensaft
Himbeersaft

8 Auf den Zetteln wird von Kuchen, von Eis und von Säften genauer gesagt, um was für Sorten es sich handelt: *Ein Apfelkuchen ist ein Kuchen mit Äpfeln, ein Apfelsaft ist ein Saft aus Äpfeln.*

Aber ganz so einfach ist es nicht!
Ein Wort von jedem Zettel fällt aus dem Rahmen. Suche dieses Wort.
Kannst du auch sagen, warum es aus der Reihe tanzt?

9 Bilde zehn zusammengesetzte Nomen mit *Haus.*
Fünfmal soll *HAUS* Grundwort sein *(Hochhaus)* und fünfmal Bestimmungswort *(Hausbewohner).*

WERKSTATT Sprache

Nomen

Ärger | Baum | Bonbon | Eltern | Ferien | Fisch | Gefühl

Glück | Halfter | Haus | Idee | Katze | Lasso | Mädchen

Masern | Mut | Pferd | Schnecke | Tasse | Vase | Wut

Was du mit diesen Nomen alles tun kannst – und was du dir dabei überlegen musst:

Ü 1 Du kannst sie nach den Artikeln (Begleitern) *der, die, das* ordnen. Beachte dabei: Einige Nomen können mit *der* und mit *das* vorkommen!

Ü 2 Du kannst untersuchen, welche der Nomen keinen Plural (Mehrzahlform) haben. Es sind vier.

Ü 3 Du kannst untersuchen, welche keinen Singular (Einzahlform) haben. Es sind drei.

Ü 4 Du kannst mit einigen Nomen zusammengesetzte Nomen bilden: *Glück + Gefühl: Glücksgefühl …*

Ü 5 Du kannst die meisten dieser Wörter danach ordnen, ob sie etwas über Lebewesen und etwas Lebendiges aussagen – oder etwas über Dinge und Sachen – oder etwas über Gedanken und Gefühle.
Bei einigen Wörtern ist das gar nicht so einfach! Sprecht darüber.

Nomen (sie heißen auch **Substantive**) kann man daran erkennen, dass sie allein mit einem **Artikel (Begleiter)** stehen können:
der Löffel, die Gabel, das Messer.

Sie bezeichnen vor allem **Lebewesen** wie Menschen, Tiere, Pflanzen ***(Schwester, Hund, Rose)***, **Gegenstände und Sachen** ***(Bleistift, Stuhl, Zaun)*** und **Gefühle und Gedanken** ***(Liebe, Verzweiflung, Fantasie).***

Die meisten Nomen haben **Singular (Einzahl)** und **Plural (Mehrzahl)**:
der Löwe oder ***ein einziger Löwe – die Löwen*** oder ***viele Löwen.***

Doch es gibt einige, die **nur den Singular** bilden können: ***die Wut.***
Hier kannst du nicht das Wort *viele* davor setzen.
Und es gibt einige, die **nur den Plural** bilden können. Bei denen kannst du nicht das Wort *ein/eine* davor setzen: ***die Eltern.***

Die Fälle

1 Setze beim Lesen die Artikel (Begleiter) in der richtigen Form ein: *den, einen – dem, einem.*
Jeweils in den letzten Satz musst du *ihm* oder *ihn* einsetzen.

Wem oder wen?

Den Wem-Fall nennt man auch den ***3. Fall (Dativ)*** *– und den Wen-Fall den* ***4. Fall (Akkusativ).***

Vicky besucht (wen?) – ihren Onkel Eckehard.
Sie fahren gemeinsam in ______ Zirkus, in ______ Heidepark, in ______ Zoo.
Sie klettern auf ______ Aussichtsturm, besuchen ______ Flugplatz und besichtigen ______ Hafen. Vickys Onkel ist Klasse!
Es macht Spaß, ______ zu besuchen.

Eine Woche lang wohnt sie (bei wem?) – bei ihrem Onkel Eckehard.
Sie sitzen manchmal in ______ Garten, an ______ Teich oder unter ______ Kirschbaum.
Onkel Ecki liest aus ______ Abenteuerbuch vor.
Vicky spielt mit ______ Onkel Karten oder Halma.
Vickys Onkel ist Klasse!
Es macht Spaß, mit ______ zusammen zu sein.

2 Setze beim Lesen die Artikel *den* oder *dem* ein.

Wo oder wohin?

Auf die Frage „Wo?" folgt hier der ***3. Fall (Dativ)*** *– auf die Frage „Wohin?" der* ***4. Fall (Akkusativ).***

Vicky fährt mit dem Rad (wo?)
– auf dem Hof herum.
Manchmal fährt sie (wohin?)
– hinaus auf den Feldweg.

Sie klettert auf ______ Kirschbaum.
Sie springt in ______ Teich.
Sie legt sich auf ______ Rasen.
Bald sitzt sie auf ______ Kirschbaum.
Sie planscht in ______ Teich.
Sie liegt auf ______ Rasen.

Nach Wörtern wie *auf, neben, an, in, über …* kann der Dativ und der Akkusativ stehen.
Dativ (3. Fall): *Die Wäsche hängt an dem Wäscheständer.*
Akkusativ (4. Fall): *Sie hängt die Wäsche an den Wäscheständer.*
Der ______ deutet darauf hin, dass etwas auf eine Stelle zu bewegt wird.
Der ______ deutet darauf hin, dass sich etwas an einer Stelle befindet.

3 Ergänze die Begriffe *Dativ* und *Akkusativ* in dem Merksatz.

Die Fälle

1 Lies die folgenden Sätze vor. Ergänze das, was offen gelassen ist. Sprich beim Lesen die Endungen besonders des Genitivs, Dativs und Akkusativs deutlich aus:
die Schwester meines Vaters, meinem Vater, einen neuen Computer …

Vergleiche – im 1. Fall (Nominativ, Wer-Fall)

unsere Katze
mein Bruder
unser Hund
meine Freundin

Mein Onkel ist reicher als *(wer?)* mein Vater.
Ich bin etwas größer als ______ .
Ich bin fast genauso alt wie ______ .
Unser Hund ist viel größer als ______ .
Aber mein Pony ist mindestens dreimal so groß wie ______ .

Verwandte – im 2. Fall (Genitiv, Wes-Fall)

meiner Mutter oder meines Vaters
meiner Tante oder meines Onkels
meines Vaters oder meiner Mutter
meiner Eltern

Die Schwester *(wessen?)* meines Vaters ist meine Tante.
Die Mutter ______ ist meine Großmutter.
Der Sohn ______ , das bin ich selbst oder es ist mein Bruder.
Die Tochter ______ ist meine Kusine.
Der Bruder ______ ist mein Onkel.

Beschenkte – im 3. Fall (Dativ, Wem-Fall)

Unserem Dackel
Meiner Mutter
Meiner großen Schwester
Meinem kleinen Bruder

(Wem?) Meinem Vater schenke ich zu Weihnachten ein selbst gemaltes Bild.
______ schenke ich einen Kerzenständer.
______ schenke ich einen Knabberknochen.
______ schenke ich einen Teddy.
______ schenke ich eine CD.

Geschenke – im 4. Fall (Akkusativ, Wen-Fall)

einen Fotoapparat
einen Schmuseblick
einen bunten Drachen
einen neuen Computer

Meine Mutter hat mir *(wen oder was?)* einen Malkasten geschenkt.
Von meiner Freundin habe ich ______ gekriegt.
Meine Patentante hat mir ______ geschenkt.
Mein Vater schenkte mir ______ .
Von unserem Dackel habe ich nur ______ bekommen.

2 Schreibe bitte auch alle diese Sätze auf – und achte dabei auf die Endungen.

Adjektive

Meine Katze

Meine Katze hat ein (1) Fell mit (2) Haaren.
Ihr (3), (4) Schwanz passt gut zu ihr.
An ihrem (5) (6) Bein hat sie einen (7) Fleck.
Und um den Hals trägt sie ein (8) Halsband.
Sie hat einen (9) Körperbau.
Meine Katze kann jeder sofort erkennen.

1 Wenn jemand diesen Text liest, dann wird er deine Katze bestimmt nicht erkennen können. Erst wenn du Adjektive einsetzt, kannst du jemandem mitteilen, welches deine Katze ist.
Suche dir eine der drei Katzen aus und beschreibe sie so genau wie möglich. Die folgenden Adjektive können dir dabei helfen:

blaues buschiger dicker dünner feiner gelbes glatten grauen grau gestreiftes grünes hinteren kurzer langer linken mächtigen pummeligen rechten rötliches schlanken schwarzen schwarz geflecktes struppigen vorderen weichen weißen

2 Lest euch eure Texte gegenseitig vor. Könnt ihr jetzt erkennen, wer von euch welche Katze beschrieben hat?

3 Zeichne eine der drei Katzen ab und male sie als Fantasiekatze bunt an. Du kannst sie natürlich auch sonst noch verändern: lange Barthaare, Ohrbüschel …

4 Gib deine Fantasiekatze einem Partner oder einer Partnerin zum Beschreiben.

> **Adjektive** sind Wörter, mit denen wir Genaueres über **Eigenschaften** aussagen können. Sie sind deswegen für das **Beschreiben** besonders gut geeignet.
> Alle **Adjektive** können zwischen Artikel und Nomen stehen:
> *das graue Fell.*
> Hier musst du besonders darauf achten, dass sie **kleingeschrieben** werden.

Adjektive in Texten verwenden

Der Bussard

Bussarde gehören zu unseren gr... [1] Greifvögeln. Sie segeln in w... [2] Kreisen über die Felder und spähen mit ihren sch... [3] Augen nach Beute aus. Zwar sieht man den Bussard meistens in der Luft fliegen, doch er jagt von [4] Sitzplätzen wie Zaunpfählen aus. Seine Beute sind vor allem Mäuse. Er frisst aber auch das Aas von [5] Tieren. Der Bussard hat ein [6] Gefieder mit [7] Flecken an der [8] Brustseite. Zu erkennen ist er an seinen [9] Flügeln und dem [10] Schwanz. Der Bussard hat einen [11] Schnabel und [12] Krallen.

1 Beschreibe den Bussard genauer. Verwende dabei die folgenden Adjektive:

braunes dunklen gebogenen größten hellen kurzen niedrigen rundlichen scharfen spitze toten weiten

2 Der Milan ist der zweite Greifvogel, den du bei uns manchmal beobachten kannst. Er ist oft über Autobahnen zu sehen, wo er verendete Tiere, die am Rande liegen, verspeist.
Wie unterscheidet sich der Bussard von einem Milan? Wenn du passende Adjektive findest und in den folgenden Text einfügst, dann kannst du den Milan genauer beschreiben:

Der Milan

Der Milan hat ein [1] Gefieder mit [2] Federn an der [3] Brustseite. Zu erkennen ist er an seinen [4] Flügeln und dem [5] Schwanz.

> Viele Adjektive lassen sich **steigern:**
> *groß – größer – am größten; klein – kleiner – am kleinsten.*
> Mit Adjektiven kann man besonders gut vergleichen:
> *Unser Pudel ist jünger als unser Dackel.*
> *Unsere Katze ist älter als der Dackel.*

3 Welches ist das älteste und welches ist das jüngste der drei Tiere im Merksatz: Pudel, Dackel oder Katze?

4 Schau dir noch einmal die Bilder von den Greifvögeln an. Kannst du den folgenden Satz vervollständigen?

Der Körper des Milans ist [?] als der des Bussards und seine Flügel sind etwas [?] als die des Bussards.

Personalpronomen (Stellvertreter)

1 Wann sagen wir *ich, du, er, ihr, sie?* Die Bilder stellen es euch dar. Versucht es einmal in Sätzen wiederzugeben: *Ich sage „ich", wenn …*

2 Wie würde ein Bild mit der Überschrift *wir* aussehen? Zeichne es.

> **Pronomen**, die auf die eigene und andere Personen oder Dinge hinweisen, nennt man **Personalpronomen.**
> Wir können mit diesen Pronomen jemanden anreden oder auf jemanden hinweisen, ohne dass wir seinen Namen zu nennen brauchen. Die Pronomen sind sozusagen **Stellvertreter** für die Namen oder die Nomen:
> *der Hund ↔ er, die Katze ↔ sie,*
> *das Meerschweinchen ↔ es.*

Angst

Wenn Ole seine Angst kriegt, möchte Ole sich am liebsten verkriechen. Ole versteckt sich dann unter seinem Deckbett. Ole drückt das Kissen ganz fest auf seinen Kopf. Ole will, wenn Ole Angst kriegt, nichts sehen, nichts hören. Ole denkt, wenn Ole niemanden sieht, dann kann Ole auch nicht gesehen werden. Ole vergisst dann seine Angst. Seine Schwester Sina sagt immer, Ole solle Sina doch um Himmels willen einmal aufklären, warum Ole sich immer das Bett über den Kopf zieht, wenn Ole Angst hat. Sina selbst würde lieber das Bettlaken nehmen und es sich über den Kopf werfen. Dann würde Sina als Gespenst durch die Gegend laufen. Und dann würde Sina allen, die Sina ängstigen, einen Schreck einjagen. Sich aber verstecken – das bringt doch nichts! Ole meint, dass Ole das auch viel besser findet. Aber dann hätte Ole als Gespenst sogar Angst vor sich selbst.

3 Wenn du diese kleine Geschichte liest, dann fällt dir sicher auf, dass sich die Namen Ole und Sina ständig wiederholen.
Zu solchen Wiederholungen würde es kommen, wenn wir die Personalpronomen *er* und *sie* nicht hätten! Ersetze die Namen beim Vorlesen oder beim Abschreiben durch die Personalpronomen, wo es dir sinnvoll erscheint.

Verben (Zeitwörter)

Im Wörterbuch stehen die **Verben** in der **Grundform**:
essen, trinken, laufen.
In Texten kommen sie aber fast immer in einer **Personalform** vor:
ich esse, du isst, sie isst – ich trinke, er trinkt – ich laufe, du läufst, wir laufen.
Die Verben heißen auch **Zeitwörter**, weil wir mit ihnen etwas über die **Zeit** aussagen können, in der etwas passiert ist:
Heute spielen wir Tischtennis. Gestern spielten wir Fußball.
Da haben wir gewonnen.

1 In dem folgenden Text sind viele Verben in der Grundform abgedruckt. Schreibe den Text so auf, dass die Verben in der richtigen Form darin stehen.

Springmaus im Unterricht

In der Schule (geschehen) manchmal etwas, was niemand erwartet. Da (bringen) ein Schüler vielleicht einmal heimlich eine Springmaus mit. Die (lassen) er dann in der Deutschstunde laufen. Die Lehrerin (erschrecken) natürlich ganz fürchterlich. Sie (können) es nicht fassen! Dann (fassen) sie sich aber ein Herz und (fangen) das Tier wieder ein. Sie (müssen) sich sehr zusammennehmen, dass sie nicht furchtbar schimpft. Sie (stoßen) einen Seufzer aus: „Diese Kinder!" Dann (bringen) sie die Maus zum Hausmeister. Dort (dürfen) sie bleiben, bis der Unterricht zu Ende ist.

Und dies sind die Verbformen, die du einsetzen musst:
bringt darf erschrickt fängt fasst geschieht kann lässt muss stößt

Die Diebe die goldene Kette stehlen.
Die Kinder dort in der Pfütze spielen.
Die Äpfel von dem Baume fallen.
Die Autos an der Ampel halten.
Die Kranken Medizin einnehmen.
Die Spieler die Gitarre stimmen.
Die Jäger durch das Fernglas sehen.
Die Rehe durch grüne Wiesen fliehen.
Die Tischler große Balken tragen,
die sie in Stücke dann zersägen.

2 Wenn du die Nomen in den Singular (Einzahl) umformst, reimt sich das Gedicht: *Der Dieb die goldene Kette stiehlt, … spielt …*
Woran liegt das eigentlich?

Die Zeitformen

1 Lest die beiden folgenden Texte vor.
Wie unterscheiden sie sich voneinander?
Beschreibt genau, was sprachlich anders ist.

Der Fahrraddieb 1

Da hinten am Fahrradstand kniet einer vor einem Fahrrad. Er macht irgendwas. Ich kann nicht genau erkennen, was er da macht. **1** Jetzt wirft er etwas weg. Und jetzt dreht er am Hinterrad. Er sieht sich nach allen Seiten um. Er zieht das Rad aus dem Fahrradständer. **2** Er schwingt sich auf den Sattel und rast wie ein Wilder davon. **3**

Der Fahrraddieb 2

Hinten am Fahrradstand hat einer vor einem Fahrrad gekniet. Er hat irgendwas gemacht. Ich habe es nicht genau erkannt, was er gemacht hat. **4** Dann hat er etwas weggeworfen und am Hinterrad gedreht. Er hat sich nach allen Seiten umgesehen. Dann hat er das Rad aus dem Fahrradständer herausgezogen. **5** Er hat sich auf den Sattel geschwungen und ist wie ein Wilder davongerast. **6**

2 In welchen Situationen spielen die beiden Texte wohl?
Wirken sie auch verschieden, wenn ihr sie lest?

3 Fügt die folgenden sechs Sätze in die Texte ein.
Welche gehören in welche Texte?
Könnt ihr das auch begründen?

- **a** Es hat ausgesehen, als ob er das Fahrrad putzt.
- **b** Es sieht aus, als ob er das Fahrrad putzt.
- **c** Jetzt hat er es plötzlich sehr eilig.
- **d** Auf einmal hat er es sehr eilig gehabt.
- **e** Das hat mich doch sehr misstrauisch gemacht.
- **f** Das macht mich doch sehr misstrauisch.

4 Vervollständige die folgenden Aussagen:

Wenn wir jemandem sagen, was ______, dann verwenden wir meistens Verbformen wie ***putzt, macht, rast.***
Solche Verbformen stehen im **Präsens** (Gegenwartsform).
Wenn wir jemandem erzählen, was ______, dann gebrauchen wir Verbformen wie ***hat geputzt, hat gemacht, ist gerast.***
Solche Verbformen stehen im **Perfekt** (zusammengesetzte Vergangenheitsform).

Die Zeitformen

1 Lest euch die beiden folgenden Texte vor.
Könnt ihr irgendeinen Unterschied heraushören?

Schule früher

So erzählt …

Mit sieben Jahren bin ich in die Schule gekommen. Wir haben damals die Tafel und die Bücher unter dem Arm getragen. Unser Lehrer ist sehr nett gewesen. **1** Ich bin oft während der Schulstunden für ihn einkaufen gegangen. Das habe ich gern gemacht, denn ich habe manchmal dafür von ihm etwas zu essen bekommen. Meine ganze Schulzeit hat nur etwa fünf Jahre betragen. Länger bin ich nicht zur Schule gegangen. Ich habe ja immer auf dem Feld bei der Arbeit helfen müssen. **2**

… oder so:

Mit sieben Jahren kam ich in die Schule. Wir trugen damals die Tafel und die Bücher unter dem Arm. Unser Lehrer war sehr nett. **3** Ich ging oft während der Schulstunden für ihn einkaufen. Das machte ich gern, denn ich bekam manchmal dafür von ihm etwas zu essen. Meine ganze Schulzeit betrug nur fünf Jahre. Länger ging ich nicht zur Schule. Ich musste ja immer auf dem Feld bei der Arbeit helfen. **4**

2 Wenn ihr euch die beiden Texte genauer anschaut, dann fällt euch sicher etwas auf. Beschreibt das so genau wie möglich.

3 Welche der folgenden Sätze würdest du in welchen Text einsetzen? Kannst du das begründen?

a Er half uns immer viel.
b Er hat uns immer viel geholfen.
c In der Schule haben wir uns von der Arbeit erholt.
d In der Schule erholten wir uns von der Arbeit.

4 Vervollständige die folgenden Aussagen:

Der ________ Text klingt eher so, als würde ihn jemand **sprechen**, der ________ Text liest sich eher so, als wäre er **aufgeschrieben**.
Wenn wir etwas ________, dann verwenden wir eher Verbformen wie *gingen, holten.* Wenn wir etwas ________, dann eher solche wie *sind gegangen, haben geholt.*
Verbformen wie ***gingen, holten*** stehen im **Präteritum** (einfache Vergangenheitsform),
Verbformen wie ***sind gegangen, haben geholt*** stehen im **Perfekt** (zusammengesetzte Vergangenheitsform).

Die Zeitformen gebrauchen

Im Schulbus

Heute Morgen, das war im Schulbus, da habe ich mich gerade hingesetzt, und da ist so'n Dicker, Großer gekommen und hat gesagt, ich soll aufstehen. Seinen Ellenbogen hat er mir in die Rippen gestoßen, und hat er mich dann gegen die Beine getreten. Ich bin ganz ruhig geblieben. Da hat er mir seine Tasche auf den Kopf gehaun, und da sind die Sachen alle rausgefallen. Da ist er ganz rot geworden vor Wut. Da bin ich lieber aufgestanden. Und der Typ hat sich hingesetzt und hat gegrinst und hat gesagt: „Na, es geht doch!“ Unverschämt finde ich das!

1 Sprecht euch diese Geschichte einmal so vor, dass man richtig merkt, wie wütend der Schüler oder die Schülerin über dieses Erlebnis war.

2 Ihr merkt an diesem Text: Das ist ein mündlich erzähltes Erlebnis. Es ist einfach so hingesagt, wie einem der Schnabel gewachsen ist.
Könnt ihr einige Stellen nennen, an denen man merkt, dass es mündlich erzählt ist?

3 Schreiben würdet ihr das sicher so nicht.
Aber was würdet ihr anders machen? Sprecht darüber.

> **Beim Schreiben** verwenden wir **eher das Präteritum als das Perfekt.**
> Dabei braucht man allerdings das Perfekt nicht ängstlich zu vermeiden.
> Aber es sollte auch nicht ständig wiederholt werden!

4 Sicherlich wirst du beim Schreiben auch noch andere Dinge abändern als die Zeitform: vielleicht die Satzanfänge oder einige Ausdrücke.
Schreibe das Erlebnis so auf, als wäre es einem anderen Schüler oder einer Schülerin passiert – und nicht dir selbst. Gib der Person einen Namen.

Und so könnte dein Text anfangen:

Eines Morgens hat sich Sina gerade im Schulbus hingesetzt, da kam ...

5 Lest euch eure Texte dann gegenseitig vor.
Achtet darauf, was ihr so ähnlich – oder anders gemacht habt.

Die Satzarten

Abendliches Gespräch

Darf ich noch ein bisschen fernsehen
Du gehst jetzt ins Bett
Warum denn jetzt schon
Ich möchte, dass du morgen ausgeruht bist
Ihr schreibt doch eine Mathe-Arbeit
Ich bin kein bisschen müde, wirklich
Und die Mathe-Arbeit schaffe ich leicht
Sieh dich doch an, wie müde du aussiehst
Bitte, Mama
Nur noch eine Stunde
Gut, eine halbe Stunde erlaube ich dir noch

1 Lest das Gespräch mit verteilten Rollen so vor, dass man deutlich hört, wann jemand etwas fragt, wann er etwas ausruft, um etwas bittet oder den anderen zu etwas auffordert – und wann er ganz einfach etwas aussagt.

2 Lest jetzt die Sätze noch einmal vor und sprecht dabei die Fragezeichen, Ausrufezeichen und Punkte mit: *Darf ich noch ein bisschen fernsehen – Fragezeichen …*
Einige Sätze könnten mit einem Punkt versehen werden – oder mit einem Ausrufezeichen. Es kommt eben sehr darauf an, wie man sie meint!

> Man unterscheidet drei Arten von Sätzen:
> **Aussagesätze** sind Sätze, mit denen man etwas ohne besonderen Nachdruck aussagt:
> *Meine Schwester heißt Charlotte.*
> **Fragesätze** sind Sätze, mit denen man nach etwas fragt:
> *Wie alt ist deine Schwester eigentlich?*
> **Ausrufe-** oder **Aufforderungssätze** sind Sätze, mit denen man etwas ausruft, um etwas bittet oder jemanden zu etwas auffordert:
> *Das werde ich dir gerade verraten! – Frag sie doch selbst!*

3 Schreibe den folgenden Text auf und setze die fehlenden Satzschlusszeichen. Ergänze die Lücken durch die Wörter *sagt, ruft, fragt.*

Was ist mit Thorsten los?

Der Trainer steht am Spielfeld und sieht zu Thorsten hinüber:
„Thorsten ist doch nicht etwa krank▪“, ______ er etwas verwundert.
Thorstens Mutter, die das gehört hat, geht empört zum Trainer hin.
„Thorsten ist nicht krank▪“, ______ sie.
Da kommt Thorstens Freundin Lea.
„Thorsten ist krank▪“, ______ sie. „Er kann heute nicht mitspielen▪“

Satzglieder

Derselbe Satz – aber immer eine andere Reihenfolge der Wörter

Pia • schreibt • ihre Hausaufgaben • besonders gern • am Computer.
Am Computer • schreibt • Pia • ihre Hausaufgaben • besonders gern.

1 Schreibe die Wörter dieses Satzes auf Zettel. Ordne die Zettel so an, dass immer ein anderer Satz entsteht. Schreibe jeden dieser Sätze auf. Aber denke daran: Die Sätze müssen alle richtig sein. Keine Unsinnsätze! Und keine Fragesätze!

2 Lest euch eure Sätze gegenseitig vor:
- Habt ihr alle gleich viele Sätze gebildet?
- Wie viele verschiedene Sätze sind bei eurem Experiment insgesamt herausgekommen?

3 Die verschiedenen Sätze haben alle den Sinn, dass eine Pia ihre Hausaufgaben am liebsten am Computer schreibt. Aber gibt es nicht auch Unterschiede? Und worin bestehen sie? Sprecht darüber in der Klasse.

Zwei Sätze miteinander kombinieren

Satz 1: *Die meisten Kinder schreiben ihre Hausaufgaben ins Schulheft.*
Aber (a) *... ihre Hausaufgaben schreibt Pia besonders gern am Computer.*
(b) *... Pia schreibt ihre Hausaufgaben besonders gern am Computer.*

4 Welcher Satz passt besser zu Satz 1: (a) oder (b)? Entscheide dich und besprecht dann in der Klasse, ob es die anderen auch so gemacht haben oder ob beide Sätze gleich gut passen.

Satz 2: *In ihr Tagebuch schreibt sie am liebsten mit dem Füller. Doch ...*

5 Wie würdest du deine Zettel mit den Wörtern legen, wenn der Satz 2 vorausgeht? Ist das egal? Oder passt ein Satz besonders gut? Probiere es aus.

6 Jetzt liest einmal ein Kind den Satz 2 vor und andere lesen vor, mit welchem Satz sie fortfahren würden. – Könnt ihr euch auf einen Satz einigen, der besonders gut zu dem vorausgehenden passt?

Die Wörter eines Satzes können in unterschiedlicher Reihenfolge stehen, ohne dass sich der Sinn des Satzes ändert. Was sich aber ändert, ist die Betonung!
Die Teile, die man mit **Umstellproben** an verschiedene Stellen verschieben kann, nennt man **Satzglieder**.
Wörter, die zu einem Satzglied gehören, bleiben bei Umstellproben zusammen. Ein Satzglied kann aus einem Wort oder aus mehreren Wörtern bestehen.

Satzglieder

7 Du hast an den Umstellproben erkannt: Der Satz mit Pia, den Hausaufgaben und ihrem Computer (S. 241) hat fünf Satzglieder.
Wie viele Satzglieder haben die folgenden Sätze? Ermittle es durch Umstellproben.
ⓐ Onkel Felix schenkte seiner Nichte den Computer zum Geburtstag.
ⓑ Der Rechner steht jetzt auf Pias Schreibtisch.
ⓒ Pia übt jeden Tag.
ⓓ Das macht ihr großen Spaß.

Pia vor dem Computer

Sie probiert verschiedene Schriften.
Sie schreibt sogar ab und zu Gedichte.
Sie spielt auch manchmal Computerspiele.
Sie vergisst dabei die Welt um sich herum.
Sie sitzt jetzt nicht mehr so oft vor dem Fernseher.
Sie übt hin und wieder mit ihrer Freundin.
Sie ist also durchaus nicht immer allein.

8 In diesem kleinen Text fängt jeder Satz mit *sie* an. Das hört sich nicht besonders gut an. Du kannst das vermeiden, indem du andere Satzglieder an den Anfang verschiebst. Drei davon haben wir unterstrichen. Wenn du sie an den Anfang stellst, klingt der Text besser. Bei den anderen drei Sätzen musst du dir selbst ein Satzglied aussuchen, das du an den Anfang stellen kannst. Beim letzten Satz ist das nicht so einfach. Probiere es aus!

9 Lest euch eure Texte gegenseitig vor.

10 Und hier ist noch ein kleiner Text, den du durch Verschieben der Satzglieder verbessern kannst.
Bedenke aber: Manchmal könntest du die Satzeinleitung mit *Er* … ganz absichtlich am Anfang stehen lassen!

Paul als Zeitungsmacher

Paul ist schon ein richtiger Computer-Profi.
Er schreibt seit einiger Zeit eine Klassenzeitung.
Er produziert die jeden Monat.
Er macht das mit seinen Freunden Niklas und Thorsten gemeinsam.
Er hat die wichtigsten Dinge dafür von seinem Vater gelernt.
Er ist jetzt fast schon ein richtiger Zeitungsmacher.
Er hat großen Erfolg damit bei seinen Mitschülern.
Alle warten immer schon gespannt auf seine Zeitung.
Er freut sich darüber.
Er ist sogar richtig stolz darauf.

Adverbiale Bestimmungen

sieht Lukas Fernsehen gern Werbespots nachmittags im die

1 Bilde aus diesen Wörtern zuerst einmal einen sinnvollen Satz.

2 Aus wie vielen Satzgliedern besteht dieser Satz? Ermittle es durch Umstellproben.

Wenn du die Umstellproben gemacht hast, dann weißt du, aus wie vielen Satzgliedern dieser Satz besteht. Aber du weißt dadurch noch nicht, wie diese Satzglieder heißen. Du erinnerst dich vielleicht noch an die Grundschule und hast dir manche Namen der Satzglieder gemerkt. Dann wollen wir das hier noch einmal auffrischen.

3 Die Arten der Satzglieder kann man ermitteln, indem man bestimmte Fragen stellt. Am einfachsten sind die Fragen *wann?* und *wo?* zu beantworten. Beantwortet diese Fragen und schreibt die Antworten auf:

Wann sieht Lukas gern Werbespots?

Wo sieht er sie?

Adverbiale Bestimmungen der Zeit
(wann): *oft …*

Adverbiale Bestimmungen des Ortes
(wo): *in einer Fernsehsendung …*

4 Auch in den folgenden Sätzen findest du adverbiale Bestimmungen der Zeit und des Ortes. Schreibe sie heraus:

Die Werbespots in einer Fernsehsendung sind oft lustig.
Gestern hat Lukas vor dem Fernseher laut gelacht.
Manchmal ist in einer Sendung die Werbung ärgerlich.
Dummerweise unterbricht sie immer an den spannendsten Stellen.
In der Zeitung sieht sich Lukas die Werbung meistens nicht so gern an.
Dort findet er sie immer langweilig.

5 Setze in den folgenden Text adverbiale Bestimmungen der Zeit und des Ortes ein. Du kannst dir selbst ausdenken, welche Ausdrücke du nimmst. Sie müssen allerdings immer auf die Fragen *wann?, wie lange?* und *wo?, wohin?* antworten.

Verrückter Werbespot

Lukas hat (wann?) einen verrückten Werbespot (wo?) gesehen. Da sah man einen Mann (wo?). Der biss (wo?) hinein. (Wann?) dachte Lukas, das Ganze könnte eine Werbung für einen Fruchtsaft sein. (Wann?) aber stellte sich heraus, es war eine für ein Auto. Lukas findet es (wann?) spannend zu erraten, (wohin?) eine Werbung läuft. (Wann?) irrt er sich, aber (wann?) hat er auch Recht.

Adverbiale Bestimmungen

Die **adverbialen Bestimmungen** sind diejenigen Satzglieder, die man am leichtesten erkennen kann. Sie können nämlich durch Fragen wie **wo?**, **wann?** und **wie?** ermittelt werden.

Auf unserer Terrasse / sehen / wir / voller Freude / jeden Abend / ein Eichhörnchen.
(wo?) (wie?) (wann?)

Die drei Arten von adverbialen Bestimmungen kann man meistens leicht unterscheiden:
Adverbiale Bestimmung des Ortes: Wo? Wohin? Woher?
Adverbiale Bestimmung der Zeit: Wann? Seit wann? Wie lange?
Adverbiale Bestimmung der Art und Weise: Wie?

Eichhörnchen

Eichhörnchen leben <u>in Parks</u>.
Oft sind diese Tiere <u>sehr zutraulich</u>.
Sie nehmen dir Nüsse <u>aus den Händen</u>.
Dann sitzt so ein Eichhörnchen <u>auf seinen Hinterbeinen</u>.
Es hält <u>mit den Vorderpfoten</u> die Nuss und knabbert daran.
Das sieht <u>possierlich</u> aus.

1 Alle unterstrichenen Satzglieder sind adverbiale Bestimmungen.
Kannst du die drei Arten unterscheiden?
Ordne sie:

Adverbiale Bestimmung der Zeit	des Ortes	der Art und Weise
	in Parks	

Baummarder

Der ärgste Feind des Eichhörnchens ist der Baummarder. Auch er lebt in Bäumen. Am Tage ruht er sich in seinem Nest aus. Nachts geht er jagen. Oft stellt er Eichhörnchen nach. Dann jagt er sie durch die Bäume. Wenn er ein Eichhörnchen erwischt hat, fällt er mit ihm erschöpft auf den Waldboden. Dort tötet er es.

2 In diesem Text sind 10 adverbiale Bestimmungen enthalten:
fünf des Ortes, vier der Zeit und eine der Art und Weise.
Kannst du sie finden? Manchmal besteht eine adverbiale Bestimmung nur aus einem einzigen Wort!

Subjekt und Prädikat

Timmi steht.
Der Typ fürchtet sich!
Er guckt.
Er atmet durch.
Er springt.
Das Wasser spritzt!
Timmi taucht unter.
Er schwimmt.
Der Junge lacht.

1 Das sind neun ganz kurze Sätze. In diesen Sätzen wird über jemanden oder über etwas eine Aussage gemacht. Alle Sätze bestehen also aus zwei Teilen: einem Satzgegenstand und einer Satzaussage. –
Schreibe die Sätze auf und unterstreiche den Satzgegenstand schwarz und die Satzaussage rot. Beachte: Manchmal besteht der Satzgegenstand aus zwei Wörtern, manchmal die Satzaussage aus zwei Wörtern!

Fast alle Sätze unserer Sprache bestehen aus einem **Subjekt** (Satzgegenstand) und einem **Prädikat** (Satzaussage).
Das **Subjekt** ist in der Regel der Ausgangspunkt einer Handlung oder eines Vorgangs: ***Timmi, der Typ, das Wasser*** ...
Beim **Prädikat** handelt es sich um einen Vorgang oder eine Handlung: ***stehen, sich fürchten, durchatmen*** ...
Das **Subjekt** besteht meist aus einem **Nomen** und aus den Wörtern, die zu dem Nomen gehören: ***Timmi, das Wasser, der Typ*** ...
oder aus Wörtern, die für ein Nomen stehen: ***er, es*** ...
Das **Prädikat** besteht immer aus einem **Verb** und aus Wörtern, die zu dem Verb gehören: ***steht, fürchtet sich, taucht unter*** ...

2 Die meisten Sätze bestehen aber nicht nur aus Subjekt und Prädikat, sondern sind länger. Schreibe mit diesen kurzen Sätzen eine kleine Geschichte, indem du in die Sätze adverbiale Bestimmungen einfügst: Wie, wann und wo das Ganze passiert: *Timmi steht* (wann?) *jetzt* (wo?) *auf dem Dreimeterbrett. Der Typ fürchtet sich* (wie?) ...

Die Freunde von Timmi stehen am Beckenrand.
Sie klatschen.
Sie freuen sich.
Timmi krabbelt aus dem Wasser.
Er geht zu seinen Freunden.
Jetzt gratulieren sie:
„Du bist zum ersten Mal mutig vom Dreimeterbrett gesprungen!"

3 Bestimme in diesen Sätzen das Subjekt, das Prädikat und die adverbialen Bestimmungen (wann, wie, wo, woher, wovon?).
Beachte: Alle diese Satzglieder können aus einem einzigen Wort bestehen, aber auch aus zwei, drei oder sogar vier Wörtern!
(Beim Aufschreiben unterstreiche das Subjekt schwarz, das Prädikat rot und die adverbialen Bestimmungen grün.)

Subjekt und Prädikat

> In Sätzen wie ***Der Zauberer zaubert – Das Tier wird verzaubert*** sagt das **Subjekt**, wer oder was etwas tut oder mit wem etwas passiert:
> *Der Zauberer – Das Tier.*
> Das **Prädikat** sagt, was gemacht wird oder was geschieht:
> *zaubert – wird verzaubert.*
> Deswegen kann man das Subjekt durch die Frage **wer oder was?** ermitteln:
> Wer zaubert? – ***der Zauberer***. Wer oder was wird verzaubert? – ***das Tier.***

4 In den folgenden Märchensätzen musst du die Subjekte, die Prädikate und die adverbialen Bestimmungen so zuordnen, dass sie zueinander passen. Du musst also immer fragen: Wer kann eigentlich was getan haben – und wann, wie lange, wo, wohin?
Schreibe die Sätze richtig auf. Unterstreiche das Subjekt schwarz, das Prädikat rot und die adverbialen Bestimmungen grün.

Subjekte	**Prädikate**	**Adverbiale Bestimmungen**
Dornröschen	*lebte*	*vor dem Pfefferkuchenhaus*
Hänsel und Gretel	*versteckten sich*	*bei den sieben Zwergen*
Schneewittchen	*redete*	*zur Großmutter*
Die sieben Geißlein	*standen*	*in ihrem Haus*
Rotkäppchen	*ging*	*mit verstellter Stimme*
Der Wolf	*schlief*	*hundert Jahre*

5 Diesen merkwürdigen Brief erhält Sascha, der Anführer der Raubeinbande. Er liest ihn durch – und sofort weiß er, wohin die Kinder von der Rothosenbande, die von Grammatik nichts verstehen, seinen Freund Hotter geschleppt haben. Weißt du es auch?

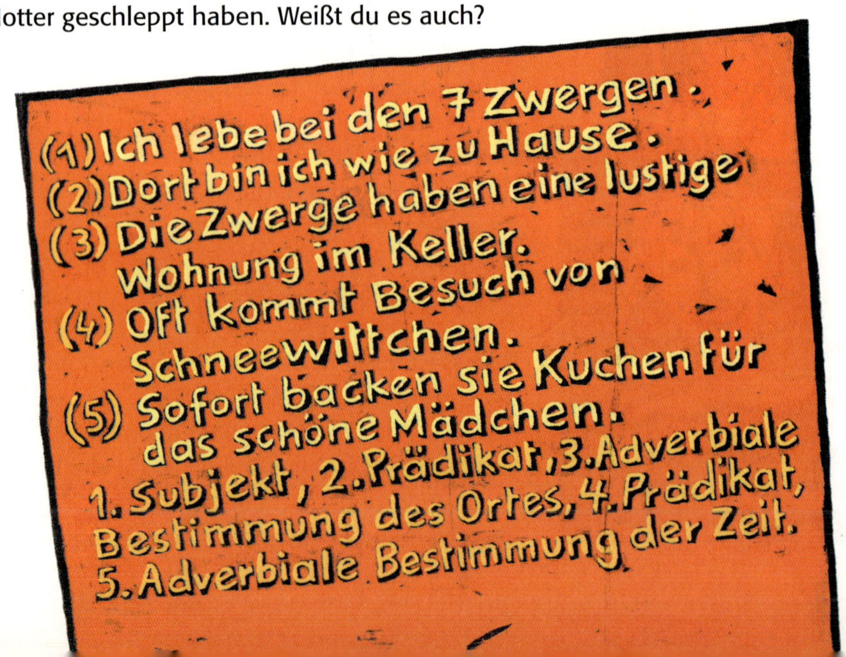

Das Subjekt

Bis auf ganz wenige Ausnahmen hat jeder Satz ein **Subjekt**.
Meistens sagt das Subjekt, wer der **Täter** einer Handlung ist.

Häufig steht das Subjekt am **Anfang** eines Satzes:
Katzen jagen Mäuse.

Im Textzusammenhang kann es aber oft auch nach dem Prädikat stehen:
Katzen fressen manchmal Vögel. Aber Mäuse jagen Katzen besonders gern.

1 **Schreibe die folgenden Sätze ab und stelle dabei immer das Subjekt an den Anfang des Satzes.**

Katzen

Als Jäger betätigen sich oft die Katzen.
Vögel fangen sie.
Mäuse jagen hungrige Katzen besonders gern.
Vor Hunden aber nehmen sie meistens Reißaus.
Die Katzen jagen dann die Hunde auf Bäume.
Die Katzen schützen die Bäume vor den Hunden.
Ein sicheres Versteck haben sie dort vor ihren Verfolgern.

2 Suche in dem Text *Hund und Katze* die Subjekte:
Wer** sitzt still auf seinem Platz? **Der Hund.

Verschiebe dann die Subjekte immer an den Anfang eines jeden Satzes:
***Der Hund** sitzt still auf seinem Platz.*

Wenn du alles richtig machst, wird ein Gedicht daraus.

Hund und Katze

Still auf seinem Platz sitzt der Hund.
Eine Katz sieht er auf einmal.
Dem Hund sträuben sich die Haare.
Aus seinem Schlund kommt ein Bellen.
Durch sein Revier streicht die Katze!
Aufs Katzentier beginnt die Jagd.
Den Baum erklettert schnell die Katz.
Viel Schaum verliert der Hund vor Wut.
Im Baumversteck oben bleibt die Katze.
Hat keinen Zweck – das ganze Spiel!

Die Objekte (Ergänzungen): Akkusativ

Jeder hilft bei den Essensvorbereitungen mit!

Das Baby	verliert	den Braten.
Vater	schärft	die Zwiebeln.
Oma	versalzt	das schreiende Baby.
Die Katze	schleckt	den Schnuller.
Tante Anne	verschüttet	den Knochen.
Der Opa	beruhigt	den Kartoffelbrei.
Michel	vertreibt sich	die Milch.
Mutter	brät	das Messer.
Laura	schält	die Milch.
Der Hund	zerbeißt	die Zeit.

1 Hier ist nun wirklich alles durcheinander geraten! Wer bearbeitet denn wirklich was? Stelle es richtig.
Du bekommst es heraus, wenn du fragst:
Wer verliert wen oder was? – Das Baby verliert …

> Verben wie *verschenken* verlangen eine **Ergänzung (Objekt).**
> *Verschenken* kann man nämlich immer nur *etwas,* zum Beispiel *ein Buch* oder *einen Blumenstrauß.*
> Das **Objekt,** das man mit der Frage ***wen oder was*** erfragen kann, nennt man **Akkusativ-Objekt:**
> *Sina verschenkt* (wen oder was?) – *einen Blumenstrauß.*

Anjas Geburtstagsgeschenke

Anja bekommt zum Geburtstag	… Tisch voller Geschenke.
Tina schenkt ihr	… Riesenteddybär.
Sina gibt ihr	… Blumenstrauß.
Von Laura kriegt sie	… Karton mit neuen Schuhen.
Von ihrem Vater erhält sie	… Sattel für ihr Pony.
Ihre Patentante Gerda überreicht ihr feierlich	… Geburtstagskuchen mit zwölf Kerzen.
Anja pustet zum Schluss	… Kreis von zwölf Kerzen aus.

2 Schreibe vollständig auf, was Anja alles bekommt.
Dabei musst du die Wörter rechts durch *einen* oder *den* ergänzen:
Anja bekommt (wen oder was?) einen Tisch voller Geschenke.

3 Unterstreiche am Schluss die Akkusativ-Objekte.

Die Objekte (Ergänzungen): Dativ und Akkusativ

Alles geht schief!

Der Mutter
Dem Vater
Dem Opa
Der Laura
Dem Baby
Dem Hund
Dem Michel
Dem Onkel

	gelingt	der Braten nicht.
	rutscht	ein Glas aus der Hand.
	glückt	der Pudding nicht.
	fällt	das Salzfass in die Suppe.
	schmeckt	der Braten nicht.
	stößt	der Brei auf.
	brennt	die Milch an.
	fällt	das Fleisch aus der Schnauze.

1 *Wem* passiert hier eigentlich was? Ergänze die Sätze mit den Wörtern von dem gelben Zettel.

Das Objekt, das man mit der Frage ***wem*** erfragen kann, nennt man
Dativ-Objekt:
Das Fleisch fällt (wem?) *aus der Schnauze – dem Hund.*

Dativ-Objekt oder Akkusativ-Objekt?

Anja feierte gestern (wen oder was?) ...
Ihre Mutter hatte (wen oder was?) ... feierlich gedeckt.
Zwei ihrer Freundinnen schleppten (wen oder was?) ... heran.
Tante Laura hat (wem?) ... (wen oder was?) ... mitgebracht.
Und der Hund Tibor trug in seiner Schnauze (wen oder was?) ... herbei.
Anja dankte (wem?) ... für seine Aufmerksamkeit.
Die Geschenke haben (wem?) ... gut gefallen.
Zum Schluss sangen alle gemeinsam (wen oder was?) ...

2 Setze die fehlenden Objekte ein. Du musst aber immer die Wörter *dem, den, einem, einen* hinzufügen.

Und hier sind die fehlenden Wörter, – allerdings in verwürfelter Reihenfolge:

Geburtstagsgruß Patenkind Geburtstagskind
Korb voller Blumen Riesenkuchen zwölften Geburtstag
Geburtstagskanon Geburtstagstisch Dackel

WERKSTATT Sprache

Die Satzglieder auf einen Blick

Subjekt	Prädikat	Adverbiale Bestimmung der Zeit	Adverbiale Bestimmung der Art und Weise	Adverbiale Bestimmung des Ortes	Dativ-Objekt	Akkusativ-Objekt
① Anna	liegt			in ihrem Bett.		
② Sie	hat		offen			ihre Augen.
③ Ihr Dackel	liegt			vor dem Bett.		
④ Er	schläft	immer		dort.		
⑤ Er	atmet		leise.			
⑥ Anna	streichelt				ihrem Dackel	das Fell.
⑦ Er	bellt	plötzlich.				
⑧ Jemand	war			dort?		
⑨ Anna	lauscht		angestrengt	in die Dunkelheit.		
⑩ …						

1 Das sind die ersten Sätze einer kleinen Geschichte. Wir haben sie hier in eine Satzgliedtabelle eingeordnet. – Doch eine Tabelle ergibt noch keine rechte Geschichte! Schreibe diese Sätze einmal so in dein Heft, dass sie besser zueinander passen. Dabei musst du hin und wieder ein anderes Satzglied als das Subjekt an den Satzanfang stellen.

2 Und so geht die Geschichte weiter. Jetzt sind die Satzglieder so angeordnet, dass die Geschichte gut klingt. Nach der Reihenfolge der Tabelle richten sich aber die Sätze nicht mehr! Ordne sie in eine Tabelle an, die du dir im Querformat auf einem Blatt anfertigst:

⑩ In dem Augenblick rennt der Dackel zur Tür.
⑪ Aufgeregt bellt er im Flur.
⑫ Auf einmal sieht Anna ihre Mutter in der Tür.
⑬ Sie kommt aus dem Kino.
⑭ Endlich ist sie zu Hause.
⑮ Anna ist erleichtert.
⑯ Nun schließt sie ihre Augen.
⑰ Sie gibt dem Dackel einen Klaps.
⑱ Dann schläft sie.

Zeichensetzung: Wann setzt man einen Punkt?

Mein Lieblingsplatz

Mein Lieblingsplatz ist ein alter Bauwagen auf seinen Rädern steht er am See dort haben ihn Bauarbeiter hingestellt da darf ich am Nachmittag immer hingehen mit meinem Dackel Dolly fühle ich mich dort richtig wohl in dem alten Holzwagen ist ein Fenster da kann ich auf den See hinaussehen die Bäume rauschen abends zwitschern viele Vögel die Forellen im See springen hoch und schnappen nach Fliegen manchmal habe ich auch schon ein Reh gesehen es riecht in dem Wagen etwas faulig nach vermodertem Holz das finde ich aber gut.

Beim Schreiben kommen dir manchmal ganz viele Gedanken auf einmal. Und da passiert es dann leicht, dass du sie alle hintereinander aufschreibst – ohne Punkte und Kommas. Das ist auch ganz natürlich! Wer aber deinen Text liest, braucht die Punkte, damit er ihn besser lesen kann.

1 **Lest den Text vor. Macht Pausen, wo ein Gedanke zu Ende ist.**

2 **Schreibe den Text ab und setze Punkte, wo ein Gedanke zu Ende ist. Achte darauf, dass der neue Satz mit einem großgeschriebenen Wort beginnt! Manchmal kannst du zwischen zwei Gedanken auch ein Komma setzen!**

Einen **Punkt** setzt man dann, wenn ein Gedanke zu Ende ist und ein neuer Gedanke anfängt: ***Mein Lieblingsplatz ist eine Baumhütte. Fast jeden Nachmittag klettere ich da hinauf.***
Wenn zwei Gedanken eng zusammengehören, kann man dazwischen auch ein **Komma** setzen: ***Mein Lieblingsplatz ist im Hinterhof, dort steht eine alte Laube.*** Oder: ***Mein Lieblingsplatz ist im Hinterhof. Dort steht eine alte Laube.*** Das erste Wort eines Satzes schreibt man **groß**. So kann man beim Lesen gut erkennen, dass hier ein neuer Gedanke anfängt.

Im Baumhaus

(a) Sie schaut hinaus neben ihr sitzt die Katze draußen regnet es.
(b) Ein Blitz zuckt am Himmel der Donner kracht Nora kriegt es mit der Angst zu tun.
(c) Sie zieht sich die Decke über den Kopf nach einer halben Stunde ist der Spuk vorbei.
(d) Nora packt ihre Klamotten ein sie geht nach Hause ihre Mutter wartet schon.

3 **In jeder Zeile (a) – (d) sind zwei oder drei Gedanken formuliert. Wenn du deinem Leser signalisieren willst: die Gedanken unterscheiden sich voneinander, dann setze einen Punkt. Wenn du zeigen möchtest, dass die Gedanken eng zusammengehören, dann setze ein Komma. Aber eines von beiden musst du unbedingt setzen!**

Zeichensetzung: Das Komma bei Aufzählungen

Bei Aufzählungen von Wörtern und Wortgruppen setzt man ein **Komma:**
Tabea liest an ihrem Lieblingsplatz Abenteuerbücher, Zeitschriften, Comics.
Tabea hat ihre Lieblingsplätze unter dem Birnbaum, am Teich, sogar im Pferdestall.
Aber Achtung: Vor den Wörtern *und* und *oder* steht kein Komma:
Tabea, ihre Freundin Silke, ihr kleiner Bruder und ihr Kater Koro sind oft dort.

Tabeas Lieblingsplatz

Im Pferdestall gibt es eine Ecke mit Heu Zweigen Stroh und Blättern. Darüber hat Tabea ein Brett eine Decke einen Teppich und ein Kissen gelegt. Darauf ist es sehr bequem kuschelig und gemütlich. Und hier riecht es angenehm nach Heu nach Holz nach Leder und eben nach Pferden.

1 Lest euch die Sätze vor und sprecht einmal die Kommas mit:
Im Pferdestall gibt es eine Ecke mit Heu Komma *Zweigen* Komma …

2 Schreibe die Sätze ab und setze die Kommas ein.

Frederiks Lieblingsplatz

Hier hört er das Schnippen der Eislöffel ① das Klappern der Teller ② das leise Klirren der Gläser ③ und das Zischen der Espressomaschine. Es duftet nach Kaffee ④ Vanille ⑤ anderen süßen Sachen ⑥ und auch nach frischen Erdbeeren. Frederik bestellt sich ⑦ je eine Kugel Vanilleeis ⑧ Erbeer- ⑨ Schokoladen- ⑩ und Walnusseis. Er beobachtet von seinem Platz aus ⑪ die Kellnerin ⑫ die streitenden Kinder ⑬ den Mann hinter der Theke ⑭ und einen Eis schleckenden Dackel unter dem Tisch nebenan.

3 An welchen Stellen muss ein Komma stehen? An welchen Stellen nicht?
Schreibe so: *Komma steht bei* ① … *Komma steht nicht bei* …
Achtmal muss ein Komma stehen, sechsmal darf kein Komma stehen!

4 Lest euch dann die Sätze vor und sprecht das Komma mit.

5 Im folgenden Text fehlen fünf Kommas. Setze sie beim Abschreiben ein.

Mein Zimmer

Mein Zimmer ist groß hell und freundlich. Mein Lieblingsplatz ist unter meinem alten braunen von der Großmutter stammenden Schreibtisch. Hier bin ich ganz für mich allein schmuse mit meiner Katze und höre meine CDs. Ich habe die Schreibtischwände mit Bildern Zeitungsausschnitten und Postern von meinen Lieblingsstars austapeziert.

METHODEN LERNEN: Nachschlagen

Ihr möchtet etwas über Waschbären erfahren. Wo könnt ihr nachschlagen?

Ihr habt ein Rechtschreibproblem: Wie trennt man das Wort „Waschbär“? Wo schaut ihr nach?

Wisst ihr, was „Waschbär“ in anderen Sprachen heißt?

Wạsch|an|la|ge; Wạsch|an|lei|tung; Wạsch|au|to|mat
wạsch|bar
Wạsch|bär; Wạsch|be|cken [*alte Trennung* ...k|k...]; **Wạsch|ben|zin**
Wạsch|ber|ge *Plur.* (*Bergmannsspr.* Steine, die bei der Aufbereitung der Kohle anfallen); **Wạsch|be|ton**

Waschbären, eine Gattung der Kleinbären mit sieben Arten in Nord-, Mittel- und Südamerika; Länge rund 40-70 cm, mit langem Schwanz. W. reiben ihre Nahrung mit waschenden Bewegungen zwischen den Pfoten. Das langhaarige, meist graue Fell wird zu Pelzkleidung verarbeitet. 1934 wurde im Gebiet des Edersees der **Nordamerikanische Waschbär** ausgesetzt, der sich seitdem über ganz Mitteleuropa verbreitet hat.

Wasch·an·la·ge; *f* (AUTO) **1.** (*Auto~*) car wash **2.** (*Scheiben~*) windscreen wiper *Br*, windshield washer *Am*; **Wasch·au·to·mat** *m* automatic washing machine; **wasch·bar** *adj* washable; **Wasch·bär** *m* raccoon; **Wasch·be·cken** *nt* washbasin; **Wasch·be·ton** *m* exposed aggregate concrete; **Wasch·be·ton·plat·te** *f* exposed aggregate panel

1 Was erfahrt ihr in den drei Ausschnitten aus Nachschlagewerken über Waschbären?

2 Welche Erfahrungen habt ihr mit Nachschlagewerken gemacht? Worin unterscheiden sie sich?

Wer zweifelt, ist schlau – und benutzt das Wörterbuch!

Häufig schlägst du nicht nach, weil du dich sicher fühlst, wie das Wort geschrieben wird. Später ärgerst du dich vielleicht über einen Fehler, den du selbst nicht entdeckt hast. Der erste Schritt zum richtigen Schreiben ist also der Zweifel.

1 Hier war der Fleckenteufel am Werk. Ergänze die fehlenden Buchstaben. Manchmal fehlt ein Buchstabe, manchmal fehlen zwei.

Das Taxi zum Treten

Akram ist 13 Jahre alt und von •eruf Taxifahrer. Na ja: so eine Art Taxifahrer. Mit einer Fah•ad-Rikscha kutsch•rt er seine Passa•iere durch die Straßen von Dhaka, der Hau•tstadt von Bangladesch. Während die Fahrg•ste es sich unter dem bunten Sonnendach be•em machen, stra•pelt Akram sie, wohin sie wollen: zum Bahnhof, zum Ba•ar oder nach Hause. Der Prei• ist Verhan•lungssache. An guten Tagen verd•nt er mit seinen T•ren 200 Taka, das sind etwa vier Euro. Aber weil ihm die Rikscha nicht selbst gehört, mu• Akram jeden Tag 80 Taka an einen Rikscha-•ermieter zahlen. Tro•dem ist er stol• auf seinen Beruf. Und wer weiß: V•lleicht wird er ja mal ein richtiger Taxifahrer. In den Straßen von Dhaka kennt er sich immerhin schon bestens aus.

2 Überlege, mit welchen Buchstaben die folgenden Wörter beginnen könnten. Schlage dann im Wörterbuch nach und notiere das richtige Wort mit der Seitenzahl.

Auf den folgenden Seiten findest du viele verschiedene Übungen, die dir helfen, dich sicherer und schneller in Nachschlagewerken zu orientieren.

?ysik ?ergessen ?ielleicht ?ohlen ?eilschen ?oto ?anilleeis ?eilchen ?antastisch ?allen

Beispiel: Du willst das Wort [ferse] schreiben und bist unsicher, welches der Anfangsbuchstabe ist. Du hörst den Laut [f] und weißt, dass er auf verschiedene Weise geschrieben werden kann: mit *V* wie in *Vieh* oder *Vers*, mit *Ph* wie in *Pharao* und *Phantom* oder mit *F* wie in *Futter* und *Fenster*. Also musst du an verschiedenen Stellen im Wörterbuch suchen.

Nach dem Alphabet ordnen

Um sich in Nachschlagewerken schnell zurechtzufinden, ist es gut, das Alphabet sicher zu beherrschen. Das kannst du mit den folgenden Übungen spielend lernen. Du kannst allein oder in einer Gruppe arbeiten und ein Wettspiel gegen die Zeit machen.

Ü 1

- Schreibt auf ein großes Blatt alle Buchstaben in alphabetischer Reihenfolge. Das Buchstabenposter soll drei Abschnitte haben: Die Buchstaben A bis H bilden den Anfang, die Buchstaben I bis Q die Mitte und die Buchstaben R bis Z das Ende.

- Schreibt die folgenden 15 Tiernamen auf je eine kleine Karte und legt sie mit der Schrift nach unten in die Mitte eures Tisches:

Zecke Regenwurm Blattlaus Dompfaff Waschbär Igel Kreuzspinne Maulwurf Nachtigall Esel Ameise Storch Libelle Taube Forelle

- Nehmt jetzt eines der 15 Kärtchen und entscheidet möglichst schnell und ohne auf das Buchstabenposter zu sehen, ob dieses Wort eher am Anfang, in der Mitte oder am Ende des Alphabets zu finden ist. Legt die Wortkarten neben den richtigen Buchstabenblock.

- Wer konnte die Kärtchen am schnellsten an die richtige Stelle legen? Ihr könnt bei der Übung die Zeit stoppen und prüfen, ob ihr bei einem zweiten oder dritten Durchgang schneller werdet.

- Schreibe die Tiernamen jetzt in alphabetischer Reihenfolge in dein Heft.

Ü 2 Schreibe die Buchstaben jeder Zeile in alphabetischer Reihenfolge auf. Die letzten Buchstaben ergeben dann von oben nach unten gelesen einen Jungennamen.

F B E D

A D E C

F L H K

C F I H

S X T P

Nach dem Alphabet ordnen

Ü 3 Schreibe die Mädchen- und Jungennamen jeweils nach dem Alphabet geordnet auf. Ihr könnt die Namen auch auf Kärtchen schreiben und gemeinsam ordnen.

Hagen Kai Werner Manuel Torsten Christopher Daniel Bastian Alexander Salvatore Zlatko Oliver Ivo Yannick Xaver Ulf Enrico Pablo Jan Goran Robin Nicolai

Elke Xenia Katinka Wiebke Maike Verena Aische Larissa Sabine Jana Zuleika Gaby Ina Renate Fatima Yvonne Carmen Bella Daniela Olivia Tanja

Ü 4 In der Klasse 5c gibt es einige Jungen und Mädchen, deren Vornamen mit demselben Anfangsbuchstaben beginnen:

Arne, Annika, Adam **Pia, Paul, Philipp**

David, Dagmar, Danuta **Reiner, René, Rebekka**

Bringe die Namen in die richtige alphabetische Reihenfolge. Achte dabei auf den zweiten und dritten Buchstaben.

Ü 5 Stellt euch innerhalb eurer Tischgruppe in alphabetischer Reihenfolge auf. Entscheidet, ob ihr euch nach den Vornamen oder den Nachnamen richten wollt.

Ü 6 Teilt jetzt die Klasse in zwei Gruppen und geht so vor wie bei Übung 5.

Ü 7 Schreibe die folgenden Tiernamen alphabetisch geordnet auf. Überlege, welcher Buchstabe die Reihenfolge bestimmt. Unterstreiche den Buchstaben, auf den es ankommt.

Buntspecht Biber Bär Buchfink Bussard Biene

Eule Eisvogel Elster Esel Eidechse Elch

Hund Hornisse Huhn Heuschrecke Hummel Hering

Rotbarsch Ratte Rind Ringelnatter Rabe Rotkehlchen

Nachschlagewerke erkunden

Wenn du dein Wörterbuch benutzen willst, musst du es kennen lernen. Wähle fünf der vorgeschlagenen Übungen aus. Du kannst sie in beliebiger Reihenfolge durchführen.

Ü 1 Mit welchen Anfangsbuchstaben findest du in deinem Wörterbuch besonders viele oder auch besonders wenige Stichwörter?
Überprüfe deine Vermutung mithilfe des Wörterbuches.

Ü 2 Wie viele Seiten umfasst der Buchstabe S in deinem Wörterbuch?

Ü 3 Suche in deinem Wörterbuch die drei ersten und die drei letzten Wörter mit den Anfangsbuchstaben E, J und T und schreibe sie mit Seitenzahl auf.

Ü 4 Schreibe innerhalb von zwei Minuten möglichst viele deutsche und englische Wörter mit dem Anfangsbuchstaben C auf. Was fällt dir an deiner Wortliste auf?

Ü 5 Sieh dir in einem deutschen und in einem englischen Wörterverzeichnis an, wie viele Eintragungen es unter dem Buchstaben C gibt. Zähle die Seiten.

Ü 6 Mit welchen Anfangsbuchstaben gibt es im Wörterbuch deiner Muttersprache besonders viele und besonders wenige Stichwörter?

Ü 7 Suche aus deinem Wörterbuch je fünf Wörter, die so anfangen:
SCHL... **ENT...** **VER...**

Wenn du ein eigenes Wörterbuch hast, kannst du mit Klebezetteln am Seitenrand eine Suchhilfe für Buchstaben oder Buchstabengruppen anlegen. So kannst du die Stichwörter schneller finden.

Kopf- oder Leitwörter helfen beim Nachschlagen

In den meisten Wörterbüchern steht auf der linken Seite oben das erste Wort, mit dem die Seite beginnt, und auf der rechten Seite oben das letzte Wort, mit dem die Seite aufhört. Diese Wörter nennt man Kopfwörter oder Leitwörter.

In manchen Wörterbüchern findest du statt der Kopf- oder Leitwörter Wortanfänge oder Leitsilben. Leitwörter und auch Leitsilben helfen dir, ein Wort schnell zu finden. So steht z. B. das Wort „Picknick" zwischen den Leitwörtern „phantastisch" und „Plantagenbesitzer".

phantastisch

ta|sie|voll *vergleiche:* fan|ta|sie|voll; **phan|tas|tisch** *vergleiche:* fan|tas|tisch
das **Phan|tom** (Trugbild); des Phantoms; die Phan|to|me; das **Phan|tom|bild** (nach Zeugenaussagen gezeichnetes Porträt)
der **Pha|rao** (ägyptischer König im Altertum); des Pha|ra|os; die Pha|ra|o|nen; das **Pha|ra|o|nen|grab**
der **Pha|ri|sä|er** (Angehöriger einer streng gesetzesfrommen altjüdischen Partei; selbstgerechter Heuchler); des Pharisäers; die Pharisäer; **pha|ri|sä|er|haft**; das **Pha|ri|sä|er|tum**; des Pharisäertums
die **Phar|ma|in|dus|t|rie** (Arzneimittelindustrie); die **Phar|ma|ko|lo|gie** (Arzneimittelkunde); **phar|ma|zeu|tisch**; pharmazeutisch-technische Assistentin (*Abkürzung:* PTA); die **Phar|ma|zie** (Lehre von der Arzneimittelzubereitung)
die **Pha|se** (Abschnitt einer Entwicklung)
phatt [fɛt] (*jugendsprachlich für:* hervorragend); phatte Beats
die **Phi|lip|pi|nen** (Inselgruppe und Staat in Südostasien) *Plural;* der **Phi|lip|pi|ner**; des Philippiners; die Philippiner; die **Phi|lip|pi|ne|rin**; die Philippinerinnen; **phi|lip|pi|nisch**
der **Phi|lo|soph**; des Phi|lo|so|phen; die Phi|lo|so|phen; die **Phi|lo|so|phie**; **phi|lo|so|phie|ren**; du philosophierst; sie philosophierte; sie hat philosophiert; philosophiere nicht so viel!; die **Phi|lo|so|phin**; die Philosophinnen; **phi|lo|so|phisch**
das **Phleg|ma** (Ruhe, Geistesträgheit, Schwerfälligkeit); des Phlegmas; der **Phleg|ma|ti|ker**; des Phlegmatikers; die Phlegmatiker; die **Phleg|ma|ti|ke|rin**; die Phlegmatikerinnen; **phleg|ma|tisch**
Phnom Penh [pnɔm ˈpɛn] (Hauptstadt Kambodschas)
die **Pho|bie**; die Pho|bi|en
das **Phon**, *auch:* Fon (Maßeinheit für die Lautstärke)

In den aus dem Griechischen stammenden Wörtern mit *phon* kann nach neuer Rechtschreibung das *ph* grundsätzlich durch *f* ersetzt werden. Neben *Phonotechnik* ist jetzt also auch *Fonotechnik*, neben *Phonzahl* auch *Fonzahl* usw. möglich.

die **Pho|ne|tik**, *auch:* Fo|ne|tik (Lehre von der Lautbildung); **pho|ne|tisch**, *auch:* fo|ne|tisch, die **Pho|no|thek**, *auch:* Fo|no|thek (Archiv mit Tonbändern, Schallplatten)
das **Phos|phat** (Salz der Phosphorsäure); des Phosphat[e]s; die Phos|pha|te; **phos|phat|hal|tig**; der **Phos|phor** (ein chemisches Element; *Zeichen:* P); des Phosphors; **phos|pho|res|zie|rend** (nach Bestrahlung im Dunkeln von selbst leuchtend); phosphoreszierende Ziffern
die **Pho|to|gra|phie** usw. *vergleiche:* **Fo|to|gra|fie** usw.
die **Phra|se** (Redewendung; nichts sagende Redensart); **phra|sen|haft**
die **Phy|sik** (eine Naturwissenschaft); **phy|si|ka|lisch**; physikalische Gesetze; der **Phy|si|ker**; des Physikers; die Physiker; die **Phy|si|ke|rin**; die Physikerinnen
der **Phy|si|o|the|ra|peut**; die **Phy|si|o|the|ra|peu|tin**; die **Phy|si|o|the|ra|pie** (Heilbehandlung mit Licht, Luft, Wasser, Bestrahlungen, Massage)
phy|sisch (körperlich); physische Belastung
der **Pi|a|nist** (ausgebildeter Klavierspieler); des/dem/den Pi|a|nis|ten; die Pi|a|nis|ten; die **Pi|a|nis|tin**; die Pianistinnen; **pi|a|no** (*Musik:* leise)
der **Pi|ckel**; des Pickels; die Pickel; **pi|cke|lig** *oder* **pick|lig**; ein pick[e]liges Gesicht
pi|cken; das Huhn pickte; es hat die Körner gepickt
das **Pick|nick** (Essen im Freien); des Picknicks; die Pick|ni|cke *oder* Picknicks; **pick|ni|cken**; du picknickst; sie picknickte; sie hat gepicknickt; picknicke!; der **Pick|nick|korb**
pi|co|bel|lo (*umgangssprachlich für:* tadellos); der Boden ist picobello sauber
piek|fein (*umgangssprachlich für:* besonders fein); **piek|sau|ber** (*umgangssprachlich für:* besonders sauber)
pie|pe *oder* **pie|pe|egal** (*umgangssprachlich für:* gleichgültig); das ist mir piepe *oder* piepegal
pie|pen; du piepst; es piepte; es hat gepiept; bei dir piepts wohl? (*umgangssprachlich für:* du bist wohl nicht recht bei Verstand?); ABER: das ist zum Piepen (*umgangssprachlich für:* es ist zum Lachen); **piep|sen**; du piepst; er piepste; er hat gepiepst; piepse nicht so!
pier|cen (die Haut durchbohren oder durchstechen, um Schmuck, z. B. Ringe, anzubringen); du piercst; sie piercte; sie hat gepierct; sie will sich piercen lassen; das **Pier|cing**
pie|sa|cken (*umgangssprachlich für:* quälen); du piesackst ihn; er hat ihn gepiesackt; piesacke ihn nicht!
die **Pi|e|tät** (ehrfürchtiger Respekt)
das **Pig|ment** (Farbstoff); des Pigment[e]s; die Pig|men|te
das **Pik** (Spielkartenfarbe); des Pik[s]
der **Pik** (*umgangssprachlich für:* heimlicher Groll); des Piks; die Pi|ke; sie hat einen Pik auf mich
pi|kant (scharf gewürzt; reizvoll)
pi|ken *oder* **pik|sen**; du pikst; er pikt *oder* pikst; er pikte *oder* pikste mich; es hat gepikt *oder* gepikst
der **Pil|ger**; des Pilgers; die Pilger; die **Pil|ger|fahrt**; die **Pil|ge|rin**; die Pilgerinnen; **pil|gern**; du pilgerst; er pilgerte; er ist gepilgert; pilgere nach Rom!
die **Pil|le**
der **Pi|lot**; des/dem/den Pi|lo|ten; die Pi|lo|ten; die **Pi|lo|tin**; die Pilotinnen
der **Pi|lot|film** (Testfilm für eine geplante Fernsehserie)
der **Pilz**; des Pil|zes; die Pil|ze; die **Pilz|ver|gif|tung**
pin|ge|lig (*umgangssprachlich für:* kleinlich; empfindlich); die **Pin|ge|lig|keit**
der **Pin|gu|in** (ein Vogel der Antarktis); des Pinguins; die Pin|gu|i|ne
pink (rosa); ein pink Kleid; das **Pink** (kräftiges Rosa); des Pinks; die Pinks; ein Kleid in Pink
die **Pin|ke** (*umgangssprachlich für:* Geld)
pin|keln (*umgangssprachlich für:* urinieren); ich pink[e]le; er pinkelte; er hat gepinkelt; die **Pin|kel|pau|se**
pin|nen (*landschaftlich für:* befestigen); du pinnst; sie pinnte; sie hat das Poster an die Wand gepinnt; pinne das Bild an den Schrank!; die **Pinn|wand** (Tafel zum Anheften von Merkzetteln)
der **Pin|scher** (eine Hunderasse); des Pinschers; die Pinscher
der **Pin|sel**; des Pinsels; die Pinsel; **pin|seln**; du pinselst; er pinselte; er hat den Spruch an die Wand gepinselt; pinsele nichts an die Wand!
die **Pin|zet|te**; die Pinzetten
der **Pi|o|nier** (Vorkämpfer); des Pioniers; die Pi|o|nie|re; der **Pi|o|nier|geist**
die **Pipe|line** [ˈpaiplain] (Rohrleitung für Gas, Erdöl); die Pipelines
der **Pi|rat** (Seeräuber); des/dem/den Pi|raten; die Pi|ra|ten
die **Pirsch** (Schleichjagd)
die **Pis|se** (*derb für:* Urin); **pis|sen** (*derb für:* urinieren); du pisst; er pisste; er hat gegen die Hauswand gepisst
die **Pis|te** (Rennstrecke; Rollbahn)
die **Pis|to|le**
die **Piz|za** (ein Hefebackwerk mit pikantem Belag); die Pizzas *oder* Pizzen; die **Piz|ze|ria**; die Piz|ze|ri|as *oder* Piz|ze|ri|en
der **Pkw**, *auch:* **PKW** (= Personenkraftwagen); des Pkw[s]; die Pkws, *selten:* Pkw
sich **pla|cken** (*umgangssprachlich für:* sich sehr abmühen); du plackst dich; sie plackte sich; sie hat sich geplackt; die **Pla|cke|rei**
die **Pla|ge**; **pla|gen**; du plagst; er plagte; er hat mich mit seiner ewigen Fragerei sehr geplagt; plage ihn nicht!; sich plagen (sich mühen); sie hat sich bei dieser Arbeit sehr geplagt
das **Pla|kat**; des Plakat[e]s; die Pla|ka|te; die **Pla|kat|säu|le**; die **Pla|kat|wer|bung**
die **Pla|ket|te**
plan (flach; eben); eine plane Fläche
der **Plan**; des Plan[e]s; die Plä|ne; **pla|nen**; du planst; er plante; er hat die Reise geplant; plane nicht zu früh!
die **Pla|ne**; die Planen
der **Pla|net** (Wandelstern); des/dem/den Pla|ne|ten; die Pla|ne|ten; **pla|ne|ta|risch**; planetarischer Nebel; das **Pla|ne|ta|ri|um**; die Planetarien; die **Pla|ne|ten|bahn**
die **Plan|ke** (Bohle); die Planken
das **Plank|ton** (Gesamtheit der im Wasser schwebenden niederen Lebewesen); des Planktons
plan|los; **plan|mä|ßig**; die **Pla|nung**; das **Pla|nungs|bü|ro**
das **Plansch|be|cken** *oder* Plantsch|be|cken; **plan|schen** *oder* plant|schen; du plan[t]schst; er plan[t]schte; er hat in der Badewanne geplan[t]scht; plan[t]sche nicht so!
die **Plan|ta|ge** [planˈta:ʒə] (Pflanzung; landwirtschaftlicher Großbetrieb in den Tropen); der **Plan|ta|gen|be|sit|zer**

Plantagenbesitzer

A B C D E F G H I J K L M N O **P** Q R S T U V W X Y Z

1 Versuche mithilfe der Kopfwörter so schnell wie möglich zu entscheiden, ob die folgenden Wörter auf der abgebildeten Seite des Wörterbuches zu finden sind: *Planet, Pilz, Pfirsich, Physik, Plastik.*
Begründe deine Entscheidung: *ja, weil* … oder *nein, weil* …

2 Suche in deinem Wörterbuch mithilfe der Kopfwörter so schnell wie möglich das erste Wort, das mit diesen Buchstaben beginnt und schreibe es auf: **KIE** … **DRA** … **PLU** … **WET** …

Die Grundform eines Wortes bestimmen

Manchmal ist es schwierig, ein Wort sofort zu finden, vor allem dann, wenn das gesuchte Wort eine Abwandlung des Grundwortes ist.

- Bei **Verben** musst du den Infinitiv (die Grundform) bilden: *er rief* → *rufen.* Die Grundform findest du leicht, wenn du ein Verb in Verbindung mit *kann* oder *will* verwendest: *sah:* ich kann *sehen, aß:* ich will *essen.*
- Bei den Vergleichsstufen der **Adjektive** musst du auf die Grundform zurückführen: *höher* → *hoch.*
- Auch manche **Nomen** musst du von der weiblichen Form oder vom Plural ableiten: *Ärztin* → *Arzt, Gänse* → *Gans.*
- Bei manchen zusammengesetzten Nomen musst du sogar mehrmals nachschlagen:
  Luftballonverkäufer unter *Luftballon* und *Verkäufer*
  Benzinkanister unter …

1 In der Wörterschlange findest du Verben und Adjektive in verschiedenen Formen:

laggrößtenhöheraufgezogenstärkstenälterschob
verschwundenkürzerwuchsgeschwiegengesünder
härterwärmerbrachtebessergepfiffenranntenschärferaß

Bilde die Grundform, schlage im Wörterbuch nach und notiere die Seitenzahl. Wenn du richtig gearbeitet hast, enthält deine Tabelle zehn Verben und zehn Adjektive.

Verben	Adjektive
lag → liegen → Seite ...	größten → groß → Seite ...

2 Zerlege die zusammengesetzten Nomen und schlage sie nach. Notiere das gefundene Stichwort mit Artikel und Seitenzahl:

Bilderr??men Brillen?t?? Bärenta??e Remouladens??e S???enirgesch?ft
Wollkn???l Bo?rmasch?ne Kettenkaru??e?? Rasenm??er Ke?rb?sen

zusammengesetztes Nomen	1. Nomen	2. Nomen
der Bilderrahmen	das Bild → S. …	der Rahmen → S. …

Worterklärungen, Zeichen und Abkürzungen

Das ist die Grundform (der Infinitiv) des Verbs.

Hier wird das Wort getrennt: *wer-fen.*

Die runden Klammern ( ) enthalten Worterklärungen.

schwierige Verbformen

- Auf dieser Silbe wird das Wort betont.

> **wer|fen** *(von Tieren auch für* gebären); du wirfst; du warfst; du würfest; geworfen; wirf!; sich werfen; **Wer|fer; Wer|fe|rin;**

Wörter aus der Wortfamilie *werfen*

Die eckigen Klammern [ ] enthalten Angaben zur Aussprache.

Der Begleiter (Artikel) des Wortes: *die Halfpipe.*

Der waagerechte Strich steht für das unveränderte Stichwort. So wird der 2. Fall (Genitiv) gebildet: *der Halfpipe.*

So wird die Mehrzahl (Plural) gebildet: *die Halfpipes*

Die Winkelklammern ⟨⟩ enthalten Angaben zur Herkunft des Stichwortes: *Halfpipe* kommt aus dem Englischen.

> **Half|pipe** ['ha:fpaip], die, -, -s ⟨engl., »Halbrohr«⟩ (untere Hälfte einer Röhre, in der Kunststücke mit Skateboard oder Snowboard ausgeführt werden)

Die Vergleichsstufen des Adjektivs.

Die Grundform des Adjektivs

> **dumm;** düm|mer, dümms|te; dummer August (Clown); jmdm. dumm kommen (ugs. zu jmdm. frech, unverschämt werden)

Redewendungen, in denen das Wort vorkommen kann, und ihre Bedeutung in runden Klammern ( ).

1 Lege eine Tabelle an und notiere, welche Angaben dein Wörterbuch zu den folgenden Stichwörtern macht:

Puzzle Dompteur Schaschlik Etui Clique Granulat Rikscha Gyros Trikot Kompass Collage Yeti

Stichwort	Artikel	Silbentrennung	Herkunft	Worterklärung
Puzzle	das	Puz|zle	englisch	Geduldsspiel

Aus Texten Informationen entnehmen

Manchmal liest du einen Sachtext, weil dich das Thema begeistert und du mehr darüber erfahren möchtest. Vielleicht beschäftigst du dich aber auch mit Sachtexten, damit du Fragen, die dir zu einem bestimmten Thema gestellt worden sind, beantworten kannst.

1 Was für Sachbücher sind dir schon begegnet?

2 Auf den Fotos S. 262/263 siehst du Seepferdchen. Schreibe auf, was du schon über diese Tiere weißt. Schneide vorher ein liniertes DIN-A4-Blatt in zehn gleich große Streifen und notiere jeden Gesichtspunkt auf einem eigenen Streifen.

3 Notiere auf breiteren Papierstreifen, was du sonst noch über Seepferdchen wissen willst.

4 Lies jetzt die Texte über Seepferdchen unten und auf den nächsten Seiten. Unterstreiche dabei, was für dich neu, interessant und wichtig ist (Folie). Schreibe auch diese Informationen stichwortartig oder in kurzen Sätzen auf die vorbereiteten Papierstreifen.

Seepferdchen (Hippocampus): Gattung der Knochenfische (Familie Seenadeln) mit rund 25 Arten, besonders in warmen Meeren, davon drei Arten an südeuropäischen Küsten; meist in senkrechter Körperhaltung langsam schwimmende Tiere, deren Kopf nach vorn abgewinkelt ist; Schwanz stark verlängert, sehr dünn, ohne Schwanzflosse, dient als Greiforgan. – Das ♂ treibt Brutpflege: Das ♀ legt die befruchteten Eier durch Einführung seiner Genitalpapille in die (an der Ventralseite des Schwanzes liegende) Bruttaschenöffnung des ♂ ab. Hier werden die Eier während ihrer Entwicklung etwa eine bis drei Wochen vor Feinden geschützt. Danach werden die Jungtiere ins freie Wasser entlassen.

Aus Texten Informationen entnehmen

Seepferdchen

Die schwimmenden Rösser aus Neptuns Reich

Sie sind vielleicht die zauberhaftesten, ungewöhnlichsten Meereswesen überhaupt. Besonders bei der Vermehrung läuft für die Seepferdchen manches anders als bei normalen Fischen

Etwas stimmt mit dem rotbraunen Seepferdchen-Männchen nicht. Es trudelt im flachen Küstenwasser, hat den Kopf mit der langen Trötenschnauze auf die Brust gedrückt – und schiebt einen Bauch vor sich her, der aussieht, als ob er gleich platzen würde. Ruckartig drückt das Männchen seinen Ringelschwanz nach vorn, windet sich, wird immer blasser ... Kein Wunder: Das Männchen bekommt gerade Nachwuchs!

Richtig gelesen: das Männchen! Durch die Schwanzbewegungen öffnet der werdende Vater seine Bauchtasche, in der die Kleinen mehrere Wochen herangewachsen sind. Und dann – Schwanz voraus – flutschen die ersten kleinen „Seefohlen" ins Wasser. Zwischen sechs und zwölf Millimeter sind sie erst groß. Aber schon erwachsen genug, um sich gleich von der Meeresströmung wegtreiben zu lassen – in neue Reviere.

Schon komisch, dass bei den Seepferdchen die Männchen schwanger werden, oder? Und hättet ihr gewusst, dass die Meeresrösser zu den Fischen gehören? Wahrscheinlich kennen viele von euch das „Seepferdchen" nur als Abzeichen, das man sich nach der ersten Schwimmprüfung auf die Badehose nähen darf. Biologen dagegen kennen 32 Arten dieser Meerestiere; zum Beispiel das „Bullneck Seahorse", was so viel heißt wie „Stiernacken-Seepferdchen", das oft nur einen Zentimeter klein ist. Das „Giant Seahorse" (auf Deutsch: „Riesen-Seepferdchen") dagegen macht seinem Namen alle Ehre: Es kann 30 Zentimeter groß werden.

Aus Texten Informationen entnehmen

Seepferdchen leben in überfluteten Mangrovenwäldern, Korallenriffen und Seegraswiesen. Die meisten Arten sind im Indischen Ozean und im Westatlantik zu Hause, wo sie sich im seichten Wasser von kleinen Krebsen ernähren. Fast alle Seepferdchen leben übrigens paarweise zusammen – ihre Beziehung hält, bis einer der Partner stirbt. Oft benehmen sich die Pärchen wie verliebte Menschen: Sie turteln, was das Zeug hält! Und veranstalten wilde Wassertänze: Die Eheleute wickeln ihre Schwänze umeinander und drehen Pirouetten, ihre Körper leuchten in den schillerndsten Farben. Der Rock 'n' Roll auf dem Meeresgrund kann gut zehn Minuten dauern.

Bei der Paarung drücken sich die Tiere fest aneinander. Das Weibchen steckt eine Art Schlauch in die Bauchtasche des Männchens und pumpt reife Eier hinein. In der Tasche werden sie mit dem Samen des Männchens befruchtet. Zehn Tage bis sechs Wochen später schlüpft der Nachwuchs.

Natürliche Feinde hat das Seepferdchen kaum: Erstens übersehen hungrige Meeresbewohner die getarnten Tierchen oft, zweitens sind sie mit ihrem harten Panzer nicht besonders lecker. Trotzdem sind viele Arten gefährdet. In Asien werden die Tiere zu Medizin verarbeitet; Seepferdchen sollen beispielsweise gegen Asthma, Ausschlag und Herzkrankheiten helfen. Oft landen sie auch in Deutschland, als getrocknete Urlaubsandenken oder als Zierfische in Aquarien, wo sie meist nicht lange überleben.

Es gibt aber auch Menschen, die sich für Seepferdchen stark machen. Auf den Philippinen zum Beispiel haben Fischer beschlossen, wenigstens die schwangeren Männchen nicht zu fangen. Zum Glück – denn sonst könnten wir das Seepferdchen bald wirklich nur noch auf Badehosen bewundern.

Seepferdchen

- Wie sie aussehen:
- Wo sie leben:
- Was sie fressen:
- Wie sie sich fortpflanzen:
- Was sie gefährdet:
- Was sonst noch interessant ist:

5 Tragt eure Informationen zu zweit zusammen und versucht, Ordnung in die vielen Zettel zu bringen. Welche Informationen gehören zusammen? Könnt ihr für die geordneten Informationen ein gemeinsames Thema finden?

6 Habt ihr in den Texten Antworten auf eure Fragen bekommen?

7 Gestaltet ein Informationsplakat über Seepferdchen. Es wird übersichtlich, wenn ihr es als Tabelle anlegt und vorher auf kleineren Blättern ausprobiert.

8 Jetzt kannst du ein kurzes Referat über Seepferdchen halten (Fünf -Satz -Referat).

Fachbegriffe zum Nachschlagen

Adjektiv (Eigenschaftswort, Wiewort)**:** Wortart. Beispiele: *groß, dünn, viereckig.* Mit ihnen kann man Eigenschaften und Merkmale bezeichnen: *der braune Hund, der bissige Hund.* Viele können gesteigert werden: *größer, am größten; dünner, am dünnsten.*
→ Seite 233/234

Adverbiale Bestimmung (Adverbial, Umstandsbestimmung)**:** Satzglied. Beispiele: a. B. der Zeit: *Ich komme bald;* a. B. des Ortes: *Ich gehe dorthin;* a. B. der Art und Weise: *Ich komme gern*. Die a. B. kann aus verschiedenen Wortarten bestehen: *Ich komme gern* (Adverb); *ich habe dich lieb* (Adjektiv); *ich fahre am Donnerstag* (Nomen)
→ Seite 243/244

Akkusativ (Wenfall, 4. Fall)**:** Form des Nomens. Beispiele: *Ich sehe einen Turm; ich steige auf den Turm*. Männliche Nomen bilden den Akkusativ im Singular mit *-en (den, einen Turm).*
→ Seite 231/232

Artikel (Begleiter, Geschlechtswort)**:** Wortart. Beispiele: *der, die, das* (bestimmte Artikel)*; ein, eine* (unbestimmte Artikel). Artikel geben das Geschlecht eines Nomens an: *der Löffel, die Gabel, das Messer.*
→ Seite 230

Aufforderungssatz (Befehlssatz)**:** Satz, mit dem man zu etwas aufruft oder jemanden zu etwas auffordert: *Komm her! Gib mir bitte das Brötchen! Jens bleibt zu Hause!* Nach einem Satz mit einer besonders nachdrücklichen Aufforderung steht ein Ausrufezeichen. → Seite 240

Ausrufezeichen: Satzzeichen, mit dem man angeben möchte, dass ein Satz als Ausruf, Befehl, Wunsch oder nachdrückliche Aufforderung gemeint ist: *Das ist aber schön! Ach, wenn ich doch zaubern könnte! Mach jetzt endlich mal deine Hausaufgaben!*
→ Seite 240

Aussagesatz: Satz, mit dem man eine Aussage macht (im Gegensatz zu einem Frage- oder Aufforderungssatz). Nach einem Aussagesatz steht ein Punkt: *Morgen fahre ich nach Essen.* → Seite 240

Begleiter: Artikel und Possessivpronomen werden als Begleiter bezeichnet, weil sie das Nomen begleiten: *die Katze, meine Katze.* Auch das Demonstrativpronomen kann das Nomen begleiten: *diese Katze.*

Bestimmungswort: Ein zusammengesetztes Nomen besteht aus dem Grundwort und dem Bestimmungswort. Das Bestimmungswort ist der erste Teil eines solchen Nomens, mit dem das Grundwort näher bestimmt wird: *Taschen-tuch.* → Seite 229

Dativ (Wemfall, 3. Fall)**:** Form des Nomens. Beispiele: *Ich helfe meinem Bruder. Ich fahre auf dem Schulhof herum.* Männliche und sächliche Nomen bilden den Dativ im Singular auf -em: *dem, einem Kater, Kätzchen.* → Seite 231/232

Dehnungs-h: In Wörter mit einem langen Vokal in der betonten Silbe wird manchmal ein Dehnungs-h eingefügt, um den langen Vokal auffälliger zu machen: *füh-len, Rah-men, Sah-ne, füh-ren.* Ein Dehnungs-h steht nur vor den Konsonanten l, m, n, r.
→ Seite 204

Einzahl: (siehe Singular)

Ergänzungen: Objekte werde auch Ergänzungen genannt, weil sie das Prädikat ergänzen: *Die Lehrerin lobt den Schüler.* → Seite 248-250

Fälle: Das Nomen kann in vier verschiedenen Fällen stehen: 1. Fall (Nominativ): *der Hund,* 2. Fall (Genitiv): *des Hundes,* 3. Fall (Dativ): *dem Hund,* 4. Fall (Akkusativ): *den Hund.* → Seite 232

Fragesatz: Satz, mit dem man eine Frage stellt (im Gegensatz zu einem Aussage- oder Ausrufesatz). Nach einem Fragesatz setzt man ein Fragezeichen: *Kommst du auch wirklich?* → Seite 240

Gegenwartsform (Präsens)**:** Zeitform, die wir verwenden, wenn wir über etwas sprechen, was jetzt gerade stattfindet *(Jetzt regnet es),* aber auch: was in der Zukunft stattfindet *(Morgen fahren wir weg)* und manchmal auch: was schon vorbei ist *(Gestern läuft mir doch plötzlich eine Katze vor das Rad).*
→ Seite 237

Genitiv (Wesfall, 2. Fall)**:** Form des Nomens. Beispiele: *der Hund unseres Nachbarn*. Männliche und sächliche Nomen bilden den Genitiv im Singular auf -es *(des, eines Hundes).* → Seite 232

Grundwort: Ein zusammengesetztes Nomen besteht aus dem Grundwort und dem Bestimmungswort. Das Grundwort ist der zweite Teil eines solchen Nomens: *Taschen-tuch.* → Seite 229

Homonym: Homonyme sind Wörter, die gleich geschrieben werden, aber etwas Verschiedenes bedeuten: *die Bank (Sitzbank) – die Bank (Sparkasse); der Kiefer (Knochen) – die Kiefer (Baum).* → Seite 227

Infinitiv (Grundform des Verbs)**:** Es ist diejenige Form, in der ein Verb im Wörterbuch steht: *halten, geben.* In Sätzen dagegen stehen Verben fast immer in der Personalform: *er hält, sie schläft.* Die Grundform kommt aber auch in Sätzen vor, die mit den Verben *können, wollen, sollen* usw. gebildet sind: *Er soll halten. Sie will schlafen.* → Seite 236

Komma: Satzzeichen zur Gliederung von Sätzen. Sie werden vor allem gesetzt, damit Leser in einem Satz erkennen können, was zusammengehört und was voneinander getrennt ist. Kommas stehen bei Aufzählungen von Wörtern, Wortgruppen und Sätzen, bei Ausgliederungen von Wörtern und bei Unterordnungen von Haupt- und Nebensätzen. Die einzelnen Regeln dafür sind sehr vielfältig. → Seiten 251/252

Konsonant: Mitlaut (im Gegensatz zu Vokal = Selbstlaut). Konsonanten sind die Laute und die entsprechenden Buchstaben dazu: *b, c, d, f, g, j, k, l, m, n, p, q, r, s, t, v, w, x, z.* → Seite 199

Mehrzahl: (siehe Plural)

Metapher: Übertragung eines Wortes oder Satzes aus der Normalbedeutung in eine bildliche Bedeutung. Beispiele: *Fuchs (ein Säugetier) – schlauer Fuchs (ein listiger Mensch); Ferkel (junges Schwein) – Du bist ein Ferkel (Kind, das schmutzig ist).* → Seite 226/227

Nachsilbe: Als Nachsilben werden meistens Teile von Wörtern bezeichnet, die an den Wortstamm angehängt sind (auch wenn sie eigentlich keine echten Silben sind!): *kind-lich, witz-ig* (nach Silben getrennt: *wit-zig), Freund-schaft, Kleid-ung* (nach Silben getrennt: *Klei-dung).* → Seite 229

Nomen (Substantiv, Hauptwort, Dingwort)**:** Wortart. Beispiele: *Kind, Katze, Computer, Glück.* Mit Nomen kann man Lebewesen, Dinge, Gefühle und Gedanken bezeichnen. Nomen haben einen Artikel: *das Kind, die Katze, der Computer …* → Seite 230

Nominativ (Werfall, 1. Fall)**:** Form des Nomens. Im Nominativ stehen die Subjekte unserer Sprache: *Der Hund jagt die Katze.* → Seite 232

Objekt (Ergänzung)**:** Satzglied. Am häufigsten in unserer Sprache sind das Dativ- und das Akkusativ-Objekt. Beispiele: Dativ-Objekt: *Ich helfe meinem Bruder,* Akkusativ-Objekt: *Ich unterstütze meinen Bruder.* → Seite 248/249

Perfekt (zusammengesetzte Vergangenheitsform)**:** Zeitform des Verbs. Zusammengesetzt wird sie aus dem Hilfsverb *haben* oder *sein* und dem Partizip 2 (Perfekt). Wir verwenden diese Zeitform meistens dann, wenn wir über etwas Vergangenes sprechen: *Gestern bin ich mit dem Rad zur Schule gefahren. Da habe ich mich sehr beeilt.* → Seite 237-239

Personalpronomen (persönliches Fürwort)**:** Die Personalpronomen im Singular sind: *ich, du, er, sie, es* und ihre Pluralformen *wir, ihr, sie.* Dazu gehören auch alle gebeugten Formen wie *mir, mich, dir, dich, ihm, ihn, ihr …* → Seite 235

Plural: Mehrzahl (im Gegensatz zum Singular). Der Plural gibt an, dass etwas mehrere Male gemeint ist. Er wird mit dem Artikel *die* gebildet. Die meisten Nomen haben einen Plural: *die Löffel, die Gabeln, die Messer.* → Seite 230

Prädikat (Satzaussage)**:** Das wichtigste Satzglied in Sätzen. Es besteht aus einem Verb und aus Wörtern, die zu dem Verb gehören: *Die Blumen blühen. Die Blumen blühen am Morgen auf.* Zum Prädikat kann auch ein Hilfsverb gehören: *Die Blumen sind aufgeblüht.*

Präsens: (siehe Gegenwartsform)

Präteritum (einfache Vergangenheitsform)**:** Zeitform des Verbs. Wir verwenden diese Zeitform meistens dann, wenn wir über etwas Vergangenes schreiben: *Ein König besaß ein großes Schloss und herrschte über ein großes Land.* → Seite 238/239

Pronomen (Fürwort oder Begleiter)**:** Wortart. Es gibt verschiedene Arten von Pronomen. Die eine Art steht *für* ein Nomen: *der dicke Kater → er;* die andere Art steht *vor* einem Nomen: *mein Kater.* (Siehe auch Personalpronomen!) → Seite 235

Punkt: Satzzeichen, mit dem wir angeben, dass ein geschriebener Satz zu Ende ist. (Siehe auch Aussagesatz!) → Seite 251

Satz: Von der Grammatik her betrachtet besteht ein Satz mindestens aus einem Prädikat und einem weiteren Satzglied: *Die Stadt / lärmt. Heute / wird gearbeitet.* Vom Sinn her betrachtet ist ein Satz ein Gedanke, der abgeschlossen ist.

Satzglied: Ein Wort oder eine Wortgruppe, die man bei der Umstellprobe im Satz an eine andere Stelle (z. B. an den Anfang) verschieben kann: *Sie / gibt / diesem Schüler / auf seinen Aufsatz / eine Zwei. – Diesem Schüler / gibt / sie / ... – Auf seinen Aufsatz / gibt / sie / ... – Eine Zwei / gibt / sie / ... – Gibt / sie / dem Schüler / auf seinen Aufsatz / eine Zwei?* Dieser Satz besteht also aus fünf Satzgliedern. Einige davon bestehen aus einem, andere aus mehreren Wörtern. → Seite 241/242, 250

Satzzeichen: Zu den Satzzeichen gehören in der geschriebenen Sprache alle Zeichen, die keine Wörter sind. Satzzeichen setzt man vor allem deswegen, damit ein Leser einen Text besser verstehen kann. Zu den Satzzeichen gehören: der Punkt, das Komma, das Ausrufe- und Fragezeichen, der Doppelpunkt, die Anführungszeichen und noch einige andere.

Silbe: Silben sind Teile eines Wortes, die man beim Sprechen von Wörtern erkennen kann. Wörter bestehen aus einer Silbe, aus zwei oder drei Silben. Mehr als dreisilbige Wörter sind selten. Die meisten Wörter sind zweisilbig. Solche Wörter enthalten eine betonte Silbe und eine unbetonte: *I-gel, ge-ben, im-mer, Stra-ße, ernst-haft ...* Jede Silbe enthält einen Vokal. Vor und nach dem Vokal können Konsonanten vorkommen – einer oder mehrere. Beim Trennen eines Wortes am Zeilenende setzt man einen Silbentrennungsstrich. → Seite 198/199

Silbentrennendes h: Endet die erste Silbe eines Wortes mit einem langen Vokal *(Schu-)* und beginnt die zweite Silbe wieder mit einem Vokal *(-e),* so setzt man zwischen die beiden Vokale beim Schreiben oft ein h *(Schu-he).* Auf diese Weise kann man beim Lesen die beiden Vokale gut auseinander halten. Bei der Silbentrennung setzt man dieses h in die zweite Silbe nach dem Trennungsstrich. Steht ein silbentrennendes h in einem zweisilbigen Wort, so bleibt es auch in den Wortverwandten erhalten: *Schuhe – Schuh, frohe – fröhlich, früher – Frühling.* → Seite 202

Singular: Einzahl (im Gegensatz zum Plural). Der Singular gibt an, dass etwas nur einmal gemeint ist: *Der / ein Hund hat mich angebellt.* Der Singular kann aber auch bedeuten, dass etwas ganz allgemein gültig ist, auch wenn mehrere gemeint sind: *Der Hund ist ein beliebtes Haustier.* → Seite 230

Steigerung: Viele Adjektive können gesteigert werden: *groß, größer, am größten.* Bei manchen Adjektiven ist eine Steigerung sinnlos, z. B.: *viereckig.* Manche Adjektive kommen in gesteigerter Form gar nicht vor, z. B.: *lila.* → Seite 234

Subjekt: Satzglied. Neben dem Prädikat ist das Subjekt das wichtigste Satzglied. Meistens bezeichnet das Subjekt jemanden, der etwas tut, und steht an erster Stelle im Satz. Das Subjekt steht immer im Nominativ (1. Fall). Beispiel: *Der Hund bellt den Briefträger an.* → Seite 245-248

Umlaut: Die Vokale ä, äu, ö, ü nennt man Umlaute. Sie kommen meistens in Wörtern vor, die von Wörtern mit einem a, au, o, u abstammen: *Hände – Hand, Häuser – Haus, größer – groß, Schnüre – Schnur.* Die Vokale a, au, o, u werden also „umgelautet". → Seite 199, 205

Umstellprobe (Verschiebeprobe)**:** Ein Verfahren zur Ermittlung von Satzgliedern. Wörter oder Wortgruppen, die man im Satz umstellen oder verschieben kann, nennt man Satzglieder. (Siehe auch Satzglied!). → Seite 241

Verb (Tuwort, Tunwort, Tätigkeitswort, Zeitwort)**:** Wortart. Beispiele: *schlafen, laufen.* Mit Verben bezeichnen wir Vorgänge und Zustände wie *schlafen, blühen, sitzen, liegen* und Tätigkeiten wie *laufen, sich setzen, sich hinlegen.* Da man von Verben verschiedene Zeitformen bilden kann, werden sie auch „Zeitwörter" genannt. (Siehe auch: Zeitformen!) → Seite 236

Vokal: Selbstlaut (im Gegensatz zu Konsonant = Mitlaut). Vokale sind die Laute und Buchstaben *a, e, i, o, u,* auch: deren Umlaute *ä, ö, ü.* Zu den Vokalen zählt man auch die Zwielaute, die aus zwei Vokalen bestehen: *au, ei, eu, äu.* → Seite 199-201

Vorsilbe: Teil eines Wortes, der nicht allein vorkommt, sondern vor einem Wortstamm steht: *ent-laufen, ver-laufen, un-echt ...* Doch auch die kleinen Wörter, die allein stehen können, nennt man oft Vorsilben: *ab-hauen, durch-laufen ...* → S. 229

Wemfall: Man nennt den Dativ auch Wemfall, weil man ihn mit *wem* erfragen kann: *Ich helfe (wem?) meiner Schwester.* (Siehe Dativ!) → Seite 231/232

Wenfall: Man nennt den Akkusativ auch Wenfall, weil man ihn mit *wen oder was* erfragen kann: *Ich unterstütze (wen oder was?) meinen Bruder.* (Siehe Akkusativ!) → Seite 231/232

Werfall: Man nennt den Nominativ auch Werfall, weil man ihn mit *wer oder was* erfragen kann: *Das Tor erzielte (wer oder was?) der Linksaußen.* (Siehe Nominativ!) → Seite 232

Wortarten: Wortarten sind Gruppen von Wörtern, die sich nach bestimmten Gesichtspunkten ordnen lassen. Die meisten Sprachwissenschaftler ordnen die Wörter unserer Sprache heute diesen Wortarten zu: Verben, Nomen, Adjektive, Artikel/ Pronomen, Adverbien, Konjunktionen, Präpositionen.

Wortbaustein: Wortbausteine nennt man (im Gegensatz zu Silben) Teile eines Wortes, die etwas bedeuten: den Wortstamm *(z. B. spitz)* und die Teile, die den Wortstamm einrahmen (z. B. *an-spitz-en, be-spitz-eln, ge-spitz-t, Spitz-er).* Ein Wort ist in der Regel aus einem Wortstamm und weiteren Teilen „aufgebaut". → Seite 229

Wortfamilie: Eine Gruppe von Wörtern, die einen gemeinsamen Wortstamm haben und deswegen miteinander verwandt sind. Beispiele: *fließen, flüssig, Fluss, geflossen, abfließen, Abfluss ...* → Seite 228

Wortfeld: Eine Gruppe von Wörtern, die eine ähnliche Bedeutung haben. Beispiele: Wortfeld „sprechen": *sagen, reden, flüstern ... ;* Wortfeld „dumm": *blöde, doof, unintelligent, bescheuert ...*

Wörtliche Rede: Teil eines Textes, in dem steht, was einer wörtlich sagt. Damit man in einem Text das, was einer sagt, von dem unterscheiden kann, was der Schreiber schreibt, setzt man die wörtliche Rede in Anführungszeichen: *Ich ging zu ihr und sagte: „Komm doch einfach mit!"* → Seite 181

Zeitform: Eine Form des Verbs. Mit den Zeitformen kann man auf verschiedene Zeiten hindeuten, über die jemand spricht. Zeit und Zeitform sind aber nicht dasselbe! Denn man kann über eine Zeit sprechen, die schon in der Vergangenheit liegt, und dabei doch verschiedene Zeitformen gebrauchen: *Gestern ging ich so auf der Straße* (Präteritum), *da kommt mir doch ein Hund entgegen* (Präsens), *der mich laut angebellt hat* (Perfekt). (Siehe auch Gegenwart – Gegenwartsform!). → Seite 237-239

Zeitwort: (Siehe Verb!)

Zusammensetzung: Wörter können mit anderen Wörtern zusammengesetzt werden. Beispiele: *Fußballspiel* (drei Nomen), *blaugrün* (zwei Adjektive). (Siehe auch Bestimmungswort, Grundwort!)
→ Seite 229

Textsortenverzeichnis

Bildergeschichten
65 *Ung. Verf.*, Die kranke Katze
85 *Ung. Verf.*, Immer wieder gibt es Streit
91 *Ung. Verf.*, Das Fernglas ...
174 *E.O. Plauen*, Vater und Sohn
176 *Ung. Verf.*, Museumsbesuch

Erzählende Texte
29 *B. Schär*, So bin ich
31 *F. Stöckle*, Wenn ich mal meine Wut kriege
55 *E. Müller*, Auf der Silberlichtstraße ...
58 *M. Wildner*, Der unsichtbare Hund
80 *E. Krause-Gebauer*, Morgens ...
98 *J.-U. Rogge*, Paule, der „Glotzer"
175 *Ung. Verf.*, Die gefährliche Flaschenpost
182 *E. Moser*, Der Kaktus und der dürre Busch

Fabel
128 *W. Busch*, Bewaffneter Friede

Gedichte
16 *W. Busch*, Humor
21 *Ung. Verf.*, Unsinngedicht mit Qu und Sch
27 *R. Schwarz*, Meine Schwester und ich
28 *H. Manz*, Begegnungsformen
28 *R. Fröhlich*, Sieben Seelen
100 *H. Manz*, Fernsehabend
122 *E. Gomringer*, avenidas
123 *E. Krause-Gebauer*, Ich träume mir ...
125 *E. Jandl*, ottos mops
127 *B. Brecht*, Die Vögel warten im Winter vor dem Fenster
128 *W. Bächler*, Der Nebel
128 *W. Busch*, Bewaffneter Friede
128 *E. Mörike*, Septembermorgen
128 *A. Steiner*, Grün
128 *B. Brecht*, Der Rauch
203 *J. Guggenmos*, Wenn Riesen niesen
217 *H. Brand*, Acht Regenwürmer

Informationstexte/Sachtexte
66 *Ung. Verf.*, Aus dem Tierschutzgesetz
66 *Ung. Verf.*, Warum sind Katzen ...
69 *Ung. Verf.*, Die Kohlmeise
69 *Ung. Verf.*, Europäischer Igel
69 *Ung. Verf.*, Alles über den Steinadler
70 *Ung. Verf.*, Hirtenhündin Andra ...
139 *Ung. Verf.*, Ein Märchen – was ist das?
150 *Ung. Verf.*, Informationstext: Sagen
253 *Ung. Verf.*, Waschbären
254 *Ung. Verf.*, Das Taxi zum Treten
261 *Ung. Verf.*, Seepferdchen
262 *Ung. Verf.*, Seepferdchen

Jugendbuchausschnitte
35 *K.-P. Wolf*, Eifersucht
38 *P. Maar*, Neben mir ist noch Platz
42 *U. Wölfel*, Joschis Wunschgarten
47 *S. Tenberken*, Tashis Lieblingsstein
53 *W. Raith*, Der Ort, an dem ich glücklich war
86 *M. Schins*, Ein Elefant kommt selten allein
96 *C. Nöstlinger*, Der blaue Knopf
108 *M. Ende*, Die unendliche Geschichte
112 *A. Lindgren*, Ronja Räubertochter

Märchen
130 *Brüder Grimm*, Die Bienenkönigin
134 *Ung. Verf.*, Zottelhaube
141 *Ung. Verf.*, Der Mann aus Zucker
142 *Brüder Grimm*, Prinzessin Mäusehaut

Sagen
144 *Ung. Verf.*, Wie der Nebel nach Vreden ...
145 *Ung. Verf.*, Die Andernacher Bäckerjungen
146 *Ung. Verf.*, Der Mäuseturm zu Bingen
151 *J. Graf*, Daidalos und Ikaros
153 *Ung. Verf.*, Wie Siegfried erschlagen ward

Schülertexte
10 *Aischa*, Steckbrief
10 *Rafael*, Steckbrief
28 *Claudia*, So bin ich und so bist du
33 *C. Biskup*, Freude und Angst
34 *Ung. Verf.*, Mir ist langweilig
49 *Rebekka*, Mein Lieblingsplatz
49 *Jolina*, Hier finde ich es gut!
49 *Frederik*, Treffpunkt Eisdiele
49 *Max*, Unser Schulgarten
61 *M. Pöppke*, Mein Geburtstagswunsch
67 *Julian*, So mag es meine Katze
75 *Cemre*, Zuckerfest
75 *Assal*, Newroz
75 *Shaun*, Halloween
76 *Violetta*, Weihnachten

Sprachspiele
18 *Ung. Verf.*, In unserem Haus
21 *Ung. Verf.*, Unsinngedicht mit Qu und Sch
21 *Ung. Verf.*, Unsinnvers
125 *C. Thoms*, Timmi frisst nicht

Brief
71 Liebe Klasse 5b ...

Autoren- und Quellenverzeichnis

Bächler, Wolfgang
(geb. 1925 in Augsburg)
Der Nebel S. 120, 128
Aus: J. Fuhrmann (Hrsg.). Gedichte für Anfänger. Reinbek bei Hamburg: Rowohlt 1980.

Brand, Heinz
Acht Regenwürmer steckten … S. 217
Aus: Der bunte Hund 57. Weinheim: Beltz & Gelberg 2000. S. 62.

Brecht, Bertolt
(geb. 1898 in Augsburg, gest. 1956 in Berlin)
Die Vögel warten im Winter vor dem Fenster S. 127
Der Rauch S. 126, 128
Aus: B. Brecht. Gesammelte Werke in 20 Bänden. Frankfurt a.M.: Suhrkamp 1967. Bd. 10. S. 971, S. 1012.

Busch, Wilhelm
(geb. 1832 in Wiedensahl bei Hannover, gest. 1908 in Mechtshausen im Harz)
Humor S. 16
Bewaffneter Friede S. 124, 128
Aus: W. Busch. Sämtliche Werke in zwei Bänden. Hrsg. von Rolf Hochhuth. Gütersloh: Bertelsmann 1982.

Ende, Michael
(geb. 1929 in Garmisch-Patenkirchen, gest. 1995 in Stuttgart)
Die unendliche Geschichte S. 108
Aus: M. Ende. Die unendliche Geschichte. Stuttgart: Thienemann 1979

Fröhlich, Roswitha
(geb. 1924 in Berlin)
Sieben Seelen S. 28
Aus: Das achte Weltwunder. 5. Jahrbuch der Kinderliteratur. Hrg. von Hans-Joachim Gelberg. Weinheim/Basel: Beltz & Gelberg 1979.

Gomringer, Eugen
(geb. 1925 in Cachuela Esperanza/Bolivien)
avenidas S. 122
Aus: E. Gomringer. Konstellationen. Bern: Spirale 1953.

Graf, Johannes
Daidalos und Ikaros S. 151
© Johannes Graf, Braunschweig 1987.

Grimm, Jacob und Wilhelm
(Jacob: geb. 1785 in Hanau, gest. 1863 in Berlin; Wilhelm: geb. 1786 in Hanau, gest. 1859 in Berlin)
Die Bienenkönigin S. 130
Prinzessin Mäusehaut S. 142
Aus: Brüder Grimm. Kinder- und Hausmärchen. Ausgabe letzter Hand mit den Originalanmerkungen der Brüder Grimm. Stuttgart: Reclam 1984.

Guggenmos, Josef
(geb. 1922 in Irsee/Ostallgäu, gest. 2003)
Wenn Riesen niesen S. 203
Aus: J. Guggenmos. Oh, Verzeihung sagte die Ameise. Kinderbuch mit Bildern. Weinheim/Basel: Beltz & Gelberg 1990. S. 49.

Jandl, Ernst
(geb. 1925 in Wien, gest. 2000 in Wien)
ottos mops S. 125
Aus: E. Jandl. Der künstliche Baum. Neuwied: Luchterhand 1970.

Krause-Gebauer, Erika
(geb. 1940 in Hagen)
Morgens zwischen sieben und acht S. 80
Ich träume mir ein Land S. 123
Aus: Das achte Weltwunder. 5. Jahrbuch der Kinderliteratur. Hrg. von Hans-Joachim Gelberg. Weinheim/Basel: Beltz & Gelberg 1979.

Lindgren, Astrid
(geb. 1907 in Vimmerby/Schweden, gest. 2002 in Stockholm/Schweden)
Ronja Räubertochter S. 112
Aus: A. Lindgren. Ronja Räubertochter. Deutsch von Anna-Liese Kornitzky. Hamburg: Oetinger 1982. S. 31 ff.

Maar, Paul
(geb. 1937 in Schweinfurt)
Neben mir ist noch Platz S. 38
Aus: P. Maar. Neben mir ist noch Platz. München: Deutscher Taschenbuch Verlag 1993.

Manz, Hans
(geb. 1931 in Wila/Schweiz)
Begegnungsformen S. 28
Aus: H. Manz. Mit Wörtern fliegen. Neues Sprachbuch für Kinder und Neugierige. Weinheim/Basel: Beltz & Gelberg 1995. S. 29.
Fernsehabend S. 100
Aus: H. Manz. Die Welt der Wörter. Weinheim/Basel: Beltz & Gelberg 1991. S. 303.

Mörike, Eduard
(geb. 1804 in Ludwigsburg, gest. 1875 in Stuttgart)
Septembermorgen S. 121, 128
Aus: E. Mörike. Sämtliche Werke u. Briefe. Stuttgart: Cotta'sche Buchhandlung Nachf. 1954.

Moser, Erwin
(geb. 1954 in Wien)
Der Kaktus und der dürre Busch S. 182
Aus: E. Moser. Das Haus auf dem fliegenden Felsen. Weinheim/Basel: Beltz&Gelberg 1987. S. 30.

Müller, Else
Auf der Silberlichtstraße des Mondes S. 55
Aus: E. Müller. Auf der Silberlichtstraße des Mondes. Frankfurt: Fischer Taschenbuch Verlag 1996.

Nöstlinger, Christine
(geb. 1936 in Wien)
Der blaue Knopf S. 96
Aus: C. Nöstlinger. Der TV-Karl. Bilder von Jutta Bauer. Weinheim/Basel: Beltz & Gelberg 1995. S. 5f.

Pöppke, Markus
Mein Geburtstagswunsch S. 61
Aus: Glück. Ausgewählte Gedichte und Erzählungen vom Bundeswettbewerb „Junge Leute schreiben". Hrsg. von Klaus Urban. Stuttgart/Bonn: Burg 1985. S. 79.

Raith, Werner
(geb. 1940, gest. 2001)
Der Ort, an dem er glücklich war S. 53
Aus: W. Raith. Verräterkind. München: Bertelsmann 2001.

Rogge, Jan-Uwe
Paule, der „Glotzer" S. 98
Aus: „Bildschirm". Friedrich-Jahresheft. Seelze: Friedrich 1985.

Schär, Brigitte
(geb. 1958 in Meilen/Schweiz)
So bin ich S. 29
Aus: Hans-Joachim Gelberg (Hrg.). Was für ein Glück. Weinheim/Basel: Beltz & Gelberg 1993. S. 115 f.

Schins, Marie-Thérèse
Ein Elefant kommt selten allein S. 86
Aus: M.-T. Schins. Ein Elefant kommt selten allein. Wuppertal: Hammer Verlag 2000. S. 100 ff.

Schwarz, Regina
(geb. 1951 in Beuel bei Bonn)
Meine Schwester und ich S. 27
Aus: Überall und neben dir. Hrsg. von Hans-Joachim Gelberg. Weinheim/Basel: Beltz & Gelberg 1986, S. 209.

Sormann, Christine
Fünf faule Frösche ... S. 217
Aus: Der bunte Hund 57. Weinheim: Beltz & Gelberg 2000. S. 37.

Steiner, Arthur
(geb. 1934 in Uzwil/Schweiz)
Grün S. 119, 128
Aus: A. Steiner. Schneegrün. Gedichte. Zürich/Frankfurt: Suhrkamp 1979.

Stöckle, Frieder
(geb. 1939 in Schorndorf)
Wenn ich mal meine Wut kriege S. 31
Aus: Der bunte Hund. Magazin für Kinder in den besten Jahren. Nr. 3. Weinheim/Basel: Beltz & Gelberg 1982. S. 47

Tenberken, Sabriye
(geb. 1970 in Köln)
Tashis Lieblingsstein S. 47
Aus: S. Tenberken; Tashis neue Welt. Hamburg: Cecilie Dressler Verlag 2000. S. 36 ff.

Thoms, Claudia
Timmi frisst nicht S. 125
(Originalbeitrag)

Wildner, Martina
Der unsichtbare Hund S. 58
Aus: Der bunte Hund. Magazin für Kinder in den besten Jahren. Nr. 49. Weinheim/Basel: Beltz & Gelberg 1998. S. 20ff. (gekürzt)

Wölfel, Ursula
(geb. 1922 in Duisburg)
Joschis Wunschgarten S. 42
Aus: U. Wölfel. Joschis Garten. Stuttgart: Thienemanns 1987.

Wolf, Klaus-Peter
(geb. 1954 in Gelsenkirchen)
Eifersucht S. 35
Aus: Jens-Peter und der Unsichtbare voll verknallt. Hildesheim: Gerstenberg 1998.

Texte ohne Verfasserangabe und
Texte unbekannter Verfasser

Alles über den Steinadler S. 69
Aus: Adlerwarte Berlebeck. Größte Greifvogelwarte in Europa (Führer). Berlebeck bei Detmold o.J.

Aus dem Tierschutzgesetz S. 66
Aus: Tierschutzgesetz vom 24. Juli 1972. Bundesgesetzblatt Teil 1. S. 1277.

Das Taxi zum Treten S. 254
Aus: Geolino 7/2001. S. 8.

Der Mann aus Zucker S. 141
Griechisches Märchen
Aus: Der Mann aus Zucker. Ein griechisches Märchen neu erzählt von Arnica Esterl. Esslingen/Wien: Esslinger Verlag J. F. Schreiber 1993.

Der Mäuseturm zu Bingen S. 146
Aus: Deutsche Städtesagen. Zusammengestellt von Bodo Petersdorf. München: Weltbild Bücherdienst o. J. S. 150 f.

Die Andernacher Bäckerjungen S. 145
Aus: Sagen aus Rheinland-Pfalz. Hrsg. von Rainer Schlundt. Köln: Diederichs Verlag 1983. S. 220.

Die Kohlmeise S. 69
Aus: Was ist was? Vögel. Band 40. Nürnberg: Neuer Tessloff o. J. S. 14.

Das Fernglas haben mir meine Eltern geschenkt S. 91
Aus: Erich Rauschenbach. Lieschen 3. Wenn ich einmal groß bin. © Wilhelm Goldmann Verlag, München, in der Verlagsgruppe Bertelsmann GmbH.

Feste und Feiern S. 75
Schülertexte. Originalbeiträge.

Hirtenhündin Andra hat eine Menge Freunde gefunden S. 70
Aus: Münstersche Zeitung vom 9.3.1996.

Seepferdchen S. 261
Aus: Schülerduden. Die Tiere. Sachlexikon für den Biologieunterricht. Mannheim: Bibliografisches Institut 1987. S. 312.

Seepferdchen. Die schwimmenden Rösser aus Neptuns Reich S. 262
Aus: Geolino 7/2001. S. 36 ff.

Warum sind Katzen ideale Haustiere? S. 66
Aus: Was ist was? Band 59: Katzen. Nürnberg: Neuer Tessloff o.J.

Waschanlage … S. 253
Aus: Pons Schülerwörterbuch Englisch-Deutsch/Deutsch-Englisch. Stuttgart: Klett 1999. S. 644.

Waschanlage, Waschanleitung ... S. 259
Aus: Duden. Die deutsche Rechtschreibung. Mannheim: Bibliografisches Institut 2000. S. 1059.

Waschbären S. 253
Aus: Duden Schülerlexikon. 7., aktualisierte Auflage. Mannheim: Bibliografisches Institut & F. A. Brockhaus AG 2003. S. 749.

Wer soll König sein? S. 167
Aus: Schultheater 3. Gümlingen-Bern: Zytglogge 1979.

Wie der Nebel nach Vreden kam S. 144/150
Aus: Das Sagenbuch aus dem Münsterland. Gesammelt und nacherzählt von Iris Blaschzok. Münster: Coppenrath Verlag 1984. S. 79 ff.

Wie Siegfried erschlagen ward S. 153
Aus: Die Nibelungensage der alten Sage und dem Nibelungenlied nacherzählt von Heinrich Lentz. Paderborn: Schöningh o. J. S. 35 ff.

Wörterbuchseiten S. 258
Aus: Schülerduden. Rechtschreibung und Wortkunde. Mannheim: Bibliografisches Institut 2001. S. 231/235.

Worterklärungen, Zeichen und Abkürzungen S. 260
Aus: Duden. Die deutsche Rechtschreibung. Mannheim: Bibliografisches Institut 2000. S. 1070, S. 447 f., S. 310.

Zottelhaube S. 134
Norwegisches Märchen
Aus: Norwegische Volksmärchen. Hrsg. und übersetzt von Klara Stroebe und Reidar Christiansen. Köln: Diederichs 1967.

Bildquellenverzeichnis

S. 9, 61, 74 o.r., u.r., 158, 159, 162, 164, 165, 166, 173 u.l.: Ulrike Köcher, Hannover; S. 10 l., 14, 22, 25 u., 173 u.r.: Dieter Rixe, Braunschweig; S. 10 r., 25, 31, 32, 60, 64 u., 67, 72, 74 u.l., 91, 92, 97, 99, 100, 103, 173 o.r.: Magdalena Tooren-Wolff, Hannover; S. 11, 23, 62, 76, 80, 81, 84, 85, 129, 131, 133, 134, 135, 137, 142, 176, 192, 200, 203, 219, 222, 223, 231, 233, 236, 237, 239, 242, 249, 250, 257: Katja Schmiedeskamp, Hannover; S. 12, 13, 24, 52, 186, 187, 195, 197, 206, 215: Michael Fabian, Hannover; S. 15, 16, 18, 19, 20, 57, 60, 65, 120, 121, 123, 124, 125, 178, 182, 183, 184, 185, 226, 243, 247: Manfred Bofinger, Berlin; S. 26, 27, 29, 30, 35, 36, 37, 94, 95, 98, 101, 102, 143, 144, 148, 149, 151, 152, 153, 155, 156, 191, 224, 235, 240, 241, 245, 246: Sabine Lochmann, Frankfurt a. M.; S. 38, 39: Paul Maar/Verena Ballhaus, NEBEN MIR IST NOCH PLATZ, Copyright © 1993 by Atlantis pro juventute, an imprint of Orell Füssli Verlag AG, Zürich; S. 40: Paul Maar: Neben mir ist noch Platz © für die Illustrationen von Verena Ballhaus 1996 Deutscher Taschenbuch Verlag, München; S. 41, 42, 43, 44, 45, 46: Irmgard Ehls, Hofgeißmar; S. 47, 48: Olaf Schubert, Dresden; S. 53, 56, 214: dpa, Hamburg; S. 54: © Werner Raith, 1997, Verräterkind erschienen bei Elefanten Press, ein Unternehmen der Verlagsgruppe Random House GmbH, München; S. 55: BlueBox, Hamburg; S. 63, 69 u.: Angermayer, Holzkirchen; S. 64 o.: A1Images, Dortmund; S. 66: Susanne Danegger/OKAPIA; S. 69 o., 234 u., 244 o.: Reinhard-Tierfoto, Heiligkreuzsteinach; S. 70: Juniors Bildarchiv/M. Wegler; S. 73: Andreas Munck www.imediat.de; S. 74 o.l.: Susanne Kilinc, Antalya; S. 77: Verband binationaler Familien und Partnerschaften iaf e. V., Bonn; S. 79: aus: Erwin Glonnegger. Das Spiele-Buch. Drei Magier Verlag Uehlfeld 1988/1999. S. 164, 165, 167; S. 86, 87, 88, 89, 90: Vignetten und Umschlagillustration aus: Marie-Thérèse Schins. Ein Elefant kommt selten allein. Peter Hammer Verlag Wuppertal, 2000. S. 100, 106, 122, 130; S. 96: Christine Nöstlinger, Der TV-Karl (Jutta Bauer) 1995 Beltz Verlag, Weinheim und Basel Programm Beltz & Gelberg, Weinheim; S. 104, 105, 188: Fritz Wiesmann, Borken; S. 106 (Filmplakat), 107, 109, 111, 112, 116: Cinetext, Frankfurt a. M.; S. 106: (Buch) Umschlagillustration von Sabine Wilharm, Carlsen Verlag GmbH, Hamburg; (Hörbuch) Mit freundlicher Genehmigung des Hörverlags GmbH, München. Coverillustration: Sabine Wilharm; S. 108: Institut für Filmgeschichte, Frankfurt a. M.; S. 110, 118: Isolde Ohlbaum, München; S. 111 (Buchumschlag): aus: Michael Ende, DIE UNENDLICHE GESCHICHTE © 1979 by Thienemann Verlag (Thienemann Verlag GmbH) Stuttgart-Wien; S. 113, 115, 117: Illustrationen und Umschlagillustration von Ilon Wikland zu: Astrid Lindgren. Ronja Räubertochter. Hamburg: Oetinger 1982. S. 34/35, 37; S. 129: „Der Zauberer von Oz" von L. Frank Baum, illustriert von Lisbeth Zwerger © 1996, Neugebauer Verlag, Verlagsgruppe Nord-Süd Verlag AG, Gossau – ZH/ Schweiz; S. 139: BPK, Berlin; S. 141: Illustration von Julia Gukova. Aus: Der Mann aus Zucker. Ein griechisches Märchen neu erzählt von Arnica Esterl. Mit freundlicher Genehmigung des Esslinger Verlages J. F. Schreiber GmbH, Postfach 100325, 73703 Esslingen; S. 143: G. Klammet, Ohlstadt; S. 146: AKG, Berlin; S. 157, 161: Heiderose Lange, Hildesheim; S. 167: Uta Widera-Kleinsorge, aus: dies. Mit Kindern basteln. Masken. Wiesbaden: Englisch 1993. S. 15; S. 168: Aus: Eberhard Spangenberg (Hrsg.). So einfach ist Theater. München: Ellermann 1979; S. 171, 188, 193, 194: Kunsthistorisches Museum, Wien; S. 173 o.l.: Werner Gerlach, Dornburg; S. 174: aus: e. o. plauen, „Vater und Sohn", Gesamtausgabe Erich Ohser © Südverlag GmbH/Konstanz, 2000 mit Genehmigung der Gesellschaft für Verlagswerte, Kreuzlingen/Schweiz; S. 189, 190: Egbert Herfurth, Leipzig; S. 190 (Elefant, Pavian, Tiger, Hyäne, Nashorn, Bär), 213 (Flusspferd), 253: Digital Stock Corporation; S. 213 u., 218, 244 u.: Silvestris, Kastl; S. 234 o.: Hans Reinhard/Toni Angermayer, Holzkirchen; S. 238: Süddeutscher Verlag, München; S. 251: Actionpress, Hamburg; S. 254: Walter Keller/Asian Images; S. 261: (Tierlexikon) Loewes Verlag, Bindlach 1995; (Schulbuch), Schroedel Verlag, Hannover; (Sachbuch über Seepferdchen) Tetra-Verlag, Bissendorf-Wulften 2000; S. 262: Clive Bromhall/OSF/OKAPIA; S. 263: OKAPIA/Zig Leszszynski.

wort
Enter>>
stark
werkst